浙江省高职院校"十四五"重点立项建设教材

跨境直播基础与实务

主　编　王星远

副主编　成荣芬　　孔雅琦　　姚　远

参　编　杨莉莉　　肖如孟　　费秀娟

电子工业出版社

Publishing House of Electronics Industry

北京·BEIJING

内 容 简 介

随着全球化进程的不断推进和互联网技术的日益成熟,跨境电商及跨境直播新业态迅速崛起,成为助推外贸发展的新引擎。特别是跨境直播带货,显著降低了国际贸易的专业化门槛,使一大批小微企业成为新的贸易主体,推动了中国外贸的保稳提质发展。为了应对这一趋势,越来越多的学者和企业开始在跨境直播行业中寻求发展和突破。本书作为一本专为高等职业院校和大学本科院校相关专业课程打造的实训教材,内容涵盖了跨境直播的基础概念、操作方法和实战技巧等。本书具有很强的针对性和实用性,旨在帮助读者快速了解并掌握跨境直播的基础知识以及实践技巧,为跨境直播行业的发展提供有力的人才支持。

本书对跨境直播教学有一定的指导性,既可作为高等院校跨境直播课程的教材,也可供企业跨境直播人才培训使用。

图书在版编目(CIP)数据

跨境直播基础与实务 / 王星远主编. -- 北京 : 电子工业出版社, 2024. 12. -- ISBN 978-7-121-49508-3

Ⅰ. F713.365.2

中国国家版本馆 CIP 数据核字第 2025BV0943 号

责任编辑: 扈 婕

印　　刷: 中国电影出版社印刷厂

装　　订: 中国电影出版社印刷厂

出版发行: 电子工业出版社

　　　　　北京市海淀区万寿路 173 信箱　邮编: 100036

开　　本: 787×1092　1/16　印张: 16　字数: 389 千字

版　　次: 2024 年 12 月第 1 版

印　　次: 2024 年 12 月第 1 次印刷

定　　价: 49.00 元

凡所购买电子工业出版社图书有缺损问题,请向购买书店调换。若书店售缺,请与本社发行部联系,联系及邮购电话:(010)88254888,88258888。

质量投诉请发邮件至 zlts@phei.com.cn,盗版侵权举报请发邮件至 dbqq@phei.com.cn。

本书咨询联系方式: hzh@phei.com.cn。

前　言

习近平总书记在党的二十大报告中指出："推动货物贸易优化升级，创新服务贸易发展机制，发展数字贸易，加快建设贸易强国。"这是以习近平同志为核心的党中央站在新的历史起点上，统筹中华民族伟大复兴战略全局和世界百年未有之大变局作出的重大战略安排，为新时代新征程贸易强国建设指明了前进方向，提供了根本遵循。

伴随全球化进程的不断推进，互联网技术的日渐成熟，国际物流与支付体系的不断完善，跨境电商及跨境直播新业态已然成为助推外贸发展的新引擎。尤其是直播行业的发展更加迅猛，根据艾媒咨询数据，2023年中国跨境直播电商市场规模为2845.8亿元，同比增长率高达155%；2025年市场规模将达到8287亿元。

跨境直播带货显著降低了国际贸易专业化门槛，使一大批小微主体成为新的贸易主体。它也代表了中国促进消费升级的新途径。不少中国的小微企业通过跨境直播实现了融入国际市场的目标，并通过吸引海外消费者实现发展壮大，为进一步的"出海"奠定基础。跨境直播带货等数字化外贸方式正成为一些外贸企业获取订单、推动品牌"出海"的重要途径。业内人士认为，跨境直播带货等外贸新业态的蓬勃发展，对于推动中国外贸保稳提质发展具有积极意义。

培养国际化人才成为不少企业走向国际市场的新举措。不少外贸企业都需要寻找及培养具备语言能力、直播能力、了解国际文化能力的跨境直播类人才。

在跨境电商、跨境直播如此强劲的发展势头下，越来越多的初学者涌入跨境直播行业，通过丰富自己的知识基础和实操经验，增强自身实力，树立竞争力。

针对跨境直播的初学者，本书浅显易懂，能快速帮您建立起关于直播的系统认知；针对拥有基础跨境直播认知的中级读者，本书会带来一系列提高直播操作的技巧与策略；针对想要尝试直播带货的读者，本书可以作为一本操作指南，快速上手；针对相关领域的教师，本书是一本知识体系完整，足够系统化，理论与实操相结合的好教材。

本书各模块根据需要设置了学习目标、能力要求、素养提升、知识图谱、新闻播报、知识与技能训练、职业技能综合实训、匠心钥匙、思政启发等栏目，以方便教师组织内容和教学。结合跨境直播的实际应用，本书共分八个模块，通过浅显易懂的概念解读、案例分析结合的方式，帮助学生快速掌握跨境直播相关的基础知识和实战操作技能。

本书内容涵盖了跨境直播的基础概念、操作方法和实战技巧，还结合不同跨境直播平台进行详细讲解，内容系统全面，循序渐进，案例结合，理论与实操相结合，帮助读者快速且熟练地掌握跨境直播的基础知识以及实践技巧。在内容编排上，逻辑清晰，每一模块都配有知识图谱，方便读者理清学习思路；在各个模块设置课堂实训任务，将理论知识学习与实际演练相结合，总结和强化所学的知识要点。

　　本书具有很强的针对性和实用性，是专为高等职业院校和大学本科院校相关专业课程打造的一本实训教材。为了方便教师的教学，本书还配套有真实跨境直播视频案例分析、线上化课程体系、动画讲解和测试题库，为读者提供了全方位的跨境直播教学材料。本书还可以作为企业跨境直播人才培训手册。

目　　录

模块一　跨境直播概述

【学习目标】

1．了解跨境直播的基本概念
2．了解跨境直播的发展现状
3．熟悉不同跨境直播的类型

【能力要求】

1．能够具备跨境直播的基本认知
2．能够分析不同的跨境直播案例

【素养提升】

1．具备跨境直播的思维
2．具备跨境直播的创新创业意识

【知识图谱】

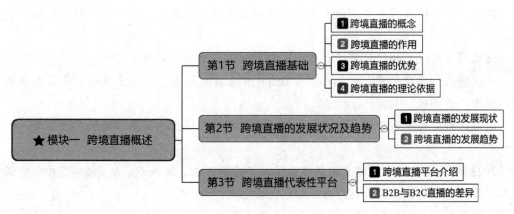

【新闻播报】

阿里跨境直播带货，成了新的增长风口

毫无疑问，阿里巴巴的跨境直播带货，确实火了。

阿里国际站最新数据显示，今年5月每天的开播场次年同比增长66%，海外观看人数年同比增长186%。

在国内直播电商持续火热的当下，直播带货的风潮，也逐渐吹向了海外市场。

2023年以来，为了进一步适应商家跨境直播的特征，阿里国际站推出了一系列新技术，降低门槛，并出现了外贸业务员坐在工位上就能开播、接待全球客户的新模式。

其中，最典型的案例来自深圳的一家科技公司。成立于2011年的X腾科技曾创下一个纪录：2022年，它拿下了单笔2600万美元，最后交付额达1.8亿元人民币的海外大单。这笔外贸订单，是在直播间完成的。"客户和我们都没有见过面，也没有一次握手。"X腾科技的首席执行官说，这笔来自巴基斯坦的订单，始于客户在阿里国际站上的"询盘"。

而在2023年3月的新贸易节上，阿里国际站的跨境直播非常受欢迎，第一周就吸引了70万专业用户，商家数量同比翻了三倍。

2023年上半年，通过阿里国际站线上服务的海运货柜量同比增长近200%，带动阿里国际站线上外贸成交额同比增长近30%。

外贸跨境直播与直播带货零售所面向的群体不同：前者主要面向海外B端客户，后者则面向广大消费者。

专注外贸赛道，利用直播等技术进步来完善交易链条，这是阿里跨境直播的一个成功秘诀。

从直播间的内容角度来看，他们在直播间展示的内容做到了差异化，核心主题以展示技术实力、工厂生产流程、商品性能为主。

比如一个新能源商家，直接在实验室全球直播商品接受"压力测试"的场景，如一次点亮300个15瓦的灯泡，在零下10摄氏度极寒环境下，50厘米高空下降等突发照明测试，展示其商品的质量。

用视频直播的形式，直接展示商品硬实力。

从主播带货的角度来看，商家和厂家往往选择让更懂商品，更懂业务的外贸员，直接开播。

这次阿里跨境直播的火爆，让我们看到了国内厂商出海的新可能性。

更值得我们注意的是，他们已经在ToB外贸直播市场中，跑通了链路，是海外直播带货的一次行业突破。

随着这种直播电商的模式逐渐辐射到更多赛道和市场，越来越多的国内达人要进军海外电商了。

2023年4月份，抖音头部主播在杭州的直播基地开业，他表示"我们公司7月份将正式改名，挣外国人的钱，因为TikTok后面也会有电商。"

2023年的"618"前，快手头部主播也现身泰国，进行直播带货。官方数据显示，在泰国的首场直播中，上架了水果、护肤品、乳胶商品等品类，全场带货六小时，总销售额突破8.3亿，总订单量超678万单。

布局出海带货的不止这一两位达人，多家MCN（多频道网络）机构，均已布局海外市场，找寻新的增量空间。

总的来说，阿里跨境直播的火爆，给数百万国内厂家、商家、优质产业带降低了数字化外贸的门槛，而对于更为广大的消费市场来说，则需要在借鉴阿里跨境直播优势经验的基础上，破解更多难题。主播、达人、MCN机构，需要找到更适合自己的差异化出海方式。

（来源：今日头条电商报2023年7月5日）

【思考】

※　你经常看直播吗?

※　你认为直播吸引用户的核心要素是什么?

※　从深圳科技公司直播成交大单的案例中,你能推断出什么?

【启示】

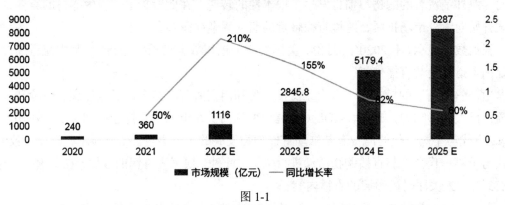

2020—2025年中国跨境直播电商市场规模及预测

Scale and forecast of China's cross-border live broadcast e-commerce market from 2020 to 2025

图 1-1

(来源:艾媒数据中心 2021 中国跨境电商发展趋势专题研究报告)

iMedia Research(艾媒咨询)数据预测,中国跨境直播市场规模在2023—2025年将持续保持增长,如图1-1所示。以2022年为元年,中国跨境直播市场有望在2025年达到8287亿元的规模,相比2022年增长率高达643%。中国跨境直播市场势不可挡。

第 1 节　跨境直播基础

1. 跨境直播的概念

跨境直播是利用互联网进行跨国之间实时视频内容传输,与国际消费者在线实时互动且促成成交的新型营销方式。核心是将商品本身、实体店铺或者工厂车间制作过程等转化为数字化内容,通过直播平台与海外受众分享。

跨境直播购物是一种实时销售商品的好方法。直播中允许消费者浏览其他商品,而在线文字互动将鼓励消费者提问并与直播中的达人交流。直播购物结合了在线购物的便利性和实体店购物的互动体验,让消费者还可以在家中舒适地浏览和购买商品。

跨境直播覆盖各行各业,从时尚、美妆到食品、电子产品等。根据不同平台、不同受众特性,直播可通过商品材质质量、使用功能、应用场景、生产制造实力等多维度进行线上真实展示,使企业有机会在国际市场中建立品牌认知度。直播带货成为跨境贸易新方式离不开中国电子商务配套设施的快速发展,如5G技术、智慧物流、大数据等催生出的新业态、新平台和新模式。

鉴于社交媒体上用户的平均关注时间仅为8秒，直播购物为跨境品牌创造了一个与消费者进行长达20分钟实时互动的独特契机。直播购物是完美的混合体，将实体店体验与在线购物的便利性融为一体。通过达人直播带货的方式，使跨境企业能够在线展示品牌实力。借助达人与其追随者的关系，为消费者的购买体验增加了情感元素。根据Klarna Insight报告，视频直播购物可提升高达60%的在线购物体验。

近年来，众多传统跨境企业在资金、供应链、物流等多个领域遭遇了严峻挑战，与此同时，海外消费者的购物习惯也发生了根本性的转变。在此背景下，国内盛行的直播带货模式开始向海外市场扩展，跨境直播带货的萌芽逐渐崭露头角。

根据数据显示，仅2020年3月份，美国的线上销售数据增长率是48%，其中流量爆发最明显的渠道就是"直播带货"。

"直播+电商"的模式将平台卖家、推广者和消费者三者结合，通过社交、体验和互动碰撞出巨大的影响力，其中，KOL（关键意见领袖）在电商中发挥着愈加重要的作用。

Z世代与千禧一代的消费者是推动直播购物发展的主要力量。研究显示，超过半数的Z世代与千禧一代会参与直播购物活动进行购买。此外，根据麦肯锡的数据，在千禧一代中，约有31%的人关注时尚领域的直播内容。

此外，麦肯锡预测，到2026年，实时视频购物将占全球电子商务销售额的10%～20%，使其成为电子商务领域的下一件大事。

2. 跨境直播的作用

直播在跨境贸易链路中承担着"新的营销渠道"的角色，通过生动有趣的商品介绍，直接在线与消费者互动，拉近商家与消费者的距离，从而达到更好的销售效果，为商品赢得更有效的销售机会。

近年来，中国外贸企业在面临重重压力之下，纷纷将贸易活动与展会转移至线上平台，利用直播这一新兴方式吸引订单与消费者。这一举措使得外商能够直接在屏幕前下单购买，为中国商品开辟了"走出去"的新路径，有效缓解了外贸企业面临的库存积压问题，同时也助力整个行业保持稳定并持续发展。在外部环境动荡、跨境交易压力加剧的背景下，人们对海外商品的需求并未减退。此时，直播作为一种有效的补充手段应运而生，不仅减轻了外部环境带来的冲击，还推动了市场结构的多元化发展。

跨境直播不仅有助于稳定经济，更为企业商品的销售开辟了全新的输出渠道。它打破了传统单一销售模式的局限，极大地扩展了品牌的影响力，使商品获得了更广泛的关注。此外，直播这种形式能够缩短人与人之间的心理距离，商家通过视频直观展示商品的每一个细节，有效地建立起顾客与商家之间的信任，从而有力地推动了商品的销售。

跨境直播带货为世界提供了一个了解中国的窗口，透过这个窗口，全球得以窥见中国在新平台、新业态、新模式上的蓬勃发展，以及中国消费市场蕴含的巨大潜力。兼有"世界工厂"和"世界市场"双重身份的中国，正在以更加开放的姿态走向世界。不论是引进世界商品，还是对外输出中国商品，直播带货正逐步成为外贸领域的新锐力量，推动跨境贸易"走得更远"

3. 跨境直播的优势

（1）真实体验感

伴随全球5G技术等的发展，哪怕是全球范围内的直播，画面也能够保持持续的高清流畅。在清晰的跨境直播页面中，主播会从各个角度全方位地展示商品，细致地讲解商品的信息，并通过个人试穿、试吃、试用的语言描述，传达亲身感受。此外，主播还会现场进行商品的试用与对比展示，直观地总结商品的优缺点。这种全方位的商品展示与主播即时的解答，让消费者仿佛置身于购物现场，重获线下购物的真实体验。这不仅加深了消费者对商品的了解，还帮助他们清晰地判断商品是否符合自身需求，从而有效地降低了商品的退货率。

在直播带货过程中，由于主播无法对实时画面进行后期剪辑，其一举一动均通过镜头即时呈现给观众。这种无间断的真实互动使消费者能够近距离观察主播的即时反应与商品的真实状态，从而建立起消费者对直播内容的信任基础。

（2）实时互动性

在跨境直播过程中，消费者如果对商品的某个方面有疑问可以在评论区随时提出，主播也将及时解答。消费者能够通过与商家的实时互动，快速且直观地获取商品信息。主播在这一过程中发挥着关键作用，他们可以帮助消费者全面了解商品的属性，包括大小、颜色、用料等细节，从而有效提升购买转化率。同时，消费者还能提供反馈，这不仅促进了商家与消费者之间的信任度和忠诚度，还增强了消费者对品牌的参与感，进一步提升了消费者黏性。此外，这种互动性打破了空间限制，缩短了消费者与主播之间的距离，使得主播能够更好地进行商品推广和销售。

评论区带来的互动不仅存在于消费者与主播之间，也存在于消费者与消费者之间。评论区其他消费者的问题和意见与自己的想法不谋而合时，就会让消费者产生亲近感、认同感和群体归属感，而从众心理是影响消费者购买决策的重要因素。当主播利用饥饿营销放出少量商品时，其他用户看到库存数量的不断减少便会"群起而买之"。

（3）全球覆盖率

跨境直播可以突破地理限制，以一种更直观、更快速、更具有传播性的方式，让商品和品牌触及全球消费者。这意味着企业可以以较低的门槛和成本迅速进入新市场。

（4）数据化分析

虽然各大平台都具备强大的数据化展现能力，但是直播数据的优势在于，数据分析的受众来源是直播间实时在线观看和互动的消费者。通过对这部分群体的实时数据分析，让企业可以实时追踪当场直播消费者停留时长、互动性、商品感兴趣程度、销售结果等各维度情况，这些数据能够帮助企业更加了解市场反应，及时改进商品和服务。

（5）性价比高

相对于传统的市场开拓方式和跨境电商营销模式，跨境直播的成本相对来说更低，门槛也更低，企业无须大规模投资，灵活性高，有机会在相对较短的时间内获得较高的回报。商家既能够以网红为中介，签约网红带货；也可以自己亲自上场进行直播，为自家商品代言、营销。这两种方式不管选择哪种，成本和门槛都很低，只要策略运用得当，收益就不会差。若商家自己上场直播，则只需要有自己的直播设备、场地及跨境电商平台的直播账号就可以进行现场直播，并获得理想的效果。举例来说，亚马逊上的某品牌背包分销商虽然尚处于初创阶段，但他们的销量在2022年却实现了十倍增长。对此，该品牌创始人表示，这在很大程度上得益于他们利用亚马逊平台上的现场直播功能所带动的销量增长。

（6）信息壁垒低

跨境直播可以实现信息的实时传递和交流，帮助企业更好地掌握市场动态，了解消费者需求，提高销售效果。消费者也能更直观地对比不同商品和不同企业，从而买到更理想的商品。

（7）效率高

相比传统隔着屏幕沟通的在线交易方式，跨境直播让消费者足不出户也感受到线下实体店购物的体验，如同面对面一般快速沟通和解决问题。这种方式不仅提高了销售效率，还提升了消费体验。同时，跨境直播能够实现精准营销，更好地满足消费者的需求，增强服务体验，促进复购，提升消费者对卖家的忠诚度。

（8）中国企业降维打击

近几年，中国的直播行业已成为经济复苏的重要支柱。随着"直播带货"消费模式的兴起，中国网红经济的发展以及MCN机构数量的增加使中国在电商直播行业处于全球领先的地位，超级主播们一次又一次地刷新着成交纪录。

海外的直播电商虽然近两年发展迅速，但总体还在起步阶段，对于海外初出茅庐的直播电商们，中国团队娴熟的运作经验会对他们造成"降维打击"，轻松地抢占市场。

4. 跨境直播的理论依据

跨境直播的理论依据是4V理论。4V营销理论是指同时运用差异化（Variation）、功能化（Versatility）、附加价值（Value）、共鸣（Vibration）的营销理论。

① 差异化

首先，一方面通过树立企业的独特形象来与对手形成差异化竞争；另一方面通过满足不同消费者的需求使消费者产生分层差异；其次，4V理论讲究商品或服务的柔性组合，满足不同消费者需求；最后，4V营销理论更重视商品或服务通过品牌、文化等无形因素以满足消费者的情感需求。

差异化营销一般分为商品差异化、市场差异化和形象差异化三个方面。

商品差异化是指某一企业生产的商品,在质量、性能上明显优于同类商品的生产厂家,从而形成独立的市场。例如海尔集团满足我国居民住房紧张的需要,推出小巧玲珑的小王子冰箱;美菱集团满足一些顾客追求食品新鲜度的要求,生产出美菱保鲜冰箱。

市场差异化是指由商品的销售条件、销售环境等具体的市场操作因素而生成的差异。大体包括销售价格差异、分销渠道差异和售后服务差异。

形象差异化是指企业实施品牌战略和CI(组织识别)战略而产生的差异。

跨境直播的营销方式,对比传统外贸营销,在销售条件和环境维度是一种全新的差异化营销方式,让消费者耳目一新。即使不同企业同时开展直播,在直播形式、主播风格等各维度,同样可以针对不同客群实现差异化。

② 功能化

功能化指的是一个企业的商品在消费者中的定位有三个层次:一是核心功能,主要由商品的基本功能构成。二是延伸功能,即功能向纵深方向发展,如手机的存储功能、实时股市行情反映功能等。三是附加功能,如美学功能等。总之,商品的功能越多其所对应的价格也越高(根据功价比原理),反之亦然。

功能弹性化是指根据消费者消费要求的不同,提供不同功能的系列化商品供给。增加一些功能就变成豪华奢侈品(或高档品),减掉一些功能就变成中、低档消费品。消费者根据自己的习惯与承受能力选择具有相应功能的商品。

从功能化角度来看,跨境直播会基于商品受众群体的定位,进行直播选品和排品,根据消费者不同的消费需求,提供不同功能的系列化商品以供选择,使商品销售变得更具弹性。比如吃播类型的账号,带货会优先选择与衣食住行有关的商品;如果是教育类账号群体,带货会优先选择书籍等满足精神类需求的商品。

③ 附加价值

附加价值的实现路径:

- 提高技术创新在商品中的附加价值。把高技术含量充分体现在"价值提供"上,从技术创新走向价值创新。
- 提高创新营销与服务在商品中的附加价值。高附加值商品源于服务创新与营销新理念。
- 提高企业文化或品牌在商品中的附加价值。

首先,从附加价值维度来看,直播形式本身就为消费者提供了商品选购信任度维度的附加价值,让消费过程更加透明化。其次,企业为了提高直播间的流量和消费者停留时长,会在直播过程中增加更多样化的展示方式,增强消费体验,使消费者在观看直播的过程中收获到购买的乐趣。同时通过对直播间装修、主播人设打造等,直播为消费者营销出商品的品牌格调,也是品牌形象塑造的绝佳渠道。

④ 共鸣

共鸣是企业持续占领市场并保持竞争力的价值创新,给消费者或顾客所带来的"价值最大化",以及由此所带来的企业的"利润极大化",强调的是将企业的创新能力与消费者所珍视的价值联系起来，通过为消费者提供价值创新使其获得最大程度的满足。

跨境直播的方式首先会让消费者以更高效的时间成本采购到更心仪的商品，并且在采购过程中有更优的体验。同时，直播一般会设置比较大的优惠力度来吸引消费者，用商品价格的让渡或者赠品等方式，让消费者获得更大利益。

第 2 节　跨境直播的发展状况及趋势

1. 跨境直播的发展现状

中国跨境电商交易规模几年来均保持稳健增长。如表1-1所示，虽然近几年中国跨境电商交易规模增长率有所放缓，但增速依然不低于10%，且2022年跨境电商交易规模突破15万亿，达到历史新高度。跨境电商的蓬勃发展带动了整个外贸产业链的转型升级，在国家政策大力支持下，跨境电商涌现更多模式创新，在大环境下，跨境直播迎来快速发展。

表 1-1　2017—2022 年中国跨境电商市场交易规模及增长率

2017—2022 年中国跨境电商市场交易规模及增长率						
年份	2017	2018	2019	2020	2021	2022
跨境电商交易规模（万亿）	8.06	9	10.5	12.5	14.2	15.7
增长率	20.30%	11.66%	16.67%	19.05%	13.60%	10.56%

（数据来源：商务部、海关总署）

近几年各大平台纷纷开通跨境直播的带货功能，有亚马逊、阿里巴巴国际站、Shopee、Lazada等电商类平台，有Instagram等社交类平台，也有Youtube、TikTok等视频类平台，且跨境直播发展势头猛涨。

TikTok Shop官方发布的2022年度数据显示，TikTok 2022年度总计开展直播场次超286万场，直播总时长累计超1.6亿小时，消费者在线与商家互动次数累计超80亿次。

阿里巴巴国际站作为跨境B2B（指企业对企业的交易）平台，2023年3月新贸节首周，有70万名海外采购商在国际站观看中国企业的跨境直播。从全年数据来看，国际站上开播的外贸商家同比增长了100%，海外观看人数翻了3倍，开播与观看人数均大幅增长。目前国际站上的跨境直播已经覆盖了英语、德语、西班牙语、阿拉伯语等十多种语言。

目前B类直播高速增长，转化效果提升明显，结合图1-2统计的国际站直播现状数据来看，国际站目前直播现状如下。

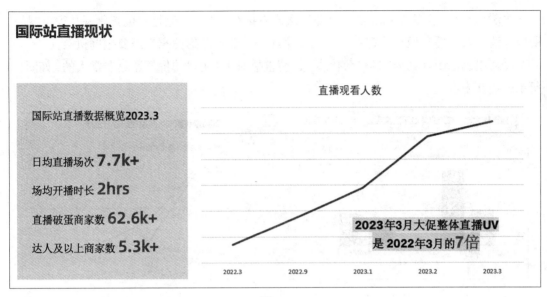

图 1-2

供给：目前国际站大盘日均直播场次达超7700次，日均直播商家也呈大幅正向增长，说明国际站直播领域由蓝海趋近于转向红海，竞争只会越来越激烈，想要获取直播的免费流量，商家们需要行动起来。

消费：目前直播转化同比提升80%，相较于商场、旺铺这些传统展示方式，直播的商机转化提升100%。用户更能接受由实时接待的直播代替图文去展示商品这种方式。

直播场次：消费品场次居多，因为行业特质，消费品用直播呈现会相较来说更加方便。

商机转化：根据图1-3统计的数据来看，不同行业的直播转化效果存在差异性。商机转化中消费品与非消品都有，但行业场次第一与商机转化率第一都是美妆与个护，说明直播场次与商机转化还是呈正相关。也就是说，直播的场次越多，商机转化率就越高。

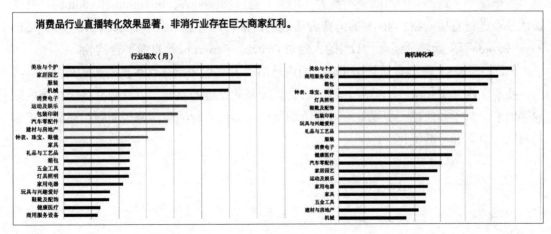

图 1-3

非消品红利：虽然个别非消品直播场次没有排在前几位，但是商机转化率是很可观的，所以非消品在直播领域目前存在巨大的商家红利，非消品的商家们需要把握机会。

以阿里巴巴国际站为B端平台代表，目前直播对B类用户的价值还是非常大的，如图1-4所示的统计来看：

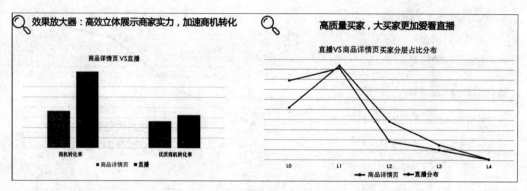

图 1-4

商机转化率：对比商品详情页和直播，直播的商机转化率远高于商品详情页，直播的优质商机转化率也是明显高于商品详情页。这说明直播更能提升用户的互动，吸引用户进行询盘。

大用户偏好：高质量用户更喜欢通过观看直播来了解商品。

东南亚最大的电商平台Shopee，2022年11月大促期间，跨境直播成绩创下新纪录。Shopee Live观看量破5亿，总单量增加至平时的39倍，新卖家单量上涨18倍，平台成交额破10亿美元。

2021年，某公司在6个国家（印度尼西亚、马来西亚、新加坡、泰国、菲律宾、越南）进行的一项研究显示，东南亚约69%的消费者开始尝试接触直播购物，约66%的消费者通过直播购买商品。

数据显示，约83%的东南亚消费者（83%）通过Facebook、Instagram和Youtube等社交媒体平台进行直播购物；约64%的消费者通过电商平台的直播渠道（Shopee Live、Tokopedia Pay、Lazada等）购物，还有约11%的人通过Twitch、Periscope等直播平台购物。

如图1-5所示，跨境直播势头正猛，国内外消费者都越来越喜欢在直播间购买商品。当然，鉴于国内外文化融合的差异，网络、物流等基础设施的差异，以及商品认证标准的差异等因素，对于如何进一步规范跨境直播的质量，如何进行风险规避等问题，还需要更多的时间去摸索和不断优化。

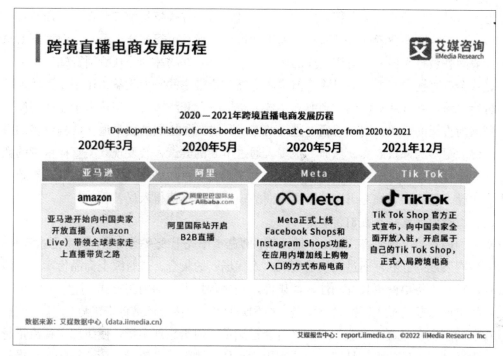

图 1-5

与中国直播带货生态不同的是，海外主播们的势力更加分散，缺少知名的头部主播，很多主播都发布了自己的商品，更愿意"为自己代言"。或许是处于非常早期，又或许是截然不同的移动流量生态分布，海外的直播带货分工也并不像国内这样泾渭分明。

在海外，特别是欧美成熟市场，社交媒体和电商在变现和运营方式上与中国相比，动作一向是比较保守温和的。即使是有中国基因的TikTok，也没有全盘复制国内抖音的路径。

2024年数据显示，TikTok的全球月度活跃用户已超过15.82亿，坐拥迅速扩张的流量池，TikTok的商业化进程也在加速，一方面是广告业务，另一方面是电商业务。

2. 跨境直播的发展趋势

虽然跨境直播发展势头正猛，各大平台也都在不断布局和探索直播业务，但是全球不同国家地区因为各方面的差异，对于直播的接受度不尽相同，直播效果也存在差异，跨境直播依然处于探索之中。那么，究竟跨境直播发展趋势如何？是否值得所有商家加大投入去做探索呢？我们可以结合不同事件进行探讨分析。

在国内某头部主播直播间发生的眉笔事件全网闹得沸沸扬扬，其直播间一天掉粉超百万，该品牌商品的直播销售业绩也受到严重影响。有数据披露，在该品牌旗舰店单场直播观看人数不变的情况下，原本100多万元的营业额骤降至几万元，可谓是因为直播事故受到了巨大的影响。其实不仅仅是本次眉笔事件，很多主播都卷入过直播事故，比如快手直播某头部主播被举报过燕窝售假事件，抖音某头部主播也卷入过虚假宣传等。

国内的直播带货模式，可谓是高收益的背后也伴随高风险。与直播带来的巨大销售量、商品上架后秒售罄的热闹场面相对应的，是通过直播的方式将品牌放置在"万众瞩目"的观测口，接受全网消费者的公开监督，如果做得好，就有可能被捧上天堂；但稍不留意，也可能瞬间就被打入地狱，对于品牌的压力是更大的，好的坏的公众瞬间皆知。

尽管会有直播翻车事故的风险，但国内直播带货带来的巨大收益，还是令无数人踏上直播带货之路，并且从国内延伸到海外。各大跨境平台和跨境人，都致力于能在跨境贸易中复制国内直播的模式，期待着通过直播的方式，进一步拓展外贸渠道，找到更多的潜在客户，促成更多的外贸成交。然而，很多人通过不断的尝试，会发现欧美直播带货的数据不尽如人意，加上通过国内直播的模式，让大家看到了直播事故发生的可能性，导致一部分人会犹豫，他们会仔细考虑跨境直播电商的模式还值不值得入局？

（1）直播电商靠什么吸引消费者

对于国内直播电商而言，2016年是元年，蘑菇街率先上线直播功能，淘宝也紧随其后，借着互联网发展的红利，通过在线上实现"人货场"的集合，进行线上商品售卖。与传统电商相比较，直播电商更具互动性、娱乐性，是"货找人"的销售方式。

直播电商兴起的最大特征之一就是"全网最低价"。核心还是价格优势。

在电商平台开启直播功能初期，平台会把流量倾斜给头部主播，使头部主播流量越来越大，逐渐拥有议价能力，品牌方为了利用好头部主播的巨大流量，会选择降低直播间商品售价，把"全网最低价"给到头部主播。

打价格战，对于外贸人来说也是非常熟悉的，没有人不爱"最低价"。但是，一味地靠低价去吸引消费者终究不是品牌的长久之计。过于压低价格，也会进一步降低商品的利润空间，长期来说对企业不利。

随着越来越多的店铺和品牌亲自加入直播阵营，他们不再愿意向主播提供超低价商品。部分消费者对比后会发现，同品牌的商品，在品牌直播间叠加优惠后的价格反而比在头部主播直播间的价格更便宜，久而久之，头部主播的价格优势也就变得越来越弱。

绝对的价格优势丧失后，又兴起了"内容电商"。在直播间里开展一场场独具特色的表演，或者是在直播间进行知识的传播等，让介绍商品成为表演的一部分，以"有趣""有用"吸引消费者驻足直播间并下单，而不是以单纯依赖低价的方式。

从直播间的商品价格到内容升级呈现，直播电商不断进阶式发展，完成了从萌芽期到爆发期的转变。

这是一个三赢的模式，对品牌方而言，品牌获得了曝光，商品拥有热度；对主播而言，通过带货赚取了佣金；对于消费者而言，在直播间买到了更优惠的、心仪的商品。

直播电商这一套运行逻辑并不难理解，但为什么不足以吸引欧美消费者呢？

我们需要思考一下，为什么直播电商模式在欧美发展没有想象中顺利呢？

其实欧美各大平台对于直播电商在中国如火如荼的发展，并不是不心动，也付出了行动。Meta曾在Facebook、Instagram上推出过直播带货功能，TikTok Shop也在海外推出了折扣、运费补贴等活动。但是，从实际的推进情况来看，这些平台要么宣布直播带货功能下线，要么宣布欧美业务暂缓，欧美直播带货涌现出水土不服的症状。亚马逊在2019年就上线了Amazon Live，数据也一直不温不火，最热闹的直播间人数也不过万。

根据2022年数据统计，美国直播购物收入约有170亿美元，但从占比份额来看，170亿美元占美国电子商务总销售额不到2%，预计2026年可增长至600亿美元。对比来看，我国2022年直播电商市场规模为3.5万亿元。从市场规模上来看，中美在直播电商领域的差距巨大。

（2）为什么中美直播电商领域的差距会如此之大

首先，差距的产生源自直播市场的差异。从北美市场消费者的购物特性来看，他们的线下购物活动很丰富，消费者可以通过线下的方式体验到购物的乐趣和便利，没有必要浪费时间在直播上，等待主播一个个介绍商品和福利品上架。同时，美国的主播类型和中国相比也并不是很丰富，缺少比较吸睛的头部主播，也就很难利用头部主播的影响力拿到更低价的商品，难以带动整体直播电商界的发展。我国直播带货行业之所以突飞猛进，头部主播的疯狂吸流起到了很强的催化作用。

从欧美市场消费者的购物特性来看，他们的购物逻辑是偏理性的，强调效率，用最快的速度买到需要的商品，这些地区的平台也在朝着这个方向努力。有数据显示，亚马逊28%的购买行为在三分钟内完成，比线下购物要迅速许多。另外，欧美消费者也还没有习惯把娱乐性和购物结合在一起，购物对于他们来说是一项实用行为，"社交+商业"的思维还没有在欧美消费者的内心树立。

其次，差距的产生也跟市场限制有关。国内的直播电商靠"全网低价"打开市场，但是低价策略在欧美很容易被判定为不正当竞争，一旦被判定为不正当竞争，就会引来监管机构的管控。

再次，在欧美市场，除了电商平台，消费者对独立站的接受度也很高，导致线上流量较为分散，不像国内这样，流量核心集中于几大平台。国外许多品牌不一定会在电商平台开店，有独立站的品牌也更喜欢引流到自己的独立站，而不是以低价在电商平台上卖货，所以导致主播能够获得的品牌优惠力度也有限。

最后，差距也源自平台模式的差异化。在国内，抖音能把直播电商玩好，离不开其平台完整链路的通畅性。消费者通过刷短视频或者看直播，种草的商品不需要跳转第三方平台就可以直接下单购买，但是在欧美市场，拥有如此闭环能力的平台还比较缺乏，平台链路的完整性、流畅度还有待提高。

国内直播电商已经发展成熟，并且逐步走向转型，明显的趋势是"去头部化"。平台更愿意把流量进行分摊，着重培养大批腰部主播，削弱头部大IP（知识产权）的流量。很多网红退居幕后开始做起直播公司，相比于个人IP的限制性，打造直播界品牌反而更有优势。他们可以根据市场的变化，快速做出调整。平台和MCN机构不希望把鸡蛋放一个篮子里，也不希望被大主播垄断，丧失话语权。总体来说，国内直播电商粗放式发展的时期已经过去，未来会更加规范化、精细化、多元化。

（3）海外的直播电商该如何发展

一个行业的发展和外部条件息息相关，5G的普及使信息传播速度进一步加快，传播质量也进一步提升，视频代替图文的传播趋势越来越明显，短视频和直播仍旧会是大的发展趋势。因此，欧美市场的视频+直播的模式，对于企业来说仍旧可以做，但对于中小卖家来说，培养消费者习惯的成本太高，难度系数也较大，不建议主做该模式，而更应该思考如何借助平台的力量进行流量的获取和转化。

比如，亚马逊卖家可以借助平台的直播电商功能，在购物季参加相关的活动，获得平台的流量推荐，也可以尝试通过价格优势，用比较柔和的方式进行带货，如一对一导购等，这些都是卖家可以借助平台进行的开拓模式。

伴随AI（人工智能）技术的发展，或许也能解决"主播"这一难题，虚拟主播在国内已经有很多尝试。在账号数据得到有效积累之后，虚拟主播比真人更加吃苦耐劳、知识全面，对于品牌想做的客服型直播间来说，会更便利。

由于网络的发展、头部主播的议价能力强、购物链条的顺畅等众多因素的共同作用，才有我国直播电商的成功。这也许是一个偶然，其他地区很难加以复制。但是随着科技的日新月异，未来或许有更多更开放、超乎想象的营销、售卖模式等着跨境人探索。

近几年国内直播电商经济快速蓬勃发展，目前在全世界范围内都遥遥领先。中国的跨境电商平台及跨境企业，一定是扮演着引领者、探索者的角色，成功的核心得益于以下各项优势。

① 中国拥有领先全球的直播电商运作经验和体系化流程

这几年，直播经济成为国内经济复苏的重要手段，网红经济和专业MCN机构的发展，加快了中国实体业务向数字化转型的步伐，使中国直播电商的发展处于全球领先地位，可以更加快速地将直播模式复制于跨境直播全链路。

② 国内直播电商增速放缓，竞争激烈，推动跨境直播的发展

网经社电子商务研究中心《2022年度中国直播电商市场数据报告》显示，中国2022年直播电商用户规模达4.73亿人，同比增长10%，增速下滑。国内直播电商达人纷纷布局跨境直播，打造海外KOL直播矩阵，寻求新的增长点。

③ 超强的中国制造能力为跨境直播奠定强有力的商品基础

跨境直播离不开商品，中国完善的各项基础设施建设，为中国制造业的发展提供了坚实的基础，同时中国拥有大量的劳动力优势，使中国的商品极具竞争力。

④ 海外消费者对于直播的接受度、普及度和消费度越来越高

中国直播电商的发展比较成熟，相比来看，海外直播电商发展相对落后，属于蓝海市场，伴随近几年各大平台直播业务的不断开展，海外消费者对于直播的接受度越来越高，一定程度上为跨境直播打下了坚实的消费者基础。

以阿里巴巴国际站2023年5月份直播数据来看，海外观看人数比上年同期增长186%。以全球最大的市场——美国来看，eMarketer数据预测，2023年预计有1.6亿美国人观看直播，约占美国总人口的50%，直播形态已经广泛应用在在线购物等业态；以TikTok为例，2021年就已经拥有超过10亿的全球月度用户，据统计，有四分之一的用户会在观看视频的时候进行购买。海外消费者通过直播进行商品购买的普及度越来越广。

⑤ 各大平台对跨境直播的持续投入为跨境直播提供平台载体

各大平台对跨境直播功能的持续投入和长远规划，也将进一步推动跨境直播的飞速发展。通过几个代表性平台的跨境直播布局，可以帮助我们进一步了解。

早在2021年，时任字节跳动CEO（首席执行官）张一鸣就曾发布内部信称，字节将探索代号为"麦哲伦XYZ"的，以出口为主的电商项目。此后该公司一直动作频频在多个市场测试短视频带货功能，先后在美国和印尼进行直播测试。经过三年时间，TikTok更是为2023年定下200亿美元的GMV（商品交易总额）目标，稳步推进TikTok Shop商城模式的全球布局。

阿里巴巴国际站在2023年3月新贸节大促活动中，关于直播板块的规划是推出3万场新品跨境直播、发布1万个新品短视频内容、打造40场品牌新品发布会，平台将给予专家团指导、直播特训、广告优化师等1对1服务；上线为期半个月的"2023夏季网交会"，连续推出多场展会直播和视频带商家线上逛展；7月加快推广真人工位接待直播新功能。阿里巴巴国际站在短视频直播领域，可谓是动作频频，一系列举措加快推进了跨境电商行业的数字化进程。

总的来说，跨境电商是未来30年的趋势，虽然跨境电商在发展的过程中的确遇到了一些困难，如汇率、物流、贸易战等，但这些是短期的困难，全球化是一个必然的进程。速卖通现在已经能在几日内抵达全球的任何一个地方，物流的效率越来越高，近一两年要发展十个亿的跨境用户，这都是发展的红利和基础。

同时，跨境电商也是未来国家的长期战略，国内商品资源丰富，产业带发达，企业必定要走向海外市场，将商品输送到全球。

跨境电商发展这么多年，伴随全球基础性设施的不断完善同步，全球消费观念的变化，以及互联网进程的不断深入，直播这种新型营销方式是所有跨境企业都值得探寻的创新模式。

第3节　跨境直播代表性平台

1. 跨境直播平台介绍

（1）阿里巴巴国际站

2022年，线下广交会取消，阿里巴巴国际站直播业务迎来发展的高峰。经过几年时间的沉淀，目前国际站直播已经有比较体系化的玩法和规则，不同等级的商家对应不同的直播权益。国际站有不同的直播类型供商家选择，还有常规的日常营销直播、活动直播，也有创新的日常工位接待直播等。此外，PC端/APP端均能开启直播功能，进行全方位流量推广引入。

国际站直播相当于线上版展会，商家之前线下怎么展示，线上只需对着镜头再来一遍，而且直播有个自带的福利功能，只要直播链接能够正常打开，用户随时都可以查看回放，不会错过精彩内容。而且国际站还可以帮用户们画好每场直播的重点，可以使用"标记讲解"小操作，一键标记亮点速达。

国际站直播分为3种类型，如图1-6所示。

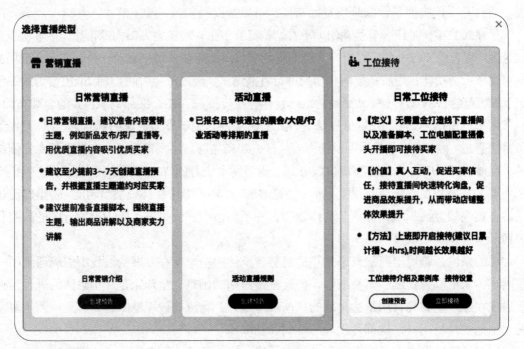

图 1-6

① 日常营销直播

国际站日常营销直播是商家无需报名的日常直播，是一种获取流量的工具，主要是转化商家私域场景的粉丝。应用在B类特色营销场景，需要准备内容营销主题，如展会、新品发布、探厂直播等。用优质内容吸引优质用户，同时至少提前3～7天创建直播预告，并根据直播的主题邀约对应的用户，提前准备直播脚本，围绕直播的主题，输出商品讲解以及商家实力讲解。

② 活动直播

活动直播是指展会、大促、行业主题等营销活动，商家需要报名参与活动。

③ 工位接待直播

工位接待直播是一项店铺效果提升工具，无需打造线下专业的直播间，在工位上即可利用直播接待用户，凸显真实性，促进商机快速转化，从而带动店铺效果提升。

- 根据中小企业的需求，不断应用AI等新技术。
- 把简单的在线接待升级为工位接待，让沟通更加实时。
- 多场景联动，帮助中小企业高效获取并转化优质商机。

- 线下档口接待场景线上化，在工位上利用直播服务全球用户。

工位接待直播建议上班即开启接待，建议日累计直播超过4小时，时间越长效果越好。以下为操作要点。

- 打招呼：用户进入时间10秒内，商家立刻打招呼。
- 询问介绍：主动介绍商品或者公司，询问用户需求。
- 解答/讲解：用户提问，清晰对答；用户无提问，围绕行业用户的核心关注点讲解，如企业实力、商品信息、履约能力等。

在跨境贸易中，由于距离远带来的信任问题一直是海外用户最大的痛点，而通过视频的形式与供应商互动，可以提高用户对商家的信任度从而愿意与该商家达成合作。同时，B类贸易大都是计划采购，难以复刻C类直播的特征。故经过一系列的探索，国际站发现商家利用直播工具在工位接待用户，用户无需露脸即可看到供应商实时的状态，还原线下档口的采购体验，该方式能够促进商家效益的提升。

日常工位接待直播特点如下：

- 真人在线，获取信任。用户认为在商品详情页看到真人接待时，更愿意与商家建立信任并展开沟通。
- 实时互动，留住用户。用户在直播间提问时，可以快速获取到语音回复，促进优质商机转化。通过引导用户下样品单等方式，引导用户实现3轮及以上的互动，分析不同业务员的接待表现，定向优化提升。
- 边工作边直播，高效经营。电脑安装摄像头，边工作边直播；业务员上班后即开启直播；每周工作日均开播；日均累计接待时长＞4小时；在线直播时长越长，所获得奖励也越多，促进业务员高效接待。
- 多渠道推广。结合P4P外贸直通车、问鼎等广告商品，提升广告效果，促进商品转化，在目标国家用户工作时段开启接待，促进店铺流量规模提升。

阿里巴巴国际站直播从2020年开启直播功能以来，在B端跨境电商平台中，已成为引领者。国际站跨境直播带货，成了新的增长风口。国际站跨境直播的火爆及数据的持续飙升，让我们看到了国际站作为B端平台，与其他C端跨境平台在直播业务上的成长差异性。

跨境直播带货存在以下短板：

- 直播购物的消费习惯不同，金融科技公司Klarna的一项统计显示，75%左右的美国购物者没试过直播购物，同时，也有75%左右的人表示，他们不会在社交平台上购物。
- 海外电商交易的整体规模相对较小，分给直播电商赛道的就更小了。
- 海外主播带货经营和内容运营存在短板，很少专注在带货本身，而是更多分享自身的日常内容。
- 相较国内高速、高效的物流网络，海外物流的时效性给消费者的直播购物带来阻力。

当我们了解完国际站的直播后，能够发现国际站直播巧妙地避开或者补齐了上述短板。

国际站作为跨境B2B平台，直播面向的消费者群体与跨境C类零售不同，国际站主要以海外B端的采购商为主，C类更多面向个体消费者，国际站专注外贸这个赛道，不断优化技术，完善外贸交易的完整链条，实现直播模式的成功。

从国际站直播的内容来看，主要是以展示企业的商品生产流程与生产实力、商品质量和性能、企业技术实力等为主，更加符合B端采购的关注点，更注重商品和企业生产硬实力的体现。

从国际站直播的主播来看，国际站商家更愿意选择懂商品、熟悉企业情况、懂外贸的外贸业务员来进行直播。国际站推出的"工位接待直播"新模式无须精心布置直播间和准备内容脚本，业务员坐在工位上就能在国际站上开播，接待全球用户。

跟大主播+MCN机构模式相比较，工位接待直播这样的带货流程更简洁明了。

国际站直播优势有很多。第一，国际站作为全球领先的电商平台，拥有庞大的用户基础和丰富的商品资源。第二，直播平台同时具备娱乐性与购物性，吸引了大量用户，相较于传统的广告宣传，直播呈现更真实、更具互动性，让消费者更容易产生购买的欲望。第三，阿里国际站直播具备多语言、多文化的特点，能够更好地适应不同国家和地区的市场需求，为吸引国外消费者提供了有力保障。国际站通过直播展示技术实力、工厂生产流程和商品性能等差异化内容，吸引了海外消费者的注意。第四，国内优质产业带提供的供应链优势与国际站的全链路物流相结合，也为国际站直播带来了强大的促进作用。比如来自许昌的假发产业带，在跨境电商平台上，每2秒就有一顶许昌假发制品被交易。第五，国际站在线上提供了更丰富的跨境物流线路、更标准化的物流商品矩阵。当前国际站的物流线路超过26000条，可满足不同行业、不同时效的物流需求。产业带的商品优势，加上国际站的智能物流优势，助力跨境直播进一步火爆。

国际站也有一些劣势。第一，国际站需要支付高额的会员费用和交易佣金。平台提供了多种会员服务，包括免费会员、标准会员、高级会员等，不同级别的会员服务需要支付不同的费用。第二，平台还会收取一定比例的交易佣金，这会增加企业的成本。在阿里国际站上，企业很难突出自己的品牌形象，品牌影响力有限。平台上有数百万的商家和用户，企业需要与其他商家竞争，才能够获取更多的流量和销售机会。

综合来看，在产业带供应链、全球物流智能优化、直播内容差异化、商家一步开播等优势条件的集合之下，阿里跨境直播迎来火爆增长，实际上是必然的结果。国际站直播为外贸直播跑出了模式，对于传统外贸模式来说，是一次新的突破，也让越来越多的中国商家看到了出海的新希望。

（2）TikTok

TikTok从2018年登陆美国市场，仅用一年零四个月的时间，一跃成为横扫美国大街小巷，下载量力压Facebook、YouTube的社交软件。据艾媒数据统计，目前TikTok全球月度活跃用户超10亿，TikTok有着先天的直播平台优势。TikTok的电商销售覆盖地区广泛，主要集中在亚洲、欧洲、北美洲、南美洲及澳洲等。TikTok Shop即海外版的抖音小店，帮助商家们实现直播带货，甚至TikTok还开辟了商家大学（TikTok Shop Seller University），帮助商家们学习跨境电商直播的玩法。

艾媒咨询的调查统计如图1-7所示，四成的用户会在观看TikTok视频后研究相关商品并进行购买。艾媒咨询分析师认为，TikTok用户数量的爆发式增长以及营销高回报率，赋予跨境商家无穷的可能性。很多商家就是通过TikTok的各类短视频营销为商品引流，触达更多的潜在消费者。

图 1-7

2021年初，TikTok和沃尔玛进行了一次直播带货，效果很好。在直播中，用户可以点击直播页面的商品图标将其添加到购物车中，或者直接点击屏幕中的购物车图标，选择商品下单购买。即便是未观看直播的用户，也可以在活动结束后直接在TikTok上沃尔玛的商家页面中进行购物。

TikTok 的特征

- 用户规模庞大：TikTok在全球范围内拥有数亿用户，其中包括大量年轻用户，能够提供广阔的市场。
- 活跃用户参与度高：TikTok的用户参与度高，用户喜欢分享和参与各类挑战，能够有效推广商品。
- 创意化内容生产：TikTok以音乐和特效为特色，用户可使用丰富的编辑工具创作独特的短视频内容，增强商品展示的创意性和吸引力。

- 广告投放工具完善：TikTok提供了广告投放工具，可以根据用户的兴趣和地理位置进行定向广告投放，提高广告效果。

TikTok直播对于粉丝数有一定要求，一般要求至少拥有1000名粉丝，账户类型不限。当前TikTok直播主要有四种方式：品牌直播间、单品直播、探厂直播和展览直播。直播可以设置购物车，用户可直接下单，变现周期短，官方补贴力度大，不少跨境卖家纷纷试水TikTok直播。

TikTok 直播的优点

- 双向标签，可精准定位目标客户。
- 流量池算法，内容质量高低决定流量大小。
- 涨粉速度快，零粉丝也能进行流量冲级。
- 商业化程度较低，品牌推广成本可控性强。

TikTok 直播的缺点

- 博主获得渠道单一，无法进行直接搜索。
- 对直播内容质量要求较高。

TikTok 适合的商家

- 以年轻群体为目标受众的品牌。
- 追求品牌曝光、商品宣传的卖家。
- 粉丝基础薄弱的品牌商家。

在选择跨境直播带货平台时，资深跨境卖家应结合自身商品和目标受众的特点，选择适合的平台进行推广。TikTok作为具有巨大潜力和活跃用户群体的平台，值得资深卖家重点关注和尝试。通过合理运用跨境直播带货平台，资深卖家将能够更好地拓展全球市场，并获得新的商机和成功。

（3）Amazon Live

亚马逊作为全球最大的综合性电子商务平台之一，也在不断推出新的平台功能和服务来提升买卖双方之间的交互体验。Amazon Live就是亚马逊推出的在线直播功能，允许卖家通过实时直播来展示和推广他们的商品。Amazon Live直播功能开通于2019年，但不是所有亚马逊商家都能使用直播功能，符合直播条件的专家类型如下。

- 品牌注册商家：已经注册并获得亚马逊品牌注册的商家可以使用Amazon Live。这包括在Amazon品牌平台上注册的品牌。
- 品牌合作伙伴：卖家可以与亚马逊合作，成为他们的品牌合作伙伴，从而获得使用Amazon Live的资格。
- 通过Amazon品牌专属计划：Amazon的某些品牌专属计划可能会为卖家提供使用Amazon Live的特权。这些计划通常要求卖家满足一定的条件，如销售额、评价等。

品牌可以使用该应用来促进商品销售并达到更高的Amazon Live水平。达到更高的Amazon Live水平的优势在于，商家可以在亚马逊主页上实时解锁多余的展示位置。

Amazon Live是一个完全互动的平台，具有实时聊天功能，因此用户可以提出问题，同时在直播页面下显示商品购买链接，用户可以点击进行购买。

Amazon Live 直播的优点

- 平台扶持流量，进入的用户都是有购物需求的。
- 大品牌更容易获得扶持。
- 转化更简便。

Amazon Live 直播的缺点

- 小品牌获得流量难。
- 需要在亚马逊上拥有店铺。
- 卖家直播不够专业，业余化。

Amazon Live 适合的卖家

- 在亚马逊上拥有店铺的卖家。
- 追求商品曝光量的卖家。
- 粉丝基础薄弱，且重视忠实粉丝培养的卖家。

（4）**Aliexpress Live**

Aliexpress（速卖通），被称为"国际版淘宝"，是阿里巴巴旗下的跨境电商平台，早在2017年，速卖通就上线了Aliexpress Live直播功能，2020年更是开启了全球网红孵化计划。2023年11月速卖通首次开启全球"双11"，让国货走进直播间，走进海外市场。速卖通表示将持续海量投入构建更优质的直播保障。

作为全球知名的跨境电商平台，速卖通提供了直播功能来帮助卖家进行商品销售。通过Aliexpress Live直播，卖家可以直接在平台上展示和推广商品，吸引全球用户的关注。同时，速卖通提供了多语言翻译和全球物流支持，方便卖家打破语言和地域限制，提高点击率和转化率。

Aliexpress Live的类型如下：

① **达人直播**

若商家缺乏外语直播能力，他们可以在任务平台上发布直播任务，并通过速卖通平台寻找达人主播进行合作。根据与达人的具体沟通情况，商家需支付固定费用或按销售效果支付佣金。在此过程中，商家还需负责提供样品供达人试用，并根据达人的专业水平及粉丝数量级支付相应的直播服务费用。

② **商家自播**

在申请直播权之后，商家可以在直播后台创建直播工作室，自行发起直播；官方会提供全套的相关教程和一定的流量扶持；直播完整的筹备流程由商家负责，商家在过程中无须向平台支付任何费用，主播可以是商家自己的员工，或是商家签约的主播/自有主播团队。该平台不能用中文直播，需要用目标国家的语言进行直播。

③ 秒杀（抢购）直播

这种模式可以理解为饥饿营销，优惠就这么多，晚了就没了。主播和品牌方合作，帮商家带销量，给粉丝谋福利，主播详细掌握商品的核心价值，拿出一定数量的商品，以低于平时购买的价格回馈粉丝，限时/限量销售。

④ 机构直播

通过速卖通平台合作的一些国内外机构，进行专场或者多品牌的混播；该类直播适用于店铺的特殊活动（如上新或者新品发布或者店铺周年庆等）或者平台营销节点的活动直播。

⑤ 产地实地直播

这种模式是走进产地现场直播，宣传的多为农商品或者水果之类，直接到产地购买、发货，性价比最高，消费者对商品品质也比较放心，省去中间商的差价。

⑥ 平台型专业内容

在大促或者平台营销节日中，由速卖通平台官方发起营销活动，并由专业内容制作团队来承接直播的内容。该类直播内容会有官方设计相关的主题和内容形式，面向行业头部商家进行定向招商参与，入选的商家仅需提供货品寄样。

⑦ 单品直播

这种模式是主播宣传某一个或者几个单品，着重介绍这几个商品。商品没有局限性，吃的、穿的、用的等等都可以，以亲身试用的商品居多。这种模式能带给消费者切身的体验，避免踩雷。

这是速卖通首次启动大规模直播带货的"双11"的活动，国货好物走进速卖通的直播间和全球网友面对面。在西班牙、巴西，速卖通举办了盛大的直播晚会，国民级歌手、千万粉丝红人演出搭配好物榜单，引得老外疯狂"剁手"。

除了大型晚会，速卖通还在知名地标如马德里中心广场等地开设线下快闪直播，特邀海外红人助阵，结合速卖通强大货品优势，线上线下联动，为粉丝提供更多好玩、好价的好物。速卖通表示，平台正在构建更先进的商品直播生态，为国货出海提供便捷的营销服务，如正在内测中的AI数字人，未来可24小时在线，为用户提供包括商品推荐、购前咨询等服务；还有智能文本语音转译，覆盖400余个语言地区，真正解决跨境直播中的多语言障碍。此番布局是否会让速卖通如虎添翼，值得期待。

（5）Shopee Live

Shopee是东南亚最大的电商平台，Shopee Live则是印度尼西亚最受欢迎的直播平台。据调查统计，无论是在商品售价、促销频率还是免费送货服务等方面，均有超过60%的用户表示更喜欢使用Shopee Live。在直播板块，Shopee强势出圈，稳居印尼第一。

Shopee Live在东南亚地区拥有庞大的用户基础和高活跃度。通过在Shopee直播平台进行商品展示和推广,可以吸引用户的关注,并通过互动、折扣促销等手段提高点击率和转化率。Shopee Live还提供了分销奖励机制,卖家可以通过邀请更多用户观看直播,以此来获得收益。

据Populix进行的一项调查显示,Shopee Live在印尼当下流行的直播服务中占据主导地位,优于TikTok Live、Tokopedia Play和Laz live等。

具体来看,在订单份额方面,Shopee Live占比56%;营收份额方面,Shopee Live占比54%。用户在直播中最常购买的是时尚类商品,其次是美妆、护理和健康,再次是生活方式、家电、电子、日用品或快速消费品(FMCG),以及母婴或婴儿设备。大多数人都在Shopee Live上购买各种生活用品。Shopee Live也被认为是展示了更多的商品选择(74%)、更完整的品牌选择(73%)、更完整的商品类别(73%)、更完整的功能(70%)、更有趣的内容(54%)和更有吸引力的品牌合作伙伴(63%)的平台。

Shopee Live的用户可能非常熟悉平台提供的优惠,因此他们可以很好地识别促销属性。这样一来,用户就不会去了解其他平台在做什么。即使其他平台提供相同的促销活动,它也可能不如Shopee Live的力度大。

2023年12月14日,Shopee携手海量商家与品牌成功收官12.12生日大促,为2023年东南亚及拉美超级购物节画下圆满句点,如图1-8所示。大促当天,开场2分钟内即有1200万件商品通过Shopee Live被售出,大促当天跨境直播单量增至平日54倍;跨境新商家单量攀升至平日24倍;跨境品牌单量增至平日7倍。

图1-8

Shopee直播购物热潮席卷东南亚和拉美,其更具吸引力的折扣与实时互动的参与感吸引了越来越多消费者的关注。众多卖家紧抓风口,在大促期间利用直播引流取得爆发式增长:美妆品牌卡姿兰在大促前通过高频次开播和站外达人为直播间预热,驱动高效引流助出单,12.12直播订单占比超40%,增至大促前的19倍。

　　凭借对当地市场的深入洞察，Shopee不断完善跨境物流和本地化履约水平，丰富物流履约方案，持续守护消费者网购体验的同时，助力卖家降本增效。越来越多卖家将爆品备货到海外仓，大促当天，本地化履约卖家的出仓单量增至平日的8倍。

　　（6）YouTube 直播

　　YouTube作为全球最大的短视频分享平台，用户群体庞大，拥有巨大的社交影响力，YouTube直播功能现已面向所有账号用户，登录账号就能开通直播，所以越来越多的企业通过YouTube直播来拓展营销渠道，增加商品和品牌的认知度。通过在YouTube上进行直播营销，相当于直接面向全球用户推广商品和品牌。YouTube的推荐算法和用户互动功能有助于增加曝光量，并且通过在视频描述或视频中嵌入购买链接，吸引用户点击并进行购买，提高点击率和转化率。YouTube进军直播最大的优势，就在于它是以视频起家，拥有海量的视频用户群体，并且习惯在YouTube上面看视频的用户对直播带货的接受度相当高，而且对于长视频的接受度和兴趣也相对较高，使YouTube成为品牌直播带货获取庞大用户的绝佳渠道。但由于YouTube上竞争激烈，使直播获取粉丝的难度也相对提升，想通过YouTube直播积累粉丝的品牌卖家，需要自身先拥有一定的粉丝基数，发布高质量的内容，才能培养出忠实粉丝。

　　① **YouTube 直播的优点**
- 拥有庞大的用户群，辐射人数众多。
- YouTube用户黏度高，对平台依赖性较大。
- 可支持在移动端直播。
- 页面突出显示直播视频，覆盖率高。

　　② **YouTube 直播的缺点**
- 需要有一定的粉丝积累才可以在移动设备上直播。
- 用户群庞大，直播题材广，难以直接接触到目标用户。
- 用户仅能通过留言进行沟通，互动性差。

　　③ **YouTube 适合的卖家**
- 有稳定且广泛粉丝基础的品牌。
- 有YouTube运营经验的品牌。
- 有稳定且高质量分享内容的品牌。

2023年6月21日，YouTube表示同年6月30日在韩国率先开通官方购物频道，开全球之先河。

　　YouTube称，三星电子、LG电子、芭斯罗缤、唐恩都乐、黛珂、彪马等30多个品牌均在YouTube购物频道进行直播带货。YouTube在线购物功能去年正式上线后，创作者或企业可通过自身YouTube频道进行直播带货，对视频中的商品进行标记或在视频下方附上链接。随着YouTube正式开通官方购物频道，用户可在该频道进行直播带货。

　　近年来，韩国的直播电商市场蓬勃发展，已成为全球范围内备受关注的领域。对于

YouTube来说，这是一个理想的测试市场，因为其专注于提供"可购物内容"的社交平台。

YouTube进军直播电商领域具有重要意义，这为用户提供了更多的购物选择和便利，为卖家和品牌提供了新的商机和推广渠道。随着直播电商市场的快速发展和数字化购物的普及，我们可以期待YouTube在购物领域的新表现。

（7）Instagram 直播

Instagram是图文平台，用户对于直播接受度一般，但Instagram直播支持与用户在线聊天，所以互动率比较高。此外，Instagram的标签和探索功能，能够让没有关注商家的用户收到内容推送，这能够帮助卖家扩大受众范围。

然而，从2023年3月16日起，商家则无法在Instagram直播中标记商品，这也意味着Instagram直播购物功能正式下线。

伴随全球直播热潮，各大平台也都纷纷布局直播业务，但究竟能够一举成功，还是面临业务试错后放弃，都需要实践摸索来证明。平台也得结合平台自身属性，找到与直播带货之间的共同点以及直播带货需要的各项支撑，不推崇盲目跟风。当然对于进一步的全球化进程来说，需要更多的探索。

2. B2B 与 B2C 直播的差异

（1）目标群体差异

B2C交易的目标客户群体是消费者个人，B2B交易的目标群体更多的是企业，包括企业的采购负责人、采购商等。目标群体不同，直播采用的方式策略就会存在差异。

（2）直播目的差异

B2C的直播目标在于订单的快速获取，依靠直播氛围和节奏的打造来刺激消费者理智，促成冲动型消费。B2B的交易链路较长，直播目的更多体现的是专业性，增强信任感，在直播中充分展示企业的生产实力。

"C端直播卖商品和消费场景，而B端直播则是在销售'生产能力'。"阿里巴巴国际站跨境直播业务负责人如此对《商业江湖》解释直播领域B2B和B2C的区别。

阿里巴巴国际站是最具代表性的B2B平台，国际站的直播两端不是带货主播和购物粉丝，而是外贸企业和海外采购商，他们的购买方式不是一件件地单买，而是批量采购、集中购买。

不同的直播场景对应不同的直播内容，B2B直播除了介绍货品的品牌、价格，还着重介绍企业的生产实力。以口红举例，B2C带货主播会着重介绍口红的色号、价格、造型，会通过涂抹试色来进行更直观地展示；而B2B直播会更强调口红的材质、是否有国际机构认证、一个货柜能装多少等生产制造能力。B2C卖的是个数，B2B卖的是柜数。

外贸的采购决策链非常长，涉及拿样、打样、验货、验厂、运输等16个环节，所以B2B的跨境直播很难像电商带货直播那样在短短几分钟内完成交易，这是一个"跨语言、专业且漫长的接待工作"。观看跨境直播的用户也不是普通的消费者，而是专业的采购人员，这些来自全球的买手们在购买商品时并不只看商品的单价和性价比，而更关注供应商的可信度。

国际站直播强调用专业的人为用户提供定制化的需求，做一些生产能力方面的回答和接待，采购商要求"眼见为实"，这是B2B跨境采购最为重要的环节。在传统的贸易环节中，为了找到可靠的货源，采购商会来中国验厂，跨境直播也强调人、货、厂三者在线，让采购者看到真实的工厂生产线，增加信任度。现在随着"80后""90后"成为采购决策者，线上化直播的模式被接受。在国际站上，从2022年开始，B2B采购中已经有超过2/3的交易通过线上进行，而对比整个宏观数据更能看到B2B跨境直播的增速——2022年中国全年出口总额约为23.9万亿人民币，其中前五个月增长8%左右。

（3）内容差异性

B2C直播平台更看重内容的广度，内容的有趣性、持久性、延展性等是否有利于平台粉丝的沉淀和忠诚。B2B直播平台则更看重专业度，如主播是否专业、企业是否专业、直播内容是否能打动精准用户的需求点。

（4）销售模式差异

B2C直播是以短时间提高商品销量为核心目的，以商品销售为导向的一种模式。B2B则更多是把直播作为一种新的销售渠道去打造，渠道的背后在意的是生产实力的展示、品牌的宣传、潜在客户的积累、海外新市场的开拓等维度。

（5）定价模式差异

B2C的商品以明码标价为主，价格是影响消费者是否下单的核心因素，所以在B2C的直播中，如何选品，如何进行不同价位的商品组合，从而达到单场直播最好的效果。B2B相对来说溢价空间比较大，直播商品如何定价和组合在B端直播的影响力度偏弱一些，B2B的成交需要直播后的持续跟进和洽谈。

（6）主播要求的差异

相比B2C，B2B的主播需要更强的专业性，不仅要对企业商品有充分了解，对企业的综合实力，对所在的行业都需要有比较充分的认知。对主播的稳定性、持久性的要求也相对更高一些。

（7）直播转化率差异

B2C的直播间观看量大，但是订单转化率较低，客单价也偏低。B2B的直播间场均观看人次较少，但是转化率相对来说更高，成交的客单价也偏高，更容易接触到精准需求以及复购力强的客群。

（8）海外市场接受度差异

海外市场，尤其是欧美市场，对B2C线上直播方式的接受度没有B2B的高，这跟国外的消费习惯有关。在没有核心头部主播产生的情况下，不具备长时间观看视频购物的土壤，他们更习惯确定性的短时间采购。几大平台在欧美地区的市场开发之路也相对较缓慢，B2B的地域性要求相对低，对于B2B的企业来说，线上化直播的方式比过去传统线下展会性价比和销售效率要更高，也更容易尝试。

【知识与技能训练】

一、单选题

1. 以下哪个平台的类型与其他平台是不一样的？（ ）

    A. 速卖通   B. 亚马逊   C. 阿里巴巴国际站   D. Shopee

2. 直播间设置红包激励的行为最符合4V理论中的哪一项？（ ）

    A. 差异化   B. 功能化   C. 附加价值   D. 共鸣

3. B2B直播核心以展示什么内容为重点？（ ）

    A. 商品质量   B. 生产实力   C. 消费场景   D. 商品设计

4. 以下哪个平台的直播功能经过探索后被关闭？（ ）

    A. 速卖通   B. 亚马逊   C. Instagram   D. YouTube

5. 据数据调研统计，TikTok上的用户有多少比例会在观看TikTok视频后研究相关商品并进行购买？（ ）

    A. 50%   B. 10%   C. 25%   D. 30%

二、多选题

1. TikTok有哪几种直播方式？（ ）

    A. 单品直播   B. 展览直播   C. 探厂直播   D. 品牌直播间

2. 跨境直播的优势有哪些？（ ）

    A. 性价比高   B. 地域性限制大

    C. 实时性   D. 销售效率更高

3. 阿里巴巴国际站有哪几种直播类型？（ ）

    A. 活动直播   B. 日常营销直播   C. 达人直播   D. 工位接待直播

4. 速卖通有哪些直播类型？（ ）

    A. 达人直播   B. 商家自播   C. 单品直播   D. 机构直播

【职业技能综合实训】

1. 以小组为单位，调研TikTok将东南亚作为其接下来核心市场的原因，形成调研报告。

2. 以小组为单位，搜集跨境直播做得比较出色的企业案例，分析其成功的原因和可借鉴之处，完成实训方案1个。

【匠心钥匙】

规模稳、结构优、伙伴多！中国外贸由大到强与世界深度连接

如今，我国外贸呈现出"规模稳""结构优""伙伴多"的鲜明特征，正在由大到强的道路上奋发前行。

眼下，本是港口的传统淡季，但在深圳盐田港，开年不到一个月，已经迎来了600多艘集装箱货轮。比去年同期增加了大约30%。而港口不远处的一家跨境电商运营中心，早上一开门，集装箱卡车就停满了车场。

2023年，从中央到地方打出政策组合拳，推动出台外贸稳规模优结构的意见，实施新能源汽车贸易合作、推动跨境电商、市场采购贸易、海外仓等新业态新模式健康发展，实实在在的政策措施，为稳定产业链、供应链畅通运转提供有力支撑，也让中国的对外贸易呈现出规模稳、结构优的新特征。

2023年，中国外贸全年进出口总值41.76万亿元人民币，同比增长0.2%。外贸增速表现好于多数主要出口导向型经济体。出口占国际市场的份额连续第四年保持在14%左右的较高水平，稳居全球第一货物贸易大国。

2023年，中国外贸出口新商品快速增长，"新三样"商品出口首次超1万亿元，增长了近30%，新业态蓬勃发展，跨境电商进出口全年增长15.6%，分布在全球的海外仓超过2400，海外消费者动动手指，就可以坐等中国产的电动两轮车、扫地机等好物送货上门，2023年，中国外贸经营主体首次突破60万家。

不仅如此，进博会、消博会、广交会等重点展会的成功举办，为全球厂商进入中国市场提供了新机遇。

进出之间，中国与世界深度连接。目前，中国已经有230多个经贸伙伴，是140多个国家和地区的主要贸易伙伴；自贸伙伴增至29个，与自贸伙伴贸易额占外贸总额比重超过1/3，如图1-9所示。

图1-9

"朋友圈"不断扩大，与朋友做生意的方式也在不断变化。2023年，中国积极拓展中间品贸易，全年中间品贸易占整体进出口总值的61.1%，中国正在深度融入全球产业链供应链的合作中。

2023年年底召开的中央经济工作会议提出，2024年，要加快培育外贸新动能，巩固外贸外资基本盘，拓展中间品贸易、服务贸易、数字贸易、跨境电商出口。下一步，国家将夯实货物、服务、数字贸易"三大支柱"，统筹贸易发展与安全，加快建设贸易强国，为推进中国式现代化建设提供重要支撑。

商务部外贸司司长李兴乾表示，在各种不确定性的面前，我们说中国外贸的竞争力和供应链优势是十分确定的，中国外贸有信心为我们国家的国民经济回升向好作出贡献，也有信心为全球经济复苏作出中国贡献。

（来源：央视新闻客户端）

模块二　跨境直播前准备

【学习目标】
1. 了解跨境直播前的团队搭建
2. 了解跨境直播间物料准备品类
3. 熟悉不同跨境直播前准备异同

【能力要求】
1. 能够具备跨境直播前准备的基本认知
2. 能够熟悉不同的跨境直播前准备工作

【素养提升】
1. 具备跨境直播前准备统筹概念
2. 具备跨境直播前准备工作思维框架

【知识图谱】

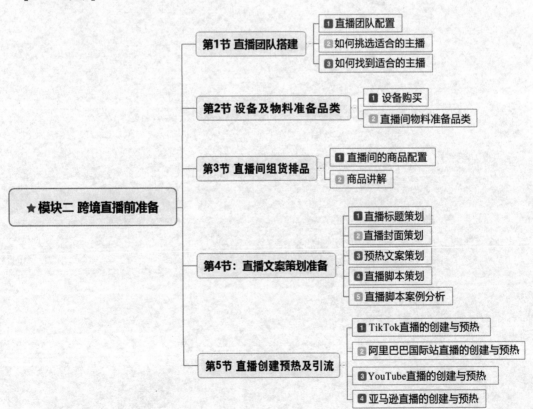

【新闻播报】

TikTok Shop成跨境电商新蓝海，商家疯狂涌入。2023年2月初，TikTok Shop在东南亚国家上线商城后，我们就觉得应该是个不错的机会。紧接着入驻后上架了100多款商品，没想到不到一个月，销售额就破百万美元。这是Sini未曾预想到的场景。和Sini一样，TikTok Shop放开商城功能后，不少跨境电商卖家都从中嗅到了机会。"有的小卖家才入驻两三个月，月销售额就能达到三四百万美元。目前商城业务GMV已经占到整个TikTok Shop东南亚GMV的20%。"

（来源：玺承电商2023年8月19日）

【思考】

※ 你关注过跨境电商直播的发展吗？

※ 你有过跨境电商直播购物经历吗？

※ 从TikTok Shop在东南亚市场快速增长的案例中你能推断出什么？

第1节　直播团队搭建

1. 直播团队配置

基础配置：3人团队，主播+运营/主播+场控。

进阶配置：4人团队，主播+助理+场控+运营。

高阶配置：6人团队，主播+场控+中控台+数据运营1、数据运营2+直播运营。

（1）主播

主播负责熟悉并介绍、展示商品，了解活动相关信息，把控直播节奏，掌控现场氛围，以及在直播后进行复盘与优化。他们是整个直播流程中的核心角色，既扮演着商品讲解员的角色，又承担着销售员的职责。主播的具体工作包括以下内容。

① 商品呈现

用品、竞、感、利四个大点讲解商品；全方位展示商品的效果和细节，引导粉丝对商品产生需求，从而把控销售节奏。

② 节奏把控

商品上架前充分输出商品要点，把控"种草"节奏；商品开卖后迅速引导粉丝下单，掌握成交节奏。

③ 粉丝互动

留住人，将观众留在直播间的同时，把流量转化成为粉丝，并将直播间商品销售出去。

下播后，如果是公司培养的专业主播，则需要公司在日常运营中通过更多的渠道进行主播IP的打造和宣传，比如利用店铺主图、店铺首页海报、店铺群等，以及在主播个人微信群、微信号、抖音等新媒体平台上的持续运营、曝光。只有主播不断提升曝光度，加强个人IP品牌塑造，未来才能吸引更多用户，建立更强的信任度。

（2）场控

场控负责协助展示解答商品，报价格和库存，引导观众关注直播间成为粉丝，配合主播控场，拍摄直播切片。场控的主要任务是执行直播策划方案，在直播现场协助主播按照方案、计划进行，保证直播现场顺利进行。场控的具体工作包括以下内容。

① 调试

开播前进行相关软硬件的调试。开播后负责好中控台所有相关的后台操作，包括直播推送、公告、上架商品等。

② 数据监测

实时监测包括实时在线人数峰值、商品点击率等在内的数据，出现异常情况时要反馈给直播运营。

③ 指令的接收及传达

比如直播运营有传达的信息，场控就要传达给主播和助理，让他们去告诉用户。

场控的主要职能如下。

① 氛围把控

制造留人氛围，利用直播间福利预告等手段制造会场氛围；营造上架氛围，商品上架时烘托观众期待的氛围感；开启秒单氛围，爆品开秒时引导热卖氛围。

② 评论导向

下单导向，不断在直播间散布需求旺盛的导向；互动导向，不断在直播间引导粉丝刷屏。

③ 节奏跟进

跟进主播的售卖节奏，充分执行脚本节奏要点，推进或舒缓关键节点。

（3）直播运营

主播运营主要负责玩法设计、商品组合、排款、脚本设计及策略等统筹工作。直播运营的核心工作职责包括以下内容。

① 规划正常直播内容

确定直播的主题是日常直播还是官方活动直播，然后根据主题去匹配货品和利益点，还要规划好开播的时间段、流量和流量的来源、直播的玩法等。

② 团队协调

一方面是外部协调，比如封面图的拍摄、奖品发放、仓库部门的协调；另一方面是内部协调，包含协调直播人员的直播时间、直播期间出现的问题等。

③ 复盘

在直播完成以后，先要根据部门人员配合的表现，再加上数据上的反馈，与前期制定的方案和目标进行详细的数据复盘，吸取经验，总结教训，争取下次改进。

（4）中控台

中控台运营主要负责商品库存、后台操作、上下架、改价、优惠券发放。

（5）数据运营1

主要负责短视频制作、账号定位、视频策划、脚本、拍摄剪辑、引流。

（6）数据运营2

主要负责直播数据采集、商业投放、分析数据、给出优化建议。

中控台和数据运营随着直播团队的扩大，逐步从直播运营剥离出来，独立分工。

2. 如何挑选适合的主播

（1）C端主播挑选要点

- 形象气质符合直播间和商品定位。
- 有较强的学习能力和学习意愿，了解目标市场的用户喜好和文化习惯。
- 有较强的表现力、互动力、销售力，针对特定类目需要有对商品专业的讲解能力。
- 语言使用流畅，语速和语气平稳、有令人舒适的节奏感、感染力和信服力。

（2）B端主播挑选要点

- 主播面容仪表要整洁端庄。
- 主播须对商家和商品有专业的了解（包含商家基本情况、生产工艺、商品认证、商品功能演示等），有行业洞见更佳。
- 主播须具备外语能力、表达能力、现场感染力。
- 主播要有控场能力。

3. 如何找到适合的主播

- 与服务商合作，由服务商引荐外语能力强的主播。
- 自行寻找主播，如找海外留学生、外教、外模公司模特等。
- 向客户经理咨询平台的主播库，寻找符合定位的主播。

第2节 设备及物料准备品类

要进行一场成功的直播，选择适合的设备和场景安排是至关重要的，可以提供高质量、流畅的直播内容，吸引更多用户的关注和参与。

1. 设备购买

直播间的设备应该如何选择购买呢？直播间设备的购买需要根据实际需求和预算进行选择。以下是一些常见的直播间设备和建议的购买清单。

（1）摄像机或摄像头

用于录制直播内容，选择一款画质好、性能稳定的摄像设备非常重要，可以是高清晰度、稳定性好的摄像机或者智能手机。如果是使用智能手机进行直播，要确保其具备良好的拍摄质量和较高的图像稳定功能。如果是使用摄像机或者摄像头，选购时则需要考虑以下几个方面。

① 画质

画质是衡量摄像设备优劣的重要指标，主要包括分辨率、帧率、光圈等参数。选择高分辨率、高帧率的设备可以获得更清晰、更流畅的画面效果。

② 拍摄角度

不同的摄像设备有不同的拍摄角度，需要根据实际需求进行选择。例如，有些设备可以进行180度或360度全景拍摄，而有些则只能进行水平或垂直拍摄。

③ 拍摄距离

不同的摄像设备有不同的拍摄距离，需要根据实际需求进行选择。例如，有些设备可以拍摄很远的物体，而有些则只能拍摄较近的物体。

④ 镜头

镜头的选择对于拍摄效果也非常重要，需要根据实际需求进行选择。例如，广角镜头可以拍摄更广阔的画面，长焦镜头可以拍摄更远的物体。

⑤ 连接方式

不同的摄像设备有不同的连接方式，需要根据实际需求进行选择。例如，有些设备可以通过HDMI连接电视或投影仪，而有些则需要通过USB或SD卡连接电脑或其他设备。

除了以上基本参数，还需要根据实际需求和预算进行选择。市场上有很多品牌和型号的摄像机或摄像头，可以通过查看用户评价、商品参数和价格等方面进行比较，选择适合自己的设备。

（2）直播主机或台式电脑

用于运行直播软件和流媒体服务器，选择一款性能稳定、带宽大的主机或者台式电脑非常重要。选购直播主机或台式电脑需要考虑以下几个方面。

① CPU

CPU是直播主机或台式电脑的核心部件，选择一款性能稳定、功耗低的CPU可以保证直播的流畅和稳定。由于直播过程中需要处理视频画面渲染、音频编码、视频编码及推流等多个任务，因此对CPU的要求较高，需要具备多核心来分配多个线程并行处理这些工作负载。处理器的核心数越多，通常意味着它可以更有效地处理多任务。除了核心数据，高速缓存容量及新架构带来的性能提升也是重要因素，能够加快数据访问速度，提高整体处理效率。

② 内存

直播需要大量的内存来存储视频、音频等数据，选择一款内存容量大、性能稳定的主机或电脑可以保证直播的流畅和稳定。由于直播过程中同时运行直播软件、操作系统及其他后台服务，内存需求较大。一般来说，推荐配置至少16GB，以确保系统流畅运行，并且能够应对高画质直播需求。对于更高要求的专业级主播或者高清多任务场景，甚至可以考虑32GB或更高的内存配置。DDR4是目前主流的选择，但随着技术发展，到2024年DDR5内存已经成为新一代平台的标准配置，其传输速度和带宽更高，有助于提升整体性能。为实现最佳性能，建议采用双通道内存套件，即两根相同规格的内存条搭配使用，这样可以提高内存读写效率，更适应直播中的大量数据交换。尽可能选择高频内存，如DDR4-3200MHz或以上的DDR5内存模块，更高的内存频率意味着更快的数据处理速度。

③ 存储

直播需要大量的存储空间来存储视频、音频等数据，选择一款性能稳定、存储容量大的硬盘或固态硬盘可以保证直播的流畅和稳定。考虑到视频流录制的需要（如果主播选择同时录制），建议至少配置512GB甚至更大的固态硬盘（SSD）。如果预算允许，1TB或以上的SSD是理想的，可以确保足够的空间来存放数据、应用程序和其他文件。

④ 网络

直播需要稳定的网络连接，选择一款网络稳定、带宽大的主机或电脑可以保证直播的流畅和稳定。

⑤ 操作系统

选择一款稳定、易用的操作系统可以提高直播效率和体验。对于大多数主播来说，Windows操作系统的兼容性最广泛。大部分主流直播工具都是基于Windows平台开发的，并且提供了良好的驱动支持。到2024年，Windows 10仍然被广泛使用，而Windows 11作为新一代系统则在性能优化、界面友好度等方面有所提升，选择哪个版本取决于具体的应用需求以及对新功能的支持程度。

除了以上基本参数，还需要根据实际需求和预算进行选择。同时，也可以考虑购买已经预装好直播软件的主机或电脑，这样可以省去安装软件的时间和麻烦。

（3）音频设备

音频设备包括麦克风、耳机、扬声器、线材等，用于录制声音，保证声音清晰。建议选择质量好、声音效果佳的品牌，选购直播音频设备需要考虑以下三个方面。

① 麦克风

麦克风是直播音频设备的核心部件，选择一款高质量的麦克风可以保证声音清晰、不失真。

② 扬声器

扬声器是直播音频设备的输出部件。

③ 线材

选择高质量的线材可以保证音频信号的传输质量。

（4）灯光设备

适合的直播间灯光可以提高直播的质量和效果，吸引更多的观众。比如说，可以利用柔和的灯光来打造浪漫的氛围，或者利用明亮的灯光来营造热烈的氛围。通过调整灯光的强度和颜色，可以让主播更加突出。比如说，利用灯光来突出主播的眼睛、脸部或者手部等特定部位，从而使用户更容易注意到主播。因此，在进行直播时，选择适合的灯光设备和合理的灯光设置非常重要。

① 主灯

主灯通常采用较高亮度的LED平板灯或环形补光灯，功率可选在100W～300W之间，确保足够的照度以清晰地照亮主播及所展示的衣物。

色温应可调节，可以选择5600K的日光色温，或者根据场景需求调整为3200K的暖白光，以便更准确地反映商品的真实色彩。

② 柔光箱或柔光伞

将主灯置于主播前方45度角的位置，并通过柔光箱或柔光伞扩散光线，减少阴影，让衣物表面呈现细腻、柔和的质感。

③ 背景灯

背景灯设置在主播身后，提供逆光效果，用以突出人物轮廓，增强立体感，也使主播与背景更好地分离。

背景灯的功率可以比主灯稍低，约50W～100W即可；同时应保持一定的亮度差，不宜过亮以免淹没前景。

④ 填充光

对于防止面部或衣物产生不必要的阴影，可在主播的另一侧设置一盏补光灯，用来补充照明。

补光灯的功率可以根据实际情况进行调整，一般略低于主灯亮度，用于平衡整个画面的明暗对比。

⑤ 色彩渲染与氛围灯

根据直播间风格和服装特点，可使用彩色滤纸或RGB LED灯来营造特定氛围，如暖色系增加温馨感，冷色系适合时尚潮流款式。

⑥ 灯控与遥控器

选择支持无线遥控或者有独立灯控台的灯光系统，方便实时调整灯光强度和色温，优化直播画面质量。

（5）直播平台选择

不同的平台，受众群体不一样，比如TikTok直播，主要面向C端客户；而国际站直播，主要面向的是B端客户。选择跨境直播平台，需要考虑以下四个方面。

① 直播功能

选择具有良好直播功能的平台，这样可以保证直播的顺利进行。可以通过平台的官方网站或者相关的评价渠道了解平台的直播功能和使用体验，从而选择适合自己的平台。

② 用户数量及用户评价

用户数量及用户评价是选择跨境直播平台的重要参数之一。可以通过官方网站、社交媒体等渠道了解平台的用户活跃情况，以及用户对平台的评价和体验，以便可以选择更适合的平台。

③ 支持语言和地域

选择支持跨境直播的平台，这样可以避免直播内容因地域限制而无法播放。可以通过平台的官方网站或者相关的渠道了解平台的支持语言和地域情况，从而选择适合自己的平台。

④ 安全性

选择具有良好安全性的平台，这样可以保证直播过程中的安全性和稳定性。

总之，在购买直播设备时，需要根据自己的实际需求和预算进行选择，选择质量好、性能稳定的设备，并根据实际情况进行组合和配置。

2. 直播间物料准备品类

直播间物料准备需要考虑到直播内容、目标受众和所在地的文化背景等因素，除了第一小节中介绍到的直播设备的准备，还包含以下常见的物料准备品类。

（1）主播服装

主播服装在直播中至关重要，它不仅能够为主播增添气质，还能够提高观众的关注度和参与度。选择服装时，需要根据直播主题和目标受众来挑选。以下是一些常见的主播服装风格。

① 商务风格

商务风格的服装适用于在直播中举办讲座、分享经验、讲解商品等，通常以深色系为主，包括西装、衬衫、领带等。

② 时尚风格

时尚风格的服装适用于时尚、美妆、音乐等内容的直播，通常以明亮的颜色和流行的元素为主，包括卫衣、短裙、短裤、连衣裙等。

③ 可爱风格

可爱风格的服装适用于直播动画、卡通、童话等内容，通常以卡通图案、鲜艳的颜色和可爱的元素为主，包括公主裙、小熊装等。

④ 休闲风格

休闲风格的服装适合于在直播中进行娱乐、户外、运动等，通常以舒适的材质和休闲的款式为主，包括T恤、运动裤、背心等。

除了以上几种常见的主播服装，还可以根据直播内容和主播个人风格进行个性化的设计和选择。需要注意的是，主播服装应该既符合直播内容和主题，也要考虑到观众的接受度和喜好，以提高直播的吸引力和互动性。

（2）直播间装修

① 直播间风格类型

● 现代简约风格：当下最受欢迎的装修风格之一，其特点是整洁明快、简单大方，注重线条的流畅性和空间的开放感。适合的品类包括时尚、美妆、家居、生活方式等。这些领域的直播内容通常侧重于商品展示、教程演示等。因此直播间的装修风格应以简洁大气为主，突出商品的视觉效果和使用功能。

- 欧式风格：追求高雅、豪华和浪漫的氛围，装修设计常选用繁复的线条和华丽的装饰，配以暖色调的墙壁、窗帘和地毯，增加浓郁的古典气息。适合的品类包括奢华的家具、色彩亮丽的地毯等。
- 中式风格：直播间融入了中国传统元素和设计美学。常运用山水、花鸟、竹木等元素，以及石材、木材等天然材料，营造出宁静、雅致的环境。中式风格的软装饰品丰富多彩，包括瓷器、书画、绣品、玉器、茶具等，这些元素不仅增添了艺术气息，也反映了直播间的品位。
- 工业风格：复古工业风格以恢复原貌、展现历史感为特点，强调原始材料的质感和金属元素的运用。适合的品类包括手作、艺术、古董、收藏、摄影等。这些领域的直播内容往往关注历史背景、工艺技巧等方面。
- 小清新风格：注重温暖、舒适和自然的感觉，装修设计可以选用木质材料、绿植、羽毛、毛绒等元素，以及淡淡的粉色、淡黄色等温暖的色调，营造出温馨、甜美的氛围。小清新风格鼓励个性化的装饰，例如手工艺品、摄影作品、创意墙贴、布艺挂饰等，这些元素能够体现直播间的独特品位和生活态度。小清新风格注重光线的利用，通常会采用大面积的窗户或透明隔断来引入自然光，也会搭配温馨的照明设备，创造出明亮而又舒适的环境。适合的品类包括手工作品、挂饰等。
- 潮流时尚风格：注重前卫、时尚和个性，装修设计可以选用鲜艳的颜色、霓虹灯、流行的图案等元素，营造出青春、活力的氛围。潮流时尚风格是一种不断演变和创新的设计风格，它反映了当下社会的文化、技术和审美趋势，为人们提供了展现自我和追求自由表达的新方式。适合的品类包括饰品、服装等。
- 温馨田园风格：追求自然、舒适、温暖的感觉，注重绿植的布置和木质元素的运用。适合的品类包括美食、烹饪、养殖、农业、健康生活等。这些领域的直播内容常常涉及美食制作、农商品介绍等。因此直播间的装修风格应以温馨田园为主，营造出亲切自然的氛围。
- 互动创意风格：突出活泼、有趣和创新的特点，注重与观众的互动感和参与感。适合的品类包括游戏、娱乐、综艺等。这些领域的直播内容通常以游戏互动、娱乐表演为主。因此直播间的装修风格应以鲜明的创意元素为主，营造出活力四射的氛围。

② 场景安排
- 站播适合服装、家纺、家居箱包等，注意头顶上方1/3留白，全身入镜，有纵深感。建议选择20~40平方米左右的直播间，该场地内需要有直播区、商品摆放区、换衣区等。
- 坐播适合美食、美妆、珠宝、玩具、饰品等，请确保人脸与镜头的距离适当，以保证拍摄效果。主播展示区要有一张桌子，所有商品在主播桌上呈现给观众。坐播直播间一般需要10～20平方米。

● 走播在实际场景就行，适合有线下实体店铺的商家在店铺里直接进行直播。

（3）语音和字幕翻译

跨境直播跟国内直播很大的不同点在于需要考虑到目标受众的语言和文化背景，从而选择适合的语音和字幕翻译工具，以确保直播内容能够被更多的用户理解。可以利用一些翻译技术，将直播语音内容翻译成其他语言，同时在直播过程中显示字幕，以方便非母语人士观看和理解。以下是一些常见的直播语音和字幕翻译技术。

① TTS 技术

TTS（直播文字转语音）技术是在实时直播环境中，将接收到的文字信息即时转化为可听见的语音输出的技术。这种技术在许多场景下都得到广泛应用，例如在线教育、新闻播报、无障碍阅读辅助、虚拟助手及视频直播等。在直播文字转语音的具体实现过程中，先对输入的文字进行处理，包括语法分析、分词和标点符号识别等，以便准确把握文字内容的语义结构，再运用先进的语音合成技术，根据文本的内容，生成与之对应的音频流。现代的TTS系统通常基于深度学习模型如WaveNet（波形生成网络）、Tacotron等技术来模拟人类声音的细微特征，从而提高合成语音的自然度和真实感。生成的音频流在几乎无延迟的情况下被实时推送给用户，使观看直播的用户能够通过听觉感知到相应的文字信息内容。因此，在直播应用中结合了文字转语音技术后，可以为听力障碍者提供便利，也能丰富普通用户的观看体验，让直播内容更具多元化的表现形式。

② LMT 技术

LMT（直播机器翻译）技术是指通过运用机器，将一种语言的语音或文本内容几乎同步地翻译成另一种语言的技术。这类技术广泛地应用在国际会议、在线教育、实时新闻报道、远程商务沟通等领域，极大地方便了跨语言交流。当前，机器翻译技术也被广泛应用到跨境直播中。它可以将直播中的语音内容翻译成其他语言，从而实现多语言观看和理解。

③ 视频翻译技术

直播视频翻译技术结合了实时语音识别、自然语言处理和机器翻译等多项先进技术，其核心目标是在直播环境中实现实时音频转文字并翻译成其他语言的功能。这项技术的应用极大地提升了跨语言交流的效率，尤其在国际会议、线上教育、娱乐直播（如游戏直播、演唱会直播等）及跨境电商等领域。视频翻译技术可以将直播视频中的语音内容进行翻译和字幕显示，从而实现多语言观看和理解。

④ 智能音箱和耳机

智能音箱和耳机同样可以通过语音识别和翻译技术，将直播中的语音内容实时翻译成其他语言，以实现多语言观看和理解。例如，语音直播实时翻译软件就是一款专为直播场景设计的工具，它可以实现直播内容的实时翻译，帮助主播与不同语言背景的观众无障碍沟通。智能音箱在支持此类功能的情况下，可以通过云端AI翻译服务来实现实时语音转译，将一种语言自动翻译成另一种语言，并通过音箱播放出来，使身处不同国家和地区的观众都能理解直播内容。这种能够进行实时翻译的耳机，结合了先进的语音识别和翻译技术，可以实时捕捉到佩戴者的语音，并将其翻译成目标语言输出，这对于跨境直播场景来说非常实用。不过，具体的使用方法和功能表现会根据耳机品牌和型号的不同而有所区别。

以上是一些常见的直播语音和字幕翻译技术，它们可以提高直播的普及度和覆盖范围，也可以帮助观众更好地理解和参与直播内容。需要注意的是，直播语音和字幕翻译技术仍处于不断发展和完善的阶段，其翻译的准确性仍需要不断提高和改进。

（4）物流方式和支付方式

跨境贸易中，适合的物流方式和支付方式选择，不仅可以提高货物和资金的安全性，还有利于成本控制。因此，在跨境直播前，需要确定适合的物流方式和支付方式，以确保物料和资金的顺利流通。

① 在跨境电商中，常用的物流方式包括以下三种。

- 国际快递（如DHL、UPS、FedEx等）：适用于小件商品，速度快但费用较高。
- 国际专线（如中欧班列等）：适用于大批量商品，费用相对较低但速度较慢。
- 海运：适用于大件商品，费用较低但速度较慢。

② 跨境支付方式有很多种，常见的跨境支付工具和方法包括以下几种。

- 银行转账：通过银行系统进行国际汇款，包括电汇、票汇和信汇等。
- 信用卡/借记卡支付：消费者可以直接使用信用卡或借记卡进行跨境购物或者支付服务费用。
- PayPal：全球最大的在线支付公司，支持多种货币，提供便捷的跨国买卖付款和收款服务。
- Payoneer：为全球客户提供美元、欧元、英镑和日元等多币种收款账户，主要服务于跨境电商和自由职业者。
- LianLian支付：为中国企业及跨境电商提供多币种收款服务，包括英镑、欧元、日元、澳元和加币等，并且支持免费缴纳五国的增值税税费。
- dLocal：提供一站式跨境支付解决方案，支持900多种本地支付方式，包括银行卡、现金、银行转账、移动支付和电子钱包等，业务覆盖全球40多个国家和地区。
- 信用证：一种由银行作为中介，为国际贸易提供信用担保的支付方式，涉及开证、通知、议付等多个环节。
- 托收：一种由出口商委托进口商银行向付款人（进口商）提示单据并要求付款或承兑的结算方式。

其他第三方支付平台：如TransferWise、WorldFirst、Alipay（支付宝）国际版等，均提供专门的跨境支付服务，这些支付平台通常具有较低的手续费和汇率优势。

（5）直播脚本

在直播前需制订一份详细的计划，包括直播的主题、内容、流程、互动方式、话题设定等，以确保直播的顺利进行。

（6）嘉宾邀请和沟通

邀请专家、学者、明星等参与直播，可以丰富直播内容和吸引观众。

第3节　直播间组货排品

跨境直播运营宜采取战略聚焦模式：在探索阶段应简化运营逻辑，通过持续输出垂直化内容构建清晰叙事主线。这种集约化运营策略既能沉淀高价值用户群体，又能打通"流量获取—粉丝培育—销售转化"的商业链路，最终形成具有复利效应的跨境营销闭环。

1．直播间的商品配置

按照商品在直播间功能的不同，直播间展示的商品可以被分为引流款商品、动销款商品、利润款商品、福利款商品四种类型，在整个营销的过程中，这四种商品发挥着不同的作用。

（1）引流款商品

引流款商品就是吸引用户在直播间停留的商品。为了吸引用户进入直播间并观看直播，引流款商品需要具有吸引力的低价。直播团队可以先用极低的价格吸引观众，再用限时秒杀的方式快速提升直播间的购物气氛，为直播营销打造一个效果良好的开端。以折扣价策略吸引顾客，确保中低客单价商品促进流量留存，同时控制参与的商品占比不超过10%。

（2）动销款商品

动销款商品也叫"跑量"款商品，是指直播团队通过薄利多销的"跑量"方式来增加直播间的收益和整体利润。低毛利，高热度，商品普适性强。因此，利润款商品是直播间重点推荐的商品。动销品就是我们在直播间里面主要卖的商品，而这个商品就是本场直播的主要利润来源。一场直播间里面包含引流品、福利品、动销品、利润品，可能有4~5款商品，但是主讲的商品只能够是1~2款商品。通过提供优质商品来提升直播间的流量，进而促进高利润产品的销售，以实现盈利目标。同时，要确保有效引入的流量中，转化率提升幅度控制在不超过30%的合理范围内。

（3）利润款商品

毛利适中，新品或者特色战术商品，确保流量GPM（平均每一千个观众下单的总金额）放大，占比40%~50%，利润款一般品质较高，或者在商品卖点上有自己的独特之处，并且观众对这类商品的价格敏感度不高。目的：提升UV（访客数）和GMV（商品交易总额），定价通常是均客单价的数倍，在人气较稳定后放出利润款，虽然价格高，但在直播介绍时还是要突出价格优势，同时加上品牌优势提升背书，告诉大家它值这个价。特点是利润足，客单价高，上架就能卖得掉，但是出单量不多。

（4）福利款商品

福利款商品是直播团队为关注了直播间的观众专门提供的商品。进入直播间的观众只有关注直播间后，才有机会抢购福利款商品或参与抽奖。福利款商品的特点也是低价、高品质。直播间销售福利款商品，从收益来看，很可能是亏本的。其存在的目的是提高粉丝对直播间的黏性，瞬间提升直播间的购物气氛。

一般来讲一场直播是两个小时左右，可以有2～3次的福利抽奖环节，在直播间里面可以多设置几次整点抽奖或者不定时抽奖，可以把大部分的粉丝留在开奖时间，给粉丝制造期待感。即使是亏本销售，直播团队也应保证福利款商品的质量。当然，这种频率并不是固定的，直播团队可以根据直播经验进行适当调整。探索性类目和商品，为直播间长期粉丝留存提供可能性的商品，占比10%以内。

2. 商品讲解

选品规划好之后，要开始商品的讲解，每个商品讲解都是有节奏的。

（1）把控直播节奏

每一个单品的讲解时间在5～10分钟。非标类建议商家总数大于30款，标品建议商家总数不低于10款，结合直播时长确定选品数量，单品讲解时长控制在5～10分钟。在直播过程中，不断测试找到爆品，并快速做好爆品转化。找到爆品，有活动有成交，能够带动直播间数据不断优化，放大爆品效率。上架商品类型顺序：引流款—动销款—利润款—动销款—福利款—引流款依次循环。上架商品价格顺序：低—中—高—中—低—中—高依次循环。

（2）规划直播脚本

主播的人设和直播脚本的设计，从直播开始到开播后的10～20分钟，每分钟的内容都要提前规划。直播流程够不够清晰，有没有拖沓的地方，排品顺序有没有排好，都要提前审核。

（3）提炼商品卖点

单一商品的卖点讲解是否提炼到位，表达清晰提炼能打动观众的核心优点。比如打火机，说明书上面有很多内容，但是不可能全部拿出来讲解，可以选择一两个爆点，如：第一，打火机方便耐用，可以用多少次都不会坏；第二，价格实惠，今天1块钱1个，5块钱8个，10块钱20个。

第4节　直播文案策划准备

1. 直播标题策划

（1）直播标题的基本要求

① 字数控制合理

一般字数建议控制在12个字左右，信息碎片化时代，观众的耐心越来越少。在手机屏幕前刷直播的观众都是一划而过，需要抓住1～2秒的黄金阅览时间，因此在表达清楚内容的前提下，标题字数不宜过长。直播标题如果太长，就无法全部显示在页面，导致无法突出重点。

② 切勿过度夸张

看直播购物的观众基本上有自身的判断标准。如果直播标题过于夸张、折扣信息不切实际，效果可能适得其反。相对来说，观众更喜欢真实、干净、利落的表达。

③ 击中受众痛点，引发共鸣

最考验文字功力的地方就在这里，标题的选取需要结合品牌的调性，只有明确了解观众的核心需求，才能让观众在看到标题时引发共鸣，激发需求，直播间的点击率才会增加。

④ 避免使用违禁用词和极限用词

避免使用如"清仓""批发""工厂""甩卖""倒逼"等词汇，以及"万能""绝对""全网最低"等广告法规定的违禁词、极限用词，避免带来麻烦。

（2）直播标题的撰写公式

① 功能型=受众+痛点+解决方案

例如：微胖女生的穿衣烦恼是什么？受众的核心诉求绝对是显瘦，当这类人群看到这种直播标题时，就知道这个直播间商品的品类了。

② 热点型=节点+人群+促销利益

直播运营中的"节点"概念不仅限于传统时间节点（如开学季、妇女节），更涵盖了实时热点事件的全维度运用。具体而言，热点综艺、爆款网剧等文娱话题，以及任何具备公众关注度的社会议题，均可转化为直播间的内容元素。关键在于通过数据分析精准匹配用户画像，将热点话题、创意标题与直播间特色卖点进行联动，这种策略组合能有效提升流量转化率和用户黏性。

③ 活动型=商品+观众+活动利益

此类标题是目前直播电商平台采用率较高的一种形式，这是因为绝大多数中腰部主播还是以清库存、走销量为目的。想要在直播平台脱颖而出，还需要配合客单价、封面等客观条件，做好竞品分析。

④ 反逻辑型=疑问+夸张身份+修饰商品

此类标题可以激发观众的猎奇心理，比较适合年轻人群，通常年轻人对新奇的商品更具敏感度，点击进入直播的概率就会很大。

⑤ 造节型=节点+人群+品类整合

直播界头部主播常采用这种造节的形式，将相似品类的内容整合，做专场化的直播。例如#薇某美丽节#、#薇某生活节#、#李某零食节#、#李某开学季#等。通常在正式开始直播之前会进行数天的预热，并在各平台转发抽奖等。

（3）如何写出吸引人的直播标题

① 在标题上突出主播特征

如主播的性格特征是可爱还是高冷，人物特征是厨师、医生还是学生等。突出人物特征，有利于用户在第一时间获取主播的关键信息。

② 突出直播内容和主播才艺

例如，如果直播内容主要是唱歌，那么就在标题中标明音乐主题；如果直播内容主要是卖包，那就在标题中标明与包相关的主题，让用户在第一时间就知道该直播间到底是做什么的。如果主播的才艺独特，更要在标题中凸显出来，从而进一步吸引用户关注该主播的直播间。

③ 突出新颖玩法

例如，如果在直播过程中会有特价秒杀活动，或者赠送福利的环节，就可以在标题中适当地透露出来，以此吸引用户关注直播间。

④ 突出主播实力

这主要是指通过直播标题就能让用户知道主播很厉害，如"跳舞达人""唱歌高手"等。

⑤ 规避直播标题禁忌

在写直播标题时，要符合相关法律法规的要求，避免直播标题违反直播平台的规定。

（4）优秀案例展示

功能内容型标题案例："姐妹们显瘦夏装连衣裙看这里"（大码女装）、"瘦身神器，快来快来"（瘦身美妆）。

热门节点型标题案例："开学季必备的三件套，来了就送"（床上用品）。

活动型标题案例："清新男装，男士专属的5折福利"（男装）。

反逻辑常理型标题案例："这是×××都爱的速干衣吗？""×××都爱吃的国民坚果"。

造节型标题："开学季专场直播""某某生活节，囤就对了"。

2. 直播封面策划

封面图是用户形成对直播间第一印象的重要途径，一个足够吸引人的封面图可为直播间带来流量，打造优质的直播封面图要注意以下几点。

（1）封面图美观、清晰

封面图要保持美观、干净、整洁，除了官方提供的角标、贴图等带有促销元素的内容以外，不能添加任何文字和其他贴图，否则会显得杂乱无章，影响用户阅读，导致用户在看到封面图的第一眼就想划走。

（2）色彩搭配要适当

直播封面图的色彩要鲜艳，但是不要过分华丽，要能体现直播的主题。另外，由于直播封面图的背景本身就是白色，如果封面图中仍然选择白色背景，就会导致图片不够突出、醒目，很难吸引用户，所以封面图中的背景应避免使用白色。

（3）图片尺寸合理

直播封面图的尺寸一般为750像素×750像素，最小不能低于500像素×500像素。

（4）封面图要考虑固定信息的展现

封面图的固定信息包括左上角的直播观看人数和右下角的点赞量，封面图的重要内容要避开左上角和右下角，以免与直播观看人数、点赞量等构成部分相互干扰，影响观看体验。

（5）禁用合成图

为了不影响直播整体的浏览体验，封面图要放置一张自然、简洁的图片，禁用合成图，要让直播封面图看起来美观，呈现出良好的视觉效果。

（6）拒绝不当信息

直播封面图中不要出现令人不适的图片或低俗的图片等，这样的图片被官方检测到后，封面图就会被重置，从而降低封面图的吸引力，严重者还会被封禁账号。考虑到这一点，商品为内衣等贴身衣物的直播封面图一般不要出现任何人物元素，直接展示商品即可。

（7）符合直播主题

封面图要符合直播主题，让用户在看到直播封面图时就能了解直播的大致内容方向，进而决定是否要进入直播间。例如，主播在工厂直播实地看货，封面图要选择工厂、车间等实景图；主播在档口直播，封面图要选择档口实拍图；主播在直播间介绍商品，封面图最好不用模特或主播的人像图片，而是选择精美的商品细节图。

3. 预热文案策划

在每场直播之前，必不可少的就是直播预告，如海报预告、短视频直播预告、站内站外预告等，这些都离不开直播预热文案的写作。好的文案能起到画龙点睛的作用，戳中用户的痛点，勾起用户的好奇心。下面介绍直播预热文案的写作技巧。

（1）传递直播价值

用户看直播除了打发时间之外，最关心的就是直播可以为他带去什么价值，是价格优惠的商品还是值得收藏的干货等，在直播预热文案中，必须告诉用户直播主题是什么。

（2）设置直播福利

在直播预热文案中，设置专门为观众准备的福利环节，如抽奖、买一赠一、红包、特价商品等，是非常具有吸引力和诱惑力的。在文案中应该重点强调这些福利活动，让观众看了就想来直播间。

（3）留下直播悬念

一场直播一般4～6小时，所有的内容依靠直播预热文案是介绍不完的。所以，要学会设置悬念，露一半藏一半。

（4）打造直播场景

单纯从文字介绍上无法让有些观众感受到直播的价值，这时可以通过营造与直播主题相关的场景来吸引观众。

4. 直播脚本策划

（1）编写直播脚本的必要性

① 要明确直播主题

直播主题是直播的核心，整场直播的内容需要围绕直播主题进行拓展。要明确直播主题，首先要明确本场直播的目的，例如是提高企业的知名度还是开展大型促销活动。明确直播主题，吸引观众观看直播，是直播电商中最关键的步骤之一。俗话说："好的开头是成功的一半。"选好直播主题也是如此。直播主题可以是紧抓当下的热点主题，如"双11""618"

等，也可以是一些节日主题，或者商家自己创造的节日主题，如品牌的周年纪念日等。

② 把控直播节奏

主播可以通过预习当天的直播内容，熟悉当天直播的商品，从而把控直播节奏，让直播有条不紊地进行。一个合格的直播脚本应具体到分钟。比如20：00开播，20：00～20：10进行直播间的预热，和观众打招呼等。另外，直播脚本的内容还应包括对商品介绍的安排，如一个商品介绍多长时间。直播运营团队只有尽可能地把时间规划好，才能按照计划来执行。直播运营团队可以为每一款商品定制一个简单的单品直播脚本，以表格的形式将商品的卖点和优惠活动标注清楚，以避免主播在介绍商品时手忙脚乱、混淆不清。有了脚本就可以非常方便地为主播每一分钟的行为做出指导，让主播清楚地知道在某个时间该做什么，还有什么没做。此外，可以借助主播传达出更多的内容。

③ 调度直播分工

调度直播分工可以指导主播、副播、运营的动作、行为、话术，以及直播参与人员的分工。

④ 控制直播预算

单场直播需要控制成本，中小商家可能预算有限，直播运营团队可在直播脚本中提前设计好能承受的优惠券面额或者促销活动、赠品支出等，以控制直播预算。

（2）直播脚本类型

直播脚本分两类：单品解说脚本和单场直播脚本。

① 单品解说脚本

单品直播脚本是围绕单个商品设计的脚本，核心是突出商品卖点。以服装为例，解说商品时可以围绕尺码、面料、颜色、版型、细节特点、适用场合、如何搭配等来讲，解说过程中与观众进行实时互动，及时回答观众问题。建议以表格的形式写下来，品牌介绍、利益点强调、引导转化、直播间注意点都是表格里应该有的。这样能清晰地展现"重点"，方便团队对接工作。某品牌一款电饭锅的单品直播脚本如表2-3所示。

表 2-3

项目	商品宣传点	具体内容
品牌介绍	品牌理念	强调电饭锅品牌、品质，企业创始人或企业领袖创办企业的动机、经历、精神，商品开发的历程等
商品卖点	商品基本属性	突出电饭锅产地、价格、颜色、型号、大小、用途、保质期、质地、材料、新工艺、新材料、文化传承、包装
直播利益点	商品促销信息，强调性价比	① 开场满送（开播前为了聚人气，直播间人满多少抽奖） ② 整点抽奖（每到整点截屏抽奖，让观众持续关注） ③ 优惠券促销（在直播间氛围不佳时推出，可有效拉高人气） ④ 问答抽奖（直播间设定问题，观众答对可参与抽奖）

（续表）

项目	商品宣传点	具体内容
直播时的注意事项		① 在直播进行过程中，直播间界面持续显示"关注店铺"卡片 ② 引导观众分享直播间、点赞等 ③ 引导观众加入粉丝群 ④ 引导观众下单

② 单场直播脚本

单场直播脚本用以规范整场直播流程与内容，在直播过程之中，最重要的就是对我们的直播流程进行一个规划和安排，重点是逻辑和玩法的编写及直播节奏的把控。一场直播通常会持续几个小时，在这几个小时里，主播先讲什么、什么时间互动、什么时间推荐商品、什么时间送福利等，都需要提前规划好。因此，直播运营团队需要提前准备好整场直播脚本。整场直播脚本是对整场直播活动的内容与流程的规划与安排，重点是规划直播活动中的玩法和直播节奏。整场直播脚本的内容，一般包含直播主题、直播目标、主播介绍、直播时间、注意事项、人员安排、直播的流程细节等，要做到五个明确。

● 明确直播主题，是回馈观众？新品上市？让观众明白在直播中能得到什么。

● 明确给谁看，这需要做好用户画像，挖掘用户的欲望点和深层需求。

● 明确直播节奏，安排好商品解说的顺序，控制解说时间。提前安排好福利发放。例如：每个整点抽奖，或者观看人次到10万送用户礼物。

● 明确直播卖点和看点，比如：发放什么福利，设置直播中的彩蛋。

● 明确预算，设计好能发放多少优惠券面额，多少赠品支出等。

一般来说，一场直播大概4～6个小时，接下来我们以一场直播4小时（240分钟）为例，对整场直播的脚本进行一个阐述。

第0～1分钟

开播就直接进入直播状态，和最先来的观众打招呼，拉家常，拉近用户距离。

第1～5分钟

近景直播，跟观众互动的同时渲染本场直播商品，可以从商品的产地、口碑、销量等数据说起，吸引眼球，勾起观众好奇心，并不断强调每天定点开播。

第5～10分钟

这里可以开始宣布本场直播福利，比如互动抽奖，派发红包，可以活跃直播间观众，聚集人气。设置分享榜奖励，可以鼓励观众帮忙转发直播间，带来新的流量。

第10～20分钟

按照提前规划好的场景，将本场直播的所有商品走马观花地走一遍，不做过多停留，本场主推款可以多做介绍。整个剧透持续10分钟，助理跟上，服装、日化、食品等商品可以配套展示。整个过程不看观众评论，不跟观众走，按自己的节奏逐一剧透。

第20～135分钟

正式进入商品逐个推荐。主播可以根据粉丝需求来介绍，每个商品五分钟的直播脚本，具体可参考上文的单品脚本。

第135～195分钟（最后1个小时）

做呼声较高商品的返场演绎。

第195～225分钟（最后半个小时）

完整演绎爆款购买路径，教观众怎么领优惠、怎么成功拍下。

第225～235分钟（最后十分钟）

主播剧透明天的新款，或者见缝插针回复观众提出的关于商品的问题。

第235～240分钟（最后5分钟）

强调关注主播，下期开播时间，以及下期福利。

优秀的直播脚本，一定是考虑到这些流程的各个细节，可以让正式直播的内容有条不紊，而不是处处随机。

总的来说就是对时间、场景、人员、道具、商品的综合性调度，如表2-4所示。

表2-4

直播脚本内容	具体说明
直播主题	从观众需求出发，明确直播的主题，避免直播内容没有营养
直播目标	明确直播要实现何种目标，是积累观众、提高观众进店率，还是宣传店铺等
主播介绍	介绍主播、副播的名称、身份等
直播时间	明确直播开始、结束的时间
注意事项	说明直播中需要注意的事项
人员安排	明确参与直播人员的职责，例如： 主播负责引导关注、讲解商品、解释活动规则； 助理负责互动、回复话题、发放优惠信息等； 后台/客服负责修改商品价格、与观众沟通转化订单等
直播的流程细节	直播的流程细节要非常具体，要详细说明开场预热、商品讲解、优惠信息、抽奖或发福利、观众互动、结束环节送出小礼品、下一场直播预告等环节的具体内容。例如，什么时间讲解第一款商品，具体讲解多长时间，什么时间抽奖等，直播运营团队应尽可能把时间都规划好，并按照规划来执行

（3）直播脚本逻辑结构

吸引注意，降低心理防线，洞察需求，抛矛盾，给方案，行动指令，促单。

第一步聚人：活动热场（秒杀/优惠券/送礼物），引导点关注、点赞、点击小黄车。

第二步锁客：放大场景痛点，而后商品出现、难题解决。主播带入自身经历和情绪，拉满共鸣。

第三步举证：实验或者试用商品，展现特性及穿搭效果，展示销量、资质证明、达人或者明星背书。

第四步促单：限时间、限数量、限身份、限制订单量，描述对比，成本拆解，回答评论倒计时下达抢购指令。

（4）直播脚本编写要点

内容是直播的灵魂，任何一场好的直播都需要有一个好的脚本。直播脚本的制作必须让主播参与进来，让主播明确整个直播流程的进度。

① 合理安排直播时间

虽然直播相较于线下场景而言，不受物理空间的限制，但是会受到时间的影响。跨境直播面向的是来自全球各地的用户，一般中国的直播时间是上午或者晚上。但由于某些地区时差或目标人群比较特殊，应该根据目标人群所在的地区合理安排，按照时区进行换算并提前敲定好直播的时间。如图2-3所示，美国用户在太平洋标准时间的10点至14点和19点至21点更倾向于观看直播，而整体大盘流量在太平洋标准时间的9点至21点表现相对较好。对于欧盟国家的用户，他们观看直播的时间偏好集中在德国柏林时间的18点至23点。因此，如果目标市场是美国和欧盟国家的用户，建议根据这些时间段来选择开播时间。

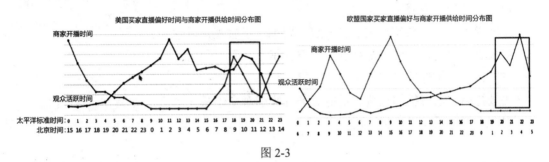

图 2-3

② 了解观众群体的需求

在进行直播脚本策划前，要分析观众群体的需求，选择适合的直播商品，再在脚本中加入能够吸引他们的商品需求点，并融入商品的互动展示环节中。主播可以在直播中带观众参观工厂，展现商品的工艺流程，体现专业度。同时，告诉观众该商品已经和哪些名企成交，简短地把商品的优势和重点说出来。

③ 互动性和趣味性

企业在进行直播时，应当避免重复以往的宣传商品信息和PPT，并为观众创造"引子"，通过有吸引力的内容来激发起观众的兴趣。可以分享一些品牌案例或者售卖时与用户之间的小故事，风趣幽默地拉近与观众的距离。还可提前准备好资质证明等体现企业的专业度。如果能在直播间邀请一些之前交易过的观众来进行互动，也不失为一个请观众帮忙做背书的好办法。有条件的企业可以邀请一些行业专家解读行业趋势，分享一些行业热点、趋势解读，以吸引更多的观众。

（5）整场直播脚本方法论

整场直播脚本相对复杂，但内容更具体。主要是对每个时间段的节奏的把控，细分到每一分钟，为主播做出明确指导。

0～1分钟（聚人）

主播在刚开播的时候可以不断包装、渲染商品与品牌的产地、工艺、背景等，但不说具体的商品，引发观众的好奇心，吸引观看。

观众心理感受：卖的到底是啥？瞧瞧？

1~2分钟（留客）

通过神秘大礼、现场抽奖等方式留住观众。

观众心理感受：再等等，看能不能中个大奖？

2~6分钟（锁客）

通过大量模拟商品使用场景，激发观众需求。

观众心理感受：是啊，这些场景我都经历过，不用挺麻烦，用了倒是挺方便的！

6~10分钟（举证）

通过专家证言、权威认证、商品试验等证明商品能满足观众需求。

观众心理感受：这东西好像不错？

10~13分钟（说服）

通过竞品分析、商品对比等打消观众疑虑，说服观众做选择。

观众心理感受：性价比挺高的，可以试试。

13~14分钟（催单）

通过礼品赠送、折扣礼金、增值服务等吸引观众下单。

观众心理感受：有优惠，赶紧买！

14~15分钟（促单）

通过高频的原价与现价对比、活动期限、名额紧张等反复提醒观众下单。

观众心理感受：买了占便宜、不买没机会了！

15~16分钟（2次留客）

通过神秘大礼、现场抽奖等方式留住观众。

观众心理感受：前面已经有人中奖了，我真的想试试！

16~20分钟（2次锁客）

通过大量模拟商品的适应场景，激发观众下单。

观众心理感受：好想买！好想买！好想买！

20~24分钟（2次举证）

通过专家证言、权威认证、商品试验等证明商品能满足观众需求。

观众心理感受：专家说得错不了，好像是这个道理！

24~28分钟（2次说服）

通过竞品分析，打消观众疑虑，帮助观众做出选择。

观众心理感受：要不是我儿子女儿不让我买，我现在就买了！

29~30分钟（2次催单）

通过礼品赠送、折扣礼金、增值服务等吸引观众下单。

观众心理感受：真的好划算！

5. 直播脚本案例分析

（1）B 端口红直播脚本如表 2-5 所示。

表 2-5

		主播自我介绍
开场	10 分钟	公司背景：发展历程，市场定位，特色等
		公司实力：生产优势，设备优势，生产技术优势等（插入图片，视频等素材帮助讲解）
活动优惠玩法	10 分钟	三种优惠活动玩法讲解，留住观众
引流商品一	20 分钟	引出话题：主播展示今日妆容，强调唇部彩妆，引出今日引流商品一
		商品的卖点介绍（持久度高，色彩丰富，不易掉色，防水等优点）
		小实验：主播喝水展示水杯不沾口红；主播手臂试色之后拿喷瓶洒水测试口红的防水性等
		总结产品优点，提出优惠活动：在直播间拍下优惠券，如付定金 500 美元可抵 600 美元或满减优惠（满 200 美元减 20 美元），通过高频的原价与现价对比、活动期限、优惠券名额紧张等，反复提醒观众下单
互动	5 分钟	引导观众关注店铺，演示优惠券的领取方式，实时回答观众问题
爆款商品二	20 分钟	引出话题二：向观众提问，在直播间讨论口红的流行趋势，引出今日爆款商品二的卖点介绍：裸色口红中带金色亮片、有丰唇效果
		两位主播一起试色，通过不同款式口红的对比来展示，说明口红的细节和丰唇效果等
		社媒网红的反馈，插入红人背书的图片、短视频等素材，来证明此用品的流行范围和时尚度
互动	10 分钟	优惠活动：互动过程中回答问题或引导关注店铺，仅限在直播间成交的观众可额外赠送小礼品（T 恤、帽子或伞等）；在直播页面设置整点截图互动，排第一位的观众送小礼品等形式，再次引导观众说出其他商品的需求点，可在下次直播时进行推送
主推商品三	20 分钟	互动：主播提问大家是否会因为包装精美而购买口红?与观众进行互动，提高直播间的活跃度
		主推商品三的卖点介绍：包装精美、支持 ODM/OEM、物流快、售后服务专业等优势（插入视觉化、炫酷的口红短片来吸引观众注意力以及发货、服务流程展示的视频来说明公司实力）
		工厂背书、品牌背书、成分/含量/奖项背书（插入与证书、奖项有关的图片或者短视频，通过权威认证等方式增强商品说服力）
		再次整体展示口红的包装以及试色（真人试色，手臂试色）
		真实观众反馈背书
互动	10 分钟	抛出优惠，仅限在直播间成交额到达一定数值的前十名观众可送样品（样品数量可根据具体情况设定），实时回答观众的问题
结束+预告	10 分钟	宣布第二次互动时中奖的幸运观众，再次强调优惠活动
		总结商品卖点
		再次介绍公司实力
		感谢收看
		引导关注，下次直播预告

（2）C端农产品直播脚本如表2-6所示。

表2-6

脚本要素	详细说明		
直播时间	2023年4月13日 19：00～21：30		
直播地点	102办公间		
直播主题	抖音直播首秀		
商品数量	20款		
主播介绍	主播自我介绍		
直播流程			

时间段	流程规划	人员分工		
		主播	助理	场控
19：00～19：15	直播开始	自我介绍，向直播间的观众问好，简单介绍直播间的商品，介绍口令红包领取规则	演示口令红包的领取方法，回答观众的问题	向各平台分享开播链接，发布口令红包
19：15～19：20	商品推荐	讲解黑米，全方位地展示商品外观，详细介绍商品特点，强调低价，回复观众问题，引导观众下单	配合主播讲解、展示商品，与观众互动，协助主播回复观众问题	发布商品链接，回复观众的订单咨询，收集在线人数和转化数据
19：25～19：30		讲解三色糙米		
19：30～19：35		讲解五彩米		
19：35～19：40		讲解裙带菜		
19：40～19：45				
19：45～19：50	红包活动	与观众互动，发红包	提示发红包的时间节点，介绍红包活动规则	发布红包，收集互动信息
19：50～19：55	商品推荐	讲解长粒香米	配合主播讲解，展示商品，与观众互动，协助主播回复问题	发布商品链接，回复观众订单咨询，收集在线人数和转化数据
19：55～20：00		讲解长粒香米家庭装		
20：00～20：05		讲解五常大米		
20：05～20：10		讲解鲜食玉米		
20：10～20：20	抽奖活动	与观众互动，介绍奖品并公布结果	提示抽奖时间节点，介绍抽奖活动规则	发布抽奖链接，收集互动信息
20：20～20：25	商品推荐	讲解鲜食黑糯玉米	与主播完成画外音互动，协助主播回复观众问题	发布商品链接，回复观众订单咨询，收集在线人数和转化数据
20：25～20：30		讲解无核免剥桂圆干		
20：30～20：35		讲解新疆大枣		
20：35～20：40		讲解红枸杞		
20：40～20：45	红包活动	与观众互动，发红包	提示发红包时间节点，介绍红包活动规则	发布红包，收集互动信息

（续表）

时间段	流程规划	人员分工		
		主播	助理	场控
20：45～20：50	商品推荐	讲解菌菇礼盒	配合主播讲解，展示商品，并与观众互动，协助主播回复观众问题	发布商品链接，回复观众的订单咨询，收集在线人数和转化数据
20：50～20：55		讲解干货礼盒		
20：55～21：00		讲解雪花粉白面		
21：00～21：05		讲解花生米		
21：05～21：10		讲解绿豆		
21：10～21：15		讲解响铃卷		
21：15～21：30	直播收尾	总结本次直播，感谢观众支持	感谢观众，协助主播退场和回复观众问题	收集、分析每款商品的在线人数和点击转化数据，回复观众的订单

第5节　直播创建预热及引流

1. TikTok 直播的创建与预热

（1）TikTok 直播的创建

① 注册并创建账号

在TikTok上开通直播首先需要注册并创建好账号。这个步骤相对简单，只需要填写账号的相关信息并上传头像即可。如果是以企业身份注册，则需要提交相关证明材料。

② 开通直播功能

一般情况下，在TikTok上开通直播功能需要账号的粉丝数达到1000，不同的国家/地区所要求的粉丝数量可能不一样。

③ 准备直播的内容/商品

TikTok账号成功开通直播功能后，在直播开始前需要提前计划好直播的内容或者商品。可以根据目标受众的兴趣爱好和需求选择适合的主题和商品。如果是直播带货的话，则需要综合考虑到商品的库存、价格和话术等方面的内容。

（2）TikTok 直播前预热

预热宣传对于提升直播间的流量是很有帮助的，能大幅提升直播前的关注度，从而让更多人关注直播间。TikTok直播预热方法有以下四种。

① 官网宣传

官方宣传，可以通过跨境卖家的官方网站，也可以是独立站，或者是电商平台。卖家则可以在直播之前提前发布相关的直播预告，把官方网站的自然流量或推广流量引向TikTok。

② Live Events（直播预告）

Live Events是TikTok自带的直播预告功能，粉丝点开创作者的主页就能看到，主要包括以下内容。

- 预告直播间主播：预告这场直播带货有哪些主播。如果账号是个人IP，那就无需说太多，直接在视频预热的时候发布商品、优惠预告或主播出镜展示等内容即可；如果是企业号或邀请了明星过来，就得量身定做预告了。
- 发布商品（福利款+主推款）预告的时候，可以直接发布这次直播要带货的商品是什么，有什么亮点等。不管是以图文还是视频等形式，都可以好好展示，给潜在消费者一个心理铺垫。
- 预告福利（免单+免邮+秒杀），顾名思义就是商品的折扣或要送给消费者千载难逢的礼品等，还有出单爆款或秒杀款等设置。福利越多，对消费者的吸引度越高。

③ 短视频预热

卖家可以在每一次直播之前发布一段预热视频。视频内容可以天马行空，但要和直播有关。要想得到更好的流量，卖家可以投一个小火苗在直播中预热。

④ 社交平台宣传

社交平台主要就是Facebook、Instagram、YouTube等，相信很多跨境卖家都使用了这些社交平台，毕竟平时也会推广自己的商品或店铺。卖家自己在这些平台上就有了一定的粉丝基础，粉丝群中不一定都有TikTok，但是TikTok的用户还是相当多的，在社交平台发布预告时，总会使直播间的流量有所增加。以上直播预告的渠道包括公域和私域。如果还有在其他平台做推广，也可以在TikTok直播带货之前，发布预告往直播间引流。

（3）TikTok 直播预热技巧

① 模仿优秀案例

学习同款商品的爆款视频并进行模仿制作；发完视频后，给自己评论，评论里再次说明直播时间和直播商品优惠等重要信息。

② 制作短视频脚本

突出直播间时间、商品、优惠，结尾提醒关注转发，关注发完视频后，在评论区里再次说明直播时间和直播商品优惠等重要信息。

③ 利用开播预告小工具

便于用户设置开播提醒并在开播前收到通知，使用Promote，为预热短视频加热，支持按性别、年龄、兴趣设置视频推送的观众群体。

④ 视频特殊设计

视频内容中可添加小箭头指向头像，引导用户关注；直播期间可以使用录屏切片发短视频，持续吸引用户观看。

2. 阿里巴巴国际站直播的创建与预热

（1）阿里巴巴国际站直播的创建

登录PC端阿里卖家,PC端阿里卖家—直播—选择已经创建好的直播—点击推流—进入开播工具。在开播之前，需要先进行直播的创建工作，并确保提前制作好直播预告。通过PC端创建直播预告的路径如下：登录MyAlibaba—媒体中心—管理直播，右上角"创建正式直播"或"创建试播"，选择"店铺直播或活动直播"后创建直播间。如果当前没有直播或预告，请前往直播中控台创建，进入场次列表，点击中控台，进入场次列表创建。在无太多使用经验的基础下，可以选择创建试播进行玩法实验（路径：媒体中心—管理直播—创建试播）。

（2）阿里巴巴国际站直播的预热

① **直播预告海报**

更换阿里巴巴国际站店铺Banner（横幅广告）图为直播预告海报，主推商品详情页加直播预告图，主图换成直播预热图片。

- 更换店铺Banner图为直播预告海报。
- 主推商品详情页添加直播预告图，并同时增加RTS（实时交易系统）以及全球批发产品的商品链接。案例：在直播前三个礼拜更换Banner图，效果不错，且该Banner图链接到了咨询窗口。

② **群发邮件**

群发直播预告图片邮件，一对一邮件邀请意向用户和A类以上用户。EDM（电子邮件营销）营销：直播主题、时间、链接、set reminder路径指引，客户通建群组群发，直播前会做2次（8天前一次，1天前1次），每次直播前大概会有5000封EDM邮件通知等给到用户直播信息，通知并促使用户进直播间观看。

③ **即时通信工具**

通过即时通信工具一对一邀请（如Skype，Whatsapp，Wechat，trade manager等）。

④ **发布图片与视频直播预告**

通过发布优质视频，曝光直播预告，引导关注。

⑤ **SNS 渠道分享直播预告**

卖家可以通过分享直播将直播内容分享到站外SNS（社交网络服务）渠道（Facebook，Twitter，LinkedIn，Instagram，YouTube）及站内营销渠道，帮助卖家更好地蓄客。卖家后台可一键分享到公司账号和个人账号。

直播前给直播主打的商品投放广告，增加商品的曝光从而增加直播的曝光，提高直播转化。为了引流，卖家可组织拍摄短视频，并采用P4P（按效果付费）模式进行推广。为此，卖家可将预算金额提高20%，并专注于对商品需求排名前10的国家进行定向推广。

3. YouTube 直播的创建与预热

（1）**YouTube 直播的创建**

YouTube可以在手机端进行直播，也可以在电脑端进行直播。

手机直播：手机直播的首要前提是账号至少拥有1000名粉丝，其直播流程具体如下：

在手机上打开YouTube并登录，点击红箭头标注的图标按钮进行直播，此外要允许Youtube在手机上录制音频，允许访问相机，开通麦克风和位置等相关权限，点击下一步以拍摄或选择上传封面图。选择共享，之后选择上线开始进行直播，在手机直播结束后，点击完成，再点击确定。

电脑直播：登录Youtube账号后，点击右上角工具栏中的"进行直播"，输入直播主题和设定想要安排直播的时间，到此直播设定就好了，在直播结束后，只需单击屏幕底部的"结束"，只要直播时长没有超过12小时，直播的实时视频就会自动存档。

（2）YouTube 直播的预热

YouTube直播需要提前预告，提前5天或两个星期将预览视频上载到YouTube频道，预览可以为现场直播做简要介绍，包括现场直播时间、现场直播主题，以及可以为用户解决哪些问题。请确保包含关于将被报道的直播事件，或可以使用之前的直播事件作为素材，制作精彩片段，可用于宣传未来的直播事件，并鼓励人们通过社交媒体分享预告片，起到预热的作用。

4. 亚马逊直播的创建与预热

（1）Amazon live 的创建

目前可以通过Amazon live进行直播的群体分为三类，分别是亚马逊VC（供应商中心）卖家，亚马逊专业品牌卖家和亚马逊影响者。因此，如果希望通过Amazon Live直播，先要获得Amazon Live的直播资格。一旦获得亚马逊直播的资格，接下来的步骤是使用手机下载亚马逊直播的专属客户端——Amazon Live Creator APP。请注意，目前该APP仅支持苹果手机系统。完成下载后，用户即可开始登录Amazon Live，进行直播准备工作。通过Amazon Live进行亚马逊直播时，对网络的要求会比平时高一些，至少要保证5兆的带宽，且网络必须稳定，否则在直播过程中可能因为网络问题而出现卡顿或者直接导致直播暂停。解决了网络问题以后，就可以使用自己的账户或者亚马逊卖家账户登录Amazon Live Creator App，并按照以下五个步骤来创建直播。

① 创建直播

当登录Amazon Live以后，就可以点击"创建直播"，然后设置直播封面。

② 添加直播商品

亚马逊直播封面设置好以后，接下来要做的就是添加要进行直播的商品，选定的商品会在直播时出现在直播窗口下方，这些商品也是在直播过程中要介绍讲解的商品。

③ 设置直播主题

确定好商品以后，接下来需要设置直播主题，直播主题可以根据直播的商品来定；也可以根据促销节日来定，比如圣诞节专场，还可以根据直播商品的促销活动来定，比如DEAL专场等；可以根据具体情况，设置适合且有吸引力的主题，这样可以吸引更多的用户进来观看。

④ 设置直播时间

直播时间是指开始直播的时间，设置好直播时间，用户可以知道直播在什么时候开始，粉丝会收到相关的直播提醒，而直播也会出现在Amazon Live直播首页即将开始的直播部分。为了给予用户更好的体验，通常建议在每周固定的时间进行直播，这样用户可以准时观看直播，获取直播中的优惠。

⑤ 分享直播海报

当直播时间设置好以后，直播已经创建完成，为了让更多的人可以看到直播，可以通过亚马逊提供的分享按钮，将直播分享到社交媒体或者粉丝群等，让更多的用户进来观看直播。

⑥ 准备直播内容

直播分享出去以后，接下来要做的就是准备好直播要展示的商品，为了给予用户更好的购物体验，亚马逊要求实物进行直播，商品直播的促销活动设置或者直播促销码设置等均需提前设置好，如果要使用OBS进行直播，还需提前进行设置，待一切准备妥当，在直播时间即可正式开始直播。

（2）亚马逊直播的预热

① 站内预热推广

目前Amazon Live频道只有一种宣传方式：直播广告。卖家可以通过支付费用来扩大在亚马逊上直播的覆盖范围，提高网站上用户看到内容的概率。广告视频出现在亚马逊电脑端和手机端的不同广告位置（包括商品详情页）。直播结束后，直播视频会继续在广告位上播放，直到推广时间结束，可以提高直播观看率。

② 站外引流

首先，设立官方账号，通过设立一个官方账户，这是建立品牌位置所必需的重要一步。拥有官方账号会有源源不断的免费流量涌入，在提升品牌知名度的同时，也提高了转化率。并且内容也要垂直，这样可以很容易建立起自己的私域流量池。将Amazon Live链接挂到账户主页，引流到商品页面。与此同时，商家也可以通过TikTok引流到Facebook、Instagram等社交媒体上，进一步制造裂变，给商品带来更多流量。

其次，通过TikTok Ads官方广告引流，支持用户的CPM（展示计费）和CPC（点击计费）付费。该方法可以支持用户跳转亚马逊直播等实现下单购买。红人的影响力众所周知，商家可以根据自己的预算选择适合的红人，通过红人的宣传推广，可以引流到直播链接，也可以增加品牌知名度，为品牌活动预热。TikTok作为当今流量界的扛把子，殊不知在带货领域也是一把好手。现如今，更是掀起了一股"亚马逊带货风"。TikTok在年轻人之间的影响力以及强大的种草能力正在释放强大的势能。不得不说，TikTok带货热的出现为亚马逊的商家们打开了一扇新世界的大门。

【知识与技能训练】

一、单选题

1. 以下哪款商品不是直播间商品类型？（ ）

　　A. 引流款　　　　B. 动销款　　　　　C. 利润款　　　　　　D. 衬托款

2. 以下哪个不属于直播脚本要点？（ ）

　　A. 合理安排直播时间　　　　　　　　B. 观众群体需求

　　C. 适合场地　　　　　　　　　　　　D. 互动性和趣味性

3. 以下哪种商品适合坐播？（ ）

　　A. 美食　　　　　　B. 服装　　　　　　C. 箱包　　　　　　　D. 生产线

二、多选题

1. 以下哪些是直播间的基本设备？（ ）

　　A. 摄像机或摄像头　　　　　　　　　B. 直播主机或台式电脑

　　C. 音频设备　　　　　　　　　　　　D. 灯光设备

2. 直播脚本分为哪几类？（ ）

　　A. 单品解说脚本　　　　　　　　　　B. 单场直播脚本

　　C. 探厂直播脚本　　　　　　　　　　D. 品牌直播脚本

3. TikTok直播前预热有哪些预热方法？（ ）

　　A. 官网宣传　　　　　　　　　　　　B. Live Events（直播预告）

　　C. 短视频预热　　　　　　　　　　　D. 社交平台宣传

4. 阿里巴巴国际站直播前预热有哪些预热方法？（ ）

　　A. 发布海报　　　　　　　　　　　　B. 群发邮件

　　C. 即时通信工具邀约　　　　　　　　D. 粉丝通发预告

　　E. SNS 渠道分享

5. 站播适合哪些品类的商品？（ ）

　　A. 服装　　　　　　B. 家纺　　　　　　C. 家居箱包　　　　　D. 珠宝

6. 以下哪种属于常用的国际支付方式？（ ）

　　A. PayPal　　　　　　　　　　　　　B. Payoneer

　　C. LianLian 支付　　　　　　　　　　D. 信用卡/借记卡支付

【职业技能综合实训】

结合国际站直播特点，完成一份国际站直播的策划方案，完成实训方案1个。

【匠心钥匙】

沣东跨境电商直播基地为陕西本土培养跨境电商人才，助力陕西本土企业商品出海

　　沣东跨境电商直播基地通过整合陕西供应链资源及产业优势，探索"跨境电商+产业带"数字出海模式，打造高效、便捷、一站式的跨境电商服务平台。

　　基地通过提供"TikTok直播运营+海外红人短视频矩阵+品牌出海代运营+陕西跨境人才赋能"四大板块服务，为陕西中小微企业拓展海外市场提供全新高效的出海服务，为陕西培养本土跨境电商人才，帮更多传统内外贸企业"走出去"。

　　通过与TikTok平台的深度合作，为商家及个人提供包括短视频直播孵化、主播培训、运营培训、官方货盘合作、供应链海外仓、支付收款、物流等在内的全方位服务。同时，还为入驻企业提供国外市场拓展、品牌建设、供应链管理等多种服务，帮助企业实现跨境电商的快速发展。

　　自今年1月挂牌至今，基地已代运营企业5家，协助企业建立独立站5个，提供商品出海服务13次，开展直播168次。开展跨境电商专场培训5场，培训300余人。

（来源：《世界互联网大会跨境电商实践案例集[2024年]》）

【思政启发】

跨境直播电商助力中国外贸转型升级，对于推动中国外贸保稳提质发展具有积极意义。

模块三　国际站直播全链路——正式直播

【学习目标】

1. 了解正式直播中重要的环节点
2. 了解中控台与主播的配合技巧
3. 熟悉直播中的各种营销技巧

【能力要求】

1. 能够掌握主播常用的开场、互动和促单转化话术
2. 能够策划不同主题的直播营销策略

【素养提升】

1. 具备健康的主播职业素养
2. 具备直播过程中意外风险防范意识

【知识图谱】

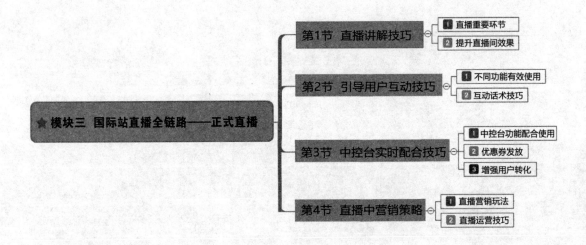

【新闻播报】

中国电商直播用户规模达 8.84 亿，新业态模式激发消费潜力

2023年11月9日，世界互联网大会乌镇峰会在浙江乌镇召开多场分论坛。在电子商务新业态发展分论坛上，与会代表指出，中国网络零售业持续保持增长趋势，已经成为推动消费扩容的重要力量，并彰显出新的活力。

据发布的《中国互联网发展报告2023》，截至2023年6月，中国网络购物用户规模达到8.84亿人，占网民整体的82%。网络零售的新业态新模式活力彰显，即时零售业务急速攀升，覆盖行业和商品种类持续扩大。重点监测电商平台累计直播场次超1.2亿场，累计观看超1.1万亿人次，直播商品超9500万个，活跃主播近110万人。

（来源：和讯网 2023 年 11 月 10 日）

【思考】

※ 电商平台直播的模式给平台治理带来的挑战是什么？

※ 电商直播模式带给卖家和用户的优势和弊端是什么？

【启示】

我国网络零售业持续保持增长趋势，即时零售业务急速攀升，覆盖行业和商品种类持续扩大，电商平台直播成为主要销售方式。直播新模式成为推动消费扩容的重要力量。

第 1 节　直播讲解技巧

1. 直播重要环节

随着直播行业的不断发展，直播内容开始多元化。除了实物商品，知识、经验、需求等信息成为了人们关注的新兴"货物"，信息内容横跨招聘、教学、文化、健康等多个领域。本节核心以售卖实物商品的直播为例，讲解直播中的重要环节。

一场完整有效的带货直播，通常都是有备而来的，一般包含预热开场、商品介绍、活动营销、返场促单、直播收尾五个环节，每个环节都会提前策划，而所有的策划都是为了直播时更好地引流、留存和转化。

（1）预热开场（前 10～15 分钟）

预热开场是直播一个重要的环节，它能够吸引用户的注意力，激发他们的兴趣，并为接下来的直播内容做好铺垫。直播开场前，已经陆陆续续有用户进入直播间，这时候需要做的是预热环节，把用户留下来。

预热开场一般包含四大内容：主播自我介绍、互动、剧透直播主题、福利预告。

① 主播自我介绍

一个优秀的主播需要具备良好的主持能力和表现力，能够在直播中自然流畅地表达自己的想法和情感，吸引用户的注意力并激发用户的兴趣。作为直播的开场，主播通过有特色的自我介绍、树立良好的形象、增强人设以加深用户印象、给用户好的观感，不仅有利于留下当前用户，也有利于直播的后续转化，以及个人IP的打造和品牌的宣传。

案例介绍1：以品牌直播间的主播为例

Hello guys, how are you guys doing? Welcome to my live streaming!（打招呼，语气需上扬，快乐）This is Christina,we focus on fashion clothes over 22 years, if you love fashion trendy clothes, you definitely come to the right live streaming!（自我介绍，重点介绍品牌直播间商品和行业经验，语气需夸张，抑扬顿挫）Don't forget to follow us and send your likes（引导粉丝关注和点赞，提高直播间人气），we bring amazing fashion clothes to you guys every day at 6:00pm～10:00pm.（强调直播时间，提醒粉丝关注每一场直播）

案例介绍2：以专业的带货主播为例

大家好，欢迎来到我的直播间！我是"跨境小当家"，一名专注全球好物分享的专业直播主播。在这个多元化的平台上，我致力于为大家搜罗世界各地的优质商品，不论是欧美大牌、日韩潮品，还是澳大利亚特产、东南亚风情，我都能够以第一手货源和最实惠的价格带给屏幕前的您。

Hello everyone, welcome to my live streaming! I am your "Cross-Border Shopping Connoisseur", a professional live streaming host dedicated to sharing the best finds from around the world. Here in this global marketplace, I specialize in bringing you top-quality products directly from Europe, America, Japan, Korea, Australia, Southeast Asia, all at unbeatable prices.

自2022年起，我深耕跨境直播领域，凭借对各国文化和消费市场的深入了解，为每一位用户精心挑选最适合的商品，并通过生动详尽的商品解说，帮助大家轻松打破语言与地域的隔阂，实现全球购物零时差、零障碍。在这里，不仅有琳琅满目的商品，更有充满温度的服务与交流，让您在享受购物乐趣的同时，也能感受到异国文化的独特魅力。

Since 2022, I've been deeply engaged in the cross-border live streaming industry. With profound insights into various cultures and consumer worldwide markets, I carefully curate and present tailored items for each viewer, breaking down language and geographic barriers with detailed product presentations. In my live streaming, you will discover a myriad of enticing goods, and engaging service that transcends borders.

每一次开播，就像开启一次环球之旅，期待您的加入，让我们一同探寻世界，发现精彩。记得关注我哦，更多惊喜福利等你来拿！欢迎随时向我提问，我会竭诚为您提供专业建议与贴心服务。下一次心动的好物，或许就在我们即将开启的这场跨境直播中等你！再次感谢大家的支持和陪伴，祝大家在直播间内购物愉快。

Every time I start a live streaming, it's like the start of a global journey. I'm looking forward to your joining, let us explore the world together and find wonderful things. Remember to pay attention to our live streaming show, more surprise benefits waiting for you to take! Please feel free to ask me questions, I will be happy to provide you with professional advice and intimate service. The next exciting thing may be waiting for you in the cross-border live streaming is we are about to start! Thank you again for your support and company, I wish you all have a happy shopping experience in the live streaming.

② 互动

做直播想要吸引用户并留下用户，与用户的互动很重要。主播自我介绍后，可以通过欢迎用户的方式拉近与用户的距离。表达欢迎的方式有很多，可以通过念新粉丝ID名的方式拉近与新粉丝的距离，或是通过念老粉丝的ID名的方式表达对老粉丝的关注。

在与用户打招呼、互动的过程中，通过近景直播，引导用户关注直播间、分享直播间，不断强调开播时间，等待大批用户的到来。

案例介绍：

Hello, Shelly, nice to meet you. Welcome to our live streaming show, good afternoon to all of you.（继续跟新加入直播间的用户打招呼，进行互动）Okay, so as you can see today, we are selling the clothes here, and we are a new account（介绍直播间主题）. Welcome all of our new friends, nice to meet you. Welcome all of our UK friends. Hi, it's Jack and Amy.（不断与新加入的用户互动，产生链接）Hello, Amy, as you can see here, this is our today's activity, you see today we brought skirts, outwears, and also brought the T-shirts which are so amazing.（介绍今日直播间的主要商品）Hi, there is Daisy, welcome everybody, and you can check the yellow shopping cart to see anything you like, or you can check the line of the background, which one you are interested in. （引导新进直播间的用户关注直播页面展示的商品，比如小黄车内的商品，直播间背景展示出来的商品）Hi, who's there, hi, it's Andrew, hello, nice to meet you. Okay, welcome, nice to meet you. Welcome to our live streaming.（继续打招呼）

③ 剧透直播主题

介绍直播间当日售卖的主要商品，方便快速筛选留存下来的用户。

案例介绍：

Today we brought skirts, outwears, and also brought the T-shirts which are so amazing, We have a lot of new products in stock for the current season, today I will show you one by one of these products, and how to match these products as a fashion blogger.

主播将直播所有的商品全部快速介绍一遍，不需要做过多的停留，但是潜在的爆款商品可以重点推荐，整个剧透时间为5～10分钟。这个过程中不要看评论，按照自己的节奏逐一地去剧透。

④ 福利预告

通过福利预告让用户提前了解本场直播可以带给他们什么样的好处，例如商品优惠、抽奖福利、免单福利等。福利预告可设置在直播开头、中间、结尾等处，以提高直播的观看时长和用户的留存率。

案例介绍：

Wow, you guys are very lucky here, cause today we will have a lucky draw of FREE clothes!（介绍福利内容，吸引用户，留住刚进直播间的用户）OMG, how good is that! How to get free clothes? Very simple, first please hit the "Follow" button,then I'll do the lucky draw, okay?（介绍如何获取福利，引导关注用户，将平台用户转化成私域客户）Pay attention everybody! Today we only have 5 people can get the lucky draw! Okay? Who want free clothes?

Please press "1" for me in the comment, yeah, press "1"please! Then I'll do the screens hot of 5 lucky stars!（介绍福利名额，体现福利的稀缺性和价值）

截图，向用户展示截图内容。

Oh wow! We have our lucky stars right here! No.1 is xxx! Congratulations my dear xxx! You got a free clothes! Later on please place an order on link No.1 and we will choose a pair of lovely random clothes as a free gift! xxx are you there? Stay with me, okay? Follow us, place an order and you will have a free clothes!

继续向用户显示截图内容。

Okay, so who's our No.2 lucky star!

一直重复到第5位用户，并预告后续福利。

Thank you, dear, thank you so much for your support, we've got 5 beautiful stars who has already won our free clothes, everybody please stay tuned, we've got another surprise for you!（预告还有其他的福利，进一步吸引直播间的用户，继续观看直播）Please check our yellow cart, link No. X, we have buy one and get one free!（介绍新的福利活动）This is my first live streaming and I really need your support, please follow us, stay tuned and tell me which one you like, I'll try them all for you, okay? This big promotion only for today, my friend, don't miss it!（说明为什么今日有活动，体现出活动的特殊性和时效性，为用户的留存做好铺垫）Hi, there is Amy, we are glad to have you here, welcome. Where are you from honey? Los Angeles? Oh, that's a lovely place!（跟进入直播间的用户继续互动，尽可能跟不同的用户产生连接）

可以根据不同的商品，选择不同的介绍方式。比如吃播，可选择试吃，告诉用户食物的口感；服装售卖的直播间可试穿，让用户直观感受服装的上身效果。下文会以服装售卖为案例，介绍直播的话术技巧。

案例介绍：

Hello girls, you can see it fits perfectly. If you have a big belly and a big butt, this outwear can cover these areas well and improve your body shape.（直接试穿，让用户直观看到上身效果，同时介绍商品优势，消除部分用户疑虑）

Girls, did you see those lovely pearls? These were nailed by hands, piece by piece. See this color, it's so elegant! The material is pretty soft, guess what this is made of? Yep, it's the polyester! We all know that this material is durable, they are incredibly strong, which mean they don't tear, stretch, or pill easily like cotton and other natural fibers.Which means you can have this lovely classic design for many years! How great is that! Excellent quality.（介绍商品细节，体现商品品质）

You see, we've been working in clothing business for over 15 years, now we are transforming our mode from offline to online, that's why you see us, and that's why we have such a big promotion today!（介绍工厂实力、今日福利、品质保障及福利诱惑，刺激客户下单）

期间可以不断地向新进直播间的用户打招呼，根据用户的需求，试穿不同款的衣服。

It would be very nice to wear a pair of high heels, it makes me taller and slimmer so I love this outwear! This material is super durable and affordable, not to mention they are applied to different designs!（介绍可以跟商品搭配的单品，为粉丝提供穿搭建议，提供除商品之外更多的价值）If you are new here, please follow us, also please tell me what color you like most, I'll put them on for you, okay dear? Thank you very much!（时时关注新进来的用户，跟用户保持互动）

This is the first time I do live streaming, your support is very important for us, therefore please hit the "follow" button and let us know your favourite color. You will not find any cheaper goods than ours, and this discount only for today!（介绍商品的期间不断重复引导粉丝关注、互动，以及直播间的优惠力度）

（2）商品介绍环节

单个商品讲解模式一般包含场景需求介绍、商品力展示、权益刺激、沟通转化四个步骤。

① 场景需求介绍

该环节介绍商品适用的人群，尽可能地描绘商品适用场景，从而引入要推广的商品，帮助用户能够精准地选到自己适合并且喜欢的商品。

② 商品力展示

商品力展示的方式可以是场景再现、现场评测；铺垫知识、激发兴趣；展示实力，加强信任。主播可以在直播间讲述或展示直播商品的真实使用体验和感受。介绍商品卖点，包含商品特色、品牌背书、商品专利等内容。尽量丰富生动地介绍商品基础信息，包括商品名称、规格、SKU（库存量单位）等详细信息，让不同的用户能够快速找到适合自己的商品。

③ 权益刺激

权益刺激强调权益，包括商品的优惠力度、优惠方式、优惠到手价等福利的详细内容，增加互动。直播非常注重与用户的互动，通过优惠力度、抽奖、送礼物、关注等方式与用户建立联系，在增加直播的互动性和趣味性的同时，对带货的转化率也有重要作用。

④ 沟通转化

用户通常会在直播中点赞和评论，表达他们对主播的喜爱和支持。他们也会在评论区留言，与主播互动和交流。这些评论和留言是重要的用户反馈，主播需要关注这些重要的用户反馈，以此来判断自身直播的效果；同时了解用户的需求，对用户的疑问和需求进行跟进和沟通，从而形成转化。

主播可以根据不同的商品，选择不同的介绍方式。正常过款环节，一个单品的讲解时间控制在4～5分钟。

（3）活动营销

直播活动营销可采用高强度、高互动性的方式，旨在通过一系列连续且引人入胜的活动，激发用户的热情，提高参与度和转化率。商家可以利用整点活动，例如抽福袋、推福利款和爆款等方式引导用户关注、点赞、分享直播间，营造直播间热度，从而拉动在线人气和成交数据。通过这种方式，直播活动营销能够持续吸引用户的注意力，增强他们的参与感和归属感，从而提升直播的效果和影响力。主播应注意在活动中保持节奏紧凑、环节连贯，也要适时调整策略，以满足用户的需求和期望。

在这个环节，主播的话术至关重要，下面列举一些直播活动营销环节的话术技巧。

案例介绍：

Today we bring one of our best-selling sport clothes within amazing price to our new fans. It's fashion and suitable for girls of different shapes, if you love fashion clothes,don't forget to follow us and we will update new style every month.（介绍福利，引导关注）

Let me show you more details, look at this one （展示福利款）, it looks so fashionable and it has very nice quality. It's the perfect choice for young people who love fashion sport clothes. Imagine that ,when you wear the trendy sneakers, you definitely need a cool sport clothes to match them.（介绍商品的优势）

If you buy a sport clothes in local brand store,it takes you a lot of money, especially you are young and buy too many things, it will overspending. For now, you are so lucky today, This is our new live streaming, and we bring an amazing sport clothes for you. One person only can buy one time, cause this is our new live streaming, that's why we bring this amazing fashion sport clothes with such incredible price. Only 100 pieces in stock for today, just go to check our yellow shopping cart link No.1…（介绍优惠力度、优惠名额、以及购买途径）

（4）返场促单

直播返场促单是直播销售过程中的一种策略，旨在利用直播接近尾声的时间段再次激发用户的购买欲望，推动订单数量的增长。

直播返场促单可提供高人气商品的购买路径，组织直播中人气高的商品进行返场，教粉丝怎么领优惠券怎么成功拍下商品，进一步拉高直播间的销量。以下是一个直播返场促单环节的设计。

案例介绍：

It's the last 20 minutes of our live streaming, so don't get lost, if you like it, check the yellow cart and trust me you won't be disappointed! Big discount only for today and we lose our profit just to make new friends here, please follow us and you will get lots of benefits for becoming our fans! Thank you for following! Last 10 minutes left, so if you are still hesitating, don't hanging any longer, go to the yellow cart, check our pretty outfit! This discount only for today! Everybody please pay attention, make sure you follow us and stay tuned for our factories, we've been in the field for over 15 years , our design and quality are the best!

（5）直播收尾

直播最后10分钟，剧透下期主题、来宾、主推的爆款和新品；最后1分钟，强调关注主播和下期开播的时间，提示用户要准时参加；下期福利，建议用户下播后去账号主页、官网首页或国际站店铺观看直播预告。

用户会通过分享和转发直播，向更多的人介绍他们喜欢的主播，从而扩大主播的影响力和知名度，快速提高直播的观看人数。网络分享获得观看分析的裂变能力较强，这是判断主播是否吸引用户的重要因素。

在直播的收尾环节，如何有效地进行话术表达，给用户留下深刻印象，鼓励用户持续关注并期待下一次直播非常重要。首先应向用户表达感谢与肯定；其次剧透下期主题、嘉宾、主推的爆款和新品；最后引导关注与互动，设置下期直播悬念，吸引用户兴趣，为下期直播做好铺垫。

案例介绍：

Thank you so much, please remember we'll do the same live streaming tomorrow at the same time! Please follow us and see you tomorrow!

2. 提升直播间效果

（1）主播具备极强的直播技巧

主播应具备极强的内容塑造力，在介绍商品时能够通过话术将商品具象化、场景化、形象化。话术结构可以围绕：基本属性（商品特性）、使用场景（商品使用的场景/画面）、痛点需求（解决问题、商品效果）、商品附加价值（大牌同款）。该部分的话术可以在直播前先策划出讲解文案。

直播技巧是决定直播质量好坏的重要因素之一。因此，主播需要在直播前认真学习和练习直播技巧，提高自己的表现能力。主播需要具备良好的口才以及良好的语言组织能力，同时注意措辞的准确性、语音语调等方面，能够流畅、生动地表达自己的观点和想法，吸引用户的关注和兴趣。主播还需要具备极强的互动能力和应变能力，包括与用户的互动、与嘉宾的互动等方面，能够与用户和嘉宾建立良好的互动关系，增加直播的趣味性和互动性，也要具备应对突发状况的能力。

（2）商品具备极高的价格竞争力

直播间商品的价格竞争力是指在直播带货场景中，主播售卖商品的价格相较于同类商品在市场上所展现出的竞争优势。商品要极具性价比，在短时间内能够抓住用户需求，刺激用户下单购买，在定价上要做好用户分层，尤其是同类同款式的商品通过价格梯度做好人群消费水平的区分。但需注意的是，直播间商品的价格不仅要极具竞争力，还需要综合考虑商品的品质、性能和售后服务。提升直播间商品价格竞争力的策略包括但不限于以下方面。

- 源头采购与合作：直播团队直接与生产厂家、农场或一级代理商合作，减少中间环节成本，从而提供更优惠的价格。
- 大规模采购谈判：通过自身的销量预期和影响力，与供货商谈判获得更低的批量采购价。
- 独家合作与定制款：获取某些商品的独家销售权，或与厂商合作推出直播间的特供定制款式，形成差异化竞争。
- 优化供应链管理：有效管理库存，减少积压成本；同时，快速响应市场变化，把握节奏进行合理调价。
- 品牌补贴与合作分成：品牌方为了扩大知名度和市场份额，可能提供部分补贴支持直播间的低价销售。

（3）直播间完善的福利策略

福利策略是一种有效吸引、留住用户和提高购买转化率的关键手段。结合商品和受众群体，提前做好福利策略。以下是一些常见的福利策略。

- 限时限量策略：提供限时限量的特价优惠，如直播间专属折扣价，以低于常规渠道的价格刺激粉丝抢购。
- 满减策略：设立满减活动或组合套装优惠，让用户感受到更大的实惠。
- 赠品策略：购买指定商品赠送相关礼品或小样，增加商品附加值；或者达到一定消费金额赠送高价值礼品，鼓励用户提升单笔订单金额。
- 互动抽奖策略：用户参与直播间互动（如评论、点赞、分享等），有机会赢取免费商品或其他奖品，增加用户黏性。通过定时抽红包、积分翻倍等活动，可以活跃直播间氛围并吸引更多人关注和购买。
- VIP专享策略：提供粉丝俱乐部或者直播间的独家新品预览或优先购买权；为长期支持直播间的海外粉丝提供VIP服务，例如专属客服、快速配送等。

通过多样化的福利策略，为用户提供优惠活动、礼品等，增加用户的参与度和忠诚度；营造下单紧张感。

限时限量、满减、赠品、互动抽奖、VIP专享这些策略可以在整场直播中不断穿插地去做，保证整场较好的成交密度，从而提升直播间推流速度。

（4）直播间良好的直播感染力

直播感染力包括：直播间场景、公屏互动、团队配合等，可以让用户感受到直播间的氛围，提高下单率。

良好的直播间场景搭建可以提高直播质量，而直播质量是吸引用户的关键因素之一。如果直播质量不佳，用户很容易流失，影响直播效果。在直播中，主播可以通过直播硬件准备来提升直播质量，从而提高直播的成功率和商业价值。直播硬件包括使用高清摄像头、高质量麦克风、高速网络、专业灯光、适合主题的辅助设备等，甚至可以结合直播主题，选择一个特殊的场景或环境进行直播，如美食、旅游等，增加用户的视觉体验和参与感。

公屏互动可以让用户更加容易参与和感受到直播的互动性和趣味性。主播可以主动与用户互动，例如及时回复评论区疑问、展示评论区想看的商品等方式与用户互动，增加用户的参与感和亲切感。

主播是直播的基础，团队配合才是王者。主播和中控台的完美配合，甚至可以让直播间的下单量暴增。中控台要帮助主播一同完成整场直播的销售工作。直播过程中，中控台要和主播一同去营造出一个热闹的直播间氛围，要做好提示下单，适时回答公屏上主播没有关注到的问题，提醒关注直播间、领取福利的步骤等。中控台对平台的底层逻辑是更加清晰的，对于数据也是更加了解和敏感的，所以要结合后台数据，把控好直播的节奏和流量。

第2节　引导用户互动技巧

阿里巴巴国际站直播是一种崭新的营销方式，让商家可以与海外消费者进行实时互动。它可以帮助商家创造更多的机会，提高销售量，吸引更多的海外消费者。本节将从阿里巴巴国际站直播的规则分析入手，介绍一些直播的技巧，帮助商家有效地提高销售量。

1. 不同功能有效使用

在阿里巴巴国际站直播过程中，商家可以利用直播页面的各个小功能提升直播互动，吸引用户的兴趣，提高用户的参与度，从而提高直播的成功率。图3-1是阿里巴巴国际站直播页面的简单介绍。

直播页面介绍

1. 商家Logo、旺铺、Follow
2. 直播内容类型
3. 直播画面区域
4. 用户行为信息，如用户进入会显示
5. 用户评论区域，主播回复区域
6. 商品高亮区域
7. 商品盒子
8. 评论发布区域，如用户勾选私聊，评论信息会进入沟通
9. 直播间分享
10. Catalog
11. 点赞互动区域
12. Chat沟通入口
13. 倒计时Coupon

图 3-1

阿里巴巴国际站直播页面可以划分为图中的13个区块，这些版块主要用于展示四大核心点。

- Chat（聊天）：引导用户在直播间点击"Chat"，与商家快速进入沟通。
- Catalog（目录）：引导用户在直播间点击"Catalog"，快速获取用户名片信息。
- Follow（关注）：引导用户在直播间点击"Follow"，沉淀粉丝关系，后续再进行触达营销。
- 评论：用户在直播间发布评论的时候，引导用户勾选"Send the comments to supplier in private"。用户勾选后，用户在直播间的评论会进入沟通；同时，直播间小助手可以实时回复用户评论。

下面从上图中的13个功能板块介绍不同功能的有效使用：

（1）商家 Logo、旺铺和 Follow

在阿里巴巴国际站的直播页面中，商家Logo、旺铺和Follow功能是帮助商家展示品牌及吸引、管理潜在用户的重要组成部分。

① 商家 Logo

这是商家的品牌标识，出现在直播间显著位置，有助于增加品牌的曝光度和认知度。用户通过观看直播时就能快速识别出商家的品牌，从而提升品牌形象。

② 旺铺（Alibaba 旺铺）

旺铺是商家在阿里巴巴国际站上的个性化店铺主页，它包含了商家的商品详情、公司介绍、交易记录、资质认证等全方位信息。在直播过程中，主播通常会引导用户点击进入旺铺了解更多信息或直接下单购买。直播页面上通常会有链接直接导向商家的旺铺页面，方便用户及时查看商品详细情况，并进行下一步的交互与咨询。

③ Follow（关注）

在直播页面或者旺铺中，用户可以点击"Follow"按钮关注商家，这样用户就可以接收到商家的最新商品更新、活动促销信息等通知。对于商家来说，积累的关注用户意味着建立了稳定的潜在用户群体，有助于长期营销和转化。

（2）直播内容类型

该部分可以在直播前进行设置，内容类型包括实时接待、直播探厂、新品发布、商品评测、潮流趋势等。选择适合的赛道，精准定位用户，让直播间在特定赛道上有更多的展示位，如图3-2所示。

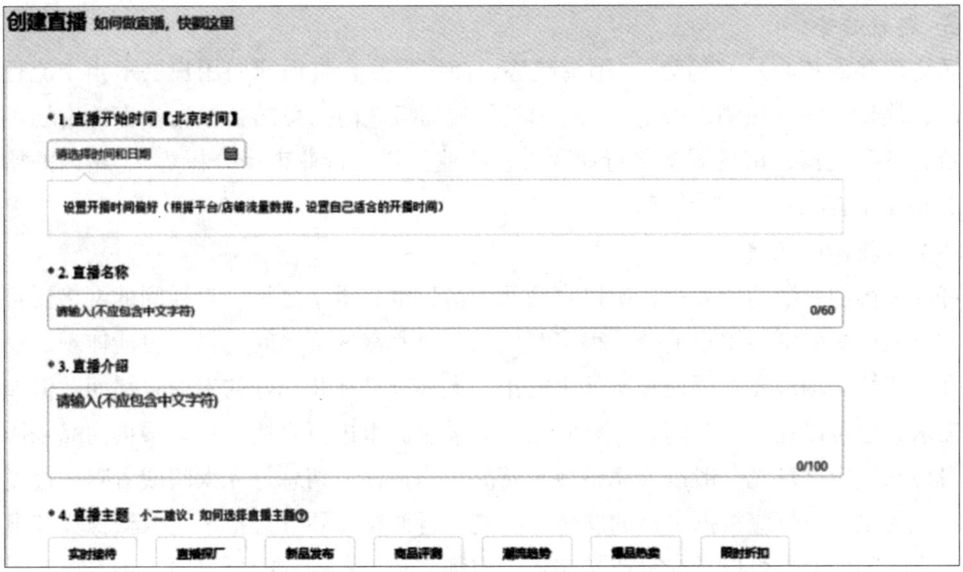

图 3-2

不同的直播类型有不同的直播目标和用户群体。

① **实时接待**

实时接待类似于客服直播，通过直播，对用户提出的问题进行实时答疑和实时高效的互动，可以让用户进店就能感受到线下门店的导购服务，不再是用户被动选择的咨询形式，而是实现实时互动咨询，更好地拉近商家与用户之间的关系，从而提升直播的转化。对于商家的要求：不需要准备专业的直播脚本，而是要能够完成实时接待、解答用户问题、多互动、多引导等。

② **直播探厂**

用户在考察供应商的阶段，对于探厂有比较明确的诉求，直播可以帮助用户更好地了解商家的工厂实力。商家可以通过对工厂的介绍或者"工厂的实时画面+实时接待"的方式，展现工厂的生产线、机器设备、组装、质检、包装、发货等流程，并实时与用户进行互动，更好地提升买卖双方的信任关系。

③ **新品发布**

新品发布的核心是"新品"，新品代表的是新商机。因此，商家在直播的时候，要对选品有一定的要求。商家在直播的过程中，核心要围绕"新"，展示商品的新工艺、新设计、新材质、新技术等，让用户对于新品有更深的了解。

④ **商品评测**

商品评测的核心是通过实验、使用体验、商品对比测试，来展示商品的竞争力，如通过实验展示自己的黑科技；通过开箱、评测向用户展示使用体验；也可以通过商品对比测试，介绍自家的商品和另一家同款商品的区别和优势。

⑤ **潮流趋势**

潮流趋势的核心是"趋势"。围绕趋势，商家需要在直播间向用户展示当季流行、热卖商品、热销国家、热销人群等，告诉B类用户商机。商家可结合数据参谋（市场—关键词指数、商品洞察、市场洞察、行业商机、行业报告、行业市场分析等）、站内的榜单、Google trends等工具，挖掘趋势。

（3）直播画面区域

好的环境能刺激消费欲望，所以直播间的搭建也是重中之重。直播间的网格要符合内容定位，从而吸引更多用户消费。很多时候，别出心裁的直播间场景，更能体现商品的实用性和功能性。场地要根据现有条件来安排，大部分是在装修好的专业直播间。但如果有特殊需求，也可以在工厂车间、户外农场、店铺店面里进行直播，一切根据商品来源和主播的身份来决定。灯光一般以"完整展示商品"为目标，切忌灯光太暗或者曝光过度，最好以暖光为主，射灯应根据主播的肤色、身高进行调整。硬件是指手机或摄像头和电脑的配置。直播间的背景可以是绿幕或是实景，但都需契合主题。绿幕之便，不言而喻，可以灵活地更换想要的场景；实景讲究代入感，卖夏装时最好搭配凉爽的背景，卖冬装时适合使用温暖的色调。贴纸、挂杆等道具不一定要多，但一定要能告知用户最重要的商品信息或者主播信息，让用户一下就能抓住直播间的重点信息。

（4）用户行为信息，如用户进入会显示

中控台设置用户进场提示，当有用户进入直播间，在直播间左下方会有横幅提示用户进场。

商家可以在"直播中控台—用户进场通知"中看到新进直播间的用户信息，包括用户标签（订单用户、粉丝、询盘、新客），用户的国籍，用户的名字，以及进入直播间的来源（旺铺、商品详情、会场等），主播可以根据用户信息在直播间多与用户进行互动，如图3-3所示。中控台可以设置欢迎互动卡片，用户进入直播间时，可以实时看到欢迎的卡片，从而更好地帮助用户和商家建立互动关系。

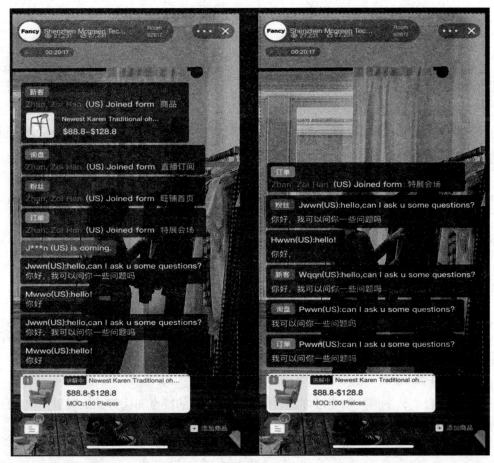

图 3-3

（5）用户评论区域，主播回复区域

在用户评论区，用户可以实时分享他们的想法、反馈和疑问，这是直播购物体验中非常重要的一部分。直播用户评论区的常见内容有以下五种。

① 商品评价

用户可能会分享他们对商品的看法，包括商品质量、性能、使用感受等，这些评论可以帮助其他用户了解商品的实际效果。

② 购买咨询

有些用户可能对商品的具体细节、尺寸、颜色选项、使用方法等有疑问，他们会在评论区提问，主播或客服会尽快给予答复。

③ 优惠信息确认

用户可能会在评论区确认直播中的优惠信息，比如折扣码的有效期、使用规则等，以确保他们能够正确享受优惠。

④ 购买经验分享

已经完成购买的用户可能会分享他们的购物体验，包括下单流程、发货速度、售后服务等，这对于其他用户来说是非常有价值的参考信息。

⑤ 互动交流

评论区也是用户之间交流的平台，他们可能会就商品或直播内容进行讨论，增加直播的互动性和趣味性。

作为主播或运营团队，应密切关注评论区的动态，及时回应用户的问题和反馈，这不仅能提升用户的信任度和满意度，也能提升直播销售的转化率，还可以通过分析评论区的内容，了解用户的需求和痛点，进一步优化商品和服务。

（6）商品高亮区域

商品高亮区域主要用于展示直播间一些爆品、新品等特定商品。在国际站的直播间中，商品的高亮区域可以通过不同的方式来展示，以下是一些常用的方式：

① 商品卡

在直播间的背景墙上，可以放置商品的图片和信息，并使用高亮颜色或突出显示来吸引用户的注意力。

② 动态展示

通过使用动画效果或视频，动态展示商品的特点和优势，使用户更加了解商品的细节和品质。

③ 讲解强调

在直播过程中，主播可以通过详细讲解和强调商品的特点和优势，来吸引用户的注意力并促进销售。

④ 问答互动

通过与用户进行互动，回答他们的问题和疑虑，提高用户对商品的信任感和购买意愿。

⑤ 优惠活动

通过在直播间中展示商品的优惠价格、促销活动等，吸引用户的眼球并促进销售。

在选择适合自己商品的高亮区域时，建议结合商品的特点和受众群体的喜好，以及直播间的整体风格和氛围来进行设计和布置。

（7）商品盒子

商品盒子是一种直播营销工具，它是主播在直播过程中展示和推荐商品的关键途径，商品盒子会显示商品图片、名称和简要描述，有的还支持3D展示或者短视频形式，更立体直观地介绍商品特色和使用场景。用户在观看直播的同时，可以直接对商品盒子内的商品进行点击并添加至购物车或者直接下单购买，实现边看边买的无缝对接体验。根据主播讲解的不同商品，商品盒子可以及时切换展示内容，与主播的话术同步，提升转化效率。

（8）用户评论区域，如用户勾选私聊，评论信息会进入沟通

用户可以发起直播评论，商家可以在PC端中控台回复用户评论。回复时可选择公开回复或是私密回复（公开回复均可见，私密回复只有评论人可见，对方手机上弹出显示3秒）。

用户在直播间的评论会自动流转进入TM（Trade Manager），可以被商家获取。

在直播中实时关注评论区，可以与用户及时互动，并根据用户的反馈快速调整直播的状态和内容，更好地满足用户的需求。

（9）直播间分享

直播间分享是指用户在观看直播的过程中，将直播间的链接或者信息通过各种社交媒体、通信应用等方式分享给自己的朋友、家人或者粉丝，邀请他们一同观看和参与直播活动。通过直播间分享，可以增加观看直播的人数，提高直播的互动性和影响力；同时，也有助于主播或商家销售商品和扩大品牌知名度。

（10）Catalog

Catalog指的是商品目录。这个功能是直播营销工具的一部分，可帮助商家在直播过程中更好地管理和展示商品。Catalog的作用主要有以下三个方面。

① 商品分类与管理

主播可以提前将准备推广的商品添加至直播Catalog中，按类别、新品上市的顺序或者优惠活动等逻辑进行组织和排序。

② 实时互动展示

在直播过程中，主播可以根据讲解的内容随时从Catalog调取相关商品到直播间画面的商品盒子上，用户能够看到当前正在介绍的具体商品详情，并可以即时进行购买操作。

③ 多元化呈现

Catalog不仅包含商品的基本信息（如图片、名称、价格等），还可以有更为详细的规格参数、视频介绍，以及专为直播设置的优惠券或促销活动等信息。

（11）点赞互动区域

点赞是直播中常见的互动方式之一，用户可以通过点击直播间内的点赞图标来表达对直播内容的喜爱和支持。点赞图标通常是一颗或多颗心形的图标，点击后图标会亮起且数量增加，表示收到了用户的点赞。点赞数一般会实时更新并显示在屏幕上，让主播及其他观看直播的用户都能看到当前直播受欢迎的程度，这是直播热度及影响力的一个重要指标。点赞互动能够让用户更加积极地参与直播，还能够提高直播的曝光度和传播效果。

（12）Chat 沟通入口

Chat按钮对于实时互动至关重要。点击"Chat"按钮通常会打开或者切换到直播页面内的聊天区域，这个区域供用户输入文字信息、提出问题、发表评论或表达购买意向等。对于商家来说，Chat功能不仅有助于促进商品销售，还能收集用户的反馈意见和建议，有助于后期优化商品和服务。

（13）倒计时 Coupon（优惠券）

为了提升用户参与度和促进成交，商家经常会在直播间内设置互动营销手段，倒计时Coupon是其中一种常见的策略。这种功能通常有以下三种表现方式。

① 限时优惠

主播会预告某项特别优惠活动，通过页面上的倒计时进行提示，营造紧张感和购买紧迫性。

② Coupon 发放

当倒计时结束后，直播间会发放指定面额或折扣的优惠券给观看直播的用户，用户可以领取并在限定时间内使用该优惠券进行购物，享受一定的价格减免。

③ 互动玩法

有时倒计时优惠券还会结合直播间的互动环节，比如达到点赞数目标后发放优惠券、回答问题正确者获得优惠券或者随机抽取幸运用户赠送优惠券等。

2. 互动话术技巧

（1）进场互动的话术技巧

尽量通读用户ID，注意未注册或未登录的用户将不显示用户ID。通过欢迎新进入直播间的用户，拉近与用户的距离，让用户感受到被重视，活跃直播间的氛围。

整体话术参考：

Hello,用户ID. Welcome to our living stream.I guess you are from某国家地区，right? And if you have any question about our products, or MOQ, or our factory, please let me know.

您好，用户ID。欢迎来到我们的直播间。我猜您是来自……对吗？如果您对我们的商品或最小起订量或工厂有任何问题，请告诉我。

Hello,用户ID. Welcome to our living stream. Our company is XXX. We can provide XXX（商品名）and our advantage is...

您好，用户ID。欢迎来到我们的直播间。我们公司是XXX，我们可以提供XXX（商品名称），我们的优势是……

Hello,用户ID. Thank you for watching our live. If you want discount especially for live or our new products' details, please comment and let me know.

您好，用户ID。欢迎来到我们的直播间。如果您想要特别优惠，特别是针对直播或我们新品的申请，请在评论区告诉我。

Hello,用户ID. You may interested in No.X product. You can chat with our customer service to get samples quickly.

您好，用户ID。您可能对编号X的商品感兴趣，您可以通过与我们的客服聊天来快速获得样品。

（2）引导评论区互动的话术技巧

实时接待最重要的就是引导用户互动发言提问，目前只要是在直播间评论的用户的信息都可以被卖家获取。

整体话术参考：

① 宽泛性地引导

If you have any question, please comment any time and let me know.

如果您有任何问题，请随时告诉我。

② **商品问题引导**

Are you interested in the No. 2 product? Or other products?Please comment the product number you want to know more details and I'll introduce it to you.

您对2号商品感兴趣吗？还是其他商品？请在评论区告诉我您想了解更多详情商品的编号，我会为您介绍。

③ **样品兴趣度引导**

If you want free sample/small gift, please send " I want".
如果您想要免费样品或小礼品，请发送"我想要"。

④ **福利性引导**

We will send 5 lucky viewers by randomly screen capture after 30 seconds. So send "I want" more and more.

我们会在30秒后通过随机截图的方式选出5位幸运用户。所以可多发"我想要"。

⑤ **直播间分享性引导**

And you can share our live show to you friends or colleague to get more chance to get free sample/free gift.

您还可以将我们的直播间分享给您的朋友或同事，以获得更多机会得到免费样品/免费礼物。

（3）引导点赞、关注的话术技巧

直播间的点赞量可以提高直播间的活跃度，沉淀直播间的数据，提升直播间的流量。引导关注可以沉淀粉丝数据和品牌私域资源，为后续的商业价值转化做好铺垫。

相对于公域流量，私域流量作为企业的数据资产，不仅拥有成本低、用户忠诚度高、营销链路一体化、数据画像积累等核心优势，更具备可触达、可交互的独特性，企业打造公域和私域的平衡，构建流量闭环，才能更好地创造企业直播价值和能量的最大化。

整体话术参考：

① **鼓励点赞（Likes）**

Hey everyone, if you're enjoying the products and this live session so far, please give us a thumbs up to show your support! It really helps us out.

Don't forget to hit that "like" button if you find our presentation helpful or if you love any of the products we've showcased today.

② **邀请关注（Follows）**

Welcome to our live streaming! If you haven't already, click the follow button to stay updated with our latest offers and product launches.

To ensure you never miss an exciting deal again, make sure to follow us for more great content and exclusive discounts.

③ 互动与福利提示

We have some special coupons coming up for our followers, so be sure to tap that "Follow" button now, and get ready to grab those limited-time deals!

For all our new viewers, there's a surprise waiting for our followers later in the stream. So, be sure to hit the Follow button to qualify for giveaways and future promotions!

④ 结束语中引导互动

As we conclude the tour of our fantastic products, we'd greatly appreciate it if you could leave your comments below and hit "like" to help spread the word. Thanks for tuning in, and we hope you'll stick around by hitting that follow button!

请注意，实际的话术需要根据直播的具体环节和情境进行调整，并且保持亲切、自然的沟通风格。

（4）引导商品购买的话术技巧

很多用户在下单时可能会犹豫不决，这个时候就需要用催单话术，来刺激用户下单的欲望。

直播催单话术的关键：营造抢购的氛围，并给消费者发出行动指令。让用户认为，现在不买，就再也买不到这么便宜的了，现在不买就没有机会了……让用户产生紧迫感，然后快速下单。

引导商品购买可以从下面两个方向去实施。

① 重复强调商品效果和价格优势

比如在卖一款羽绒被时，一直强调，"不用想，直接拍，只有我们这里有这样的价格，往后只会越来越贵。"不断重复强调直播间的价格优势。

② 不断提醒用户限时限量

反复用倒计时的方式催促用户下单，营造时间紧迫、再不买就没（亏）了的抢购氛围。

参考话术如下：

数量有限，如果你看中了一定要及时下单哦，马上就要卖完了哦！

先付先得、最后2分钟！最后2分钟

活动马上结束了，要下单的朋友们抓紧咯！

（5）引导查看购物车和商品列表的话术技巧

① 通过某款商品链接引入

参考话术：

Are you interested in the No. 2 product? Or other products? Please check the link 1 in the Shopping cart.

② 介绍今日直播主题引入

通过对直播主题的介绍，引入直播商品售卖品类，提醒客户进入Catalog查看品牌商品。

（6）引导直播间分享话术技巧

主播引导用户分享直播间以扩大影响力和吸引更多潜在客户，可以采用以下的话术策略。

Dear friends, in our live streaming, we have carefully curated a wide selection of high-quality and cost-effective products along with exclusive limited-time discounts. If you believe this information would also be beneficial to your friends or business partners, please do not hesitate to share it with just one click to your Moments or industry communities, allowing more people to enjoy these benefits together.

价值激发：亲爱的朋友们，我们的直播间为大家精选了众多高品质、高性价比的商品，并且还有独家限时优惠活动。如果您觉得这些信息对您的朋友或者合作伙伴也有帮助，请不要吝啬，一键分享到您的朋友圈或者行业社群，让更多人能够共享这份福利！

As a token of appreciation for your enthusiastic support, if you share our live streaming right now and send us a screenshot, you will have the chance to participate in a special draw, where you could win some delightful bonus prizes! Let's join hands to spread this great news to more partners!

互动鼓励：为了感谢大家的热情支持，只要您现在将我们的直播间分享出去并截图发回给我们，就有机会参与特别抽奖，赢取额外的惊喜大礼哦！让我们一起把这个好消息传递给更多的伙伴吧！

Every viewer is a driving force behind our constant progress. Each time you share, more and more merchants and buyers will learn about Alibaba.com's high-quality resources and services. Let's move forward together, broaden our business horizons, and achieve mutual benefits and win-win outcomes. Now, please click the share button to bring this insightful live stream to more friends who could truly benefit from it!

每一位用户都是我们不断前行的动力，您的每一次分享都将让更多的商家和采购商了解到阿里巴巴国际站的优质资源和服务。让我们携手共进，一起拓宽商业视野，实现互利共赢。现在就请您点击分享按钮，把这场精彩的直播带给更多有需要的朋友吧！

Everyone, the countdown has officially begun! An unprecedented round of amazing deals is about to be revealed. This is definitely an opportunity in business that you and your friends don't want to miss out on. Hurry up and share this live streaming so that we can all seize this rare chance together!

紧急提示：各位，倒计时已经开始，马上有一轮前所未有的优惠即将揭晓！这绝对是您和您的朋友不想错过的商业机遇，赶快分享直播间，让大家一同把握住这个难得的机会吧！

（7）引导 Chat 沟通的话术技巧

通过欢迎与问候、兴趣交流、邀请提问等方式引导用户进行咨询。

① 欢迎与问候

Hello and welcome to our live streaming on Alibaba! Feel free to type any questions or comments you have in the chat box - we're here to engage with you.

② 激发交流兴趣

As we explore these products, please let us know if there's something specific you'd like us to demonstrate or explain further. Your input is valuable to us in this live chat.

③ 邀请提问

If you're curious about product details, customization options, or shipping arrangements, now's your chance! Please ask away in the chat section – we'll answer as many questions as possible during the stream.

④ 鼓励互动游戏或活动

We're running a Q&A session soon, so for a chance to win a special offer, type 'I'm interested' in the chat when we announce it!

⑤ 提醒关注和联系信息

To stay updated on more exciting deals and new releases, remember to hit that follow button. Also, feel free to send us a message via the chat for personalized assistance after the live show.

⑥ 实时反馈和感谢

Thanks to everyone who has already typed in their questions or feedback in the chat! We appreciate your participation and will address those shortly.

第3节　中控台实时配合技巧

1. 中控台功能配合使用

（1）中控台同步看点

商家可以在内容看点区对直播内容进行打标，生成直播节目单。

路径：PC端—MY Alibaba后台—媒体中心—直播管理—对应场次进入中控台—商品看点列表，如图3-4、图3-5所示。

从商家侧来讲，商品看点区，可以帮助获取更多公域流量。主播在直播中讲解某款商品时，点击【标记讲解】按钮，系统会在该时间点生成一个看点视频，并会对国际站首页公域场景进行个性化投放。从用户侧来讲，商品看点区可以快速定位到某款商品的讲解，回溯讲解的内容。

（2）中控台回复用户评论，对用户进行禁言

运营团队可通过直播中控台即时回复用户的评论和问题，提升互动性和转化率。当收到用户的评论或提问时，尽快做出回应，让用户感到被重视和关注。对于用户的好评与支

持表示感谢，例如："非常感谢您的支持，我们会继续努力提供更好的商品和服务！"对于询问商品的评论，可进行详细解答，如商品的规格、价格、功能等，并适时引导至商品详情页面或询盘入口。针对用户的问题或评论，商家可以发起小活动，比如："前三位回答我们问题的用户将获得直播间专属优惠券。"当有用户对商品产生购买意向时，明确告知如何下单、如何使用优惠券以及参加限时活动的方法。

图 3-4

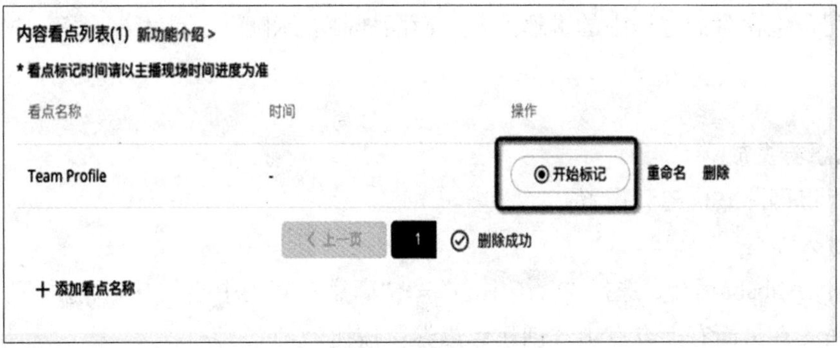

图 3-5

中控台回复内容需要体现出专业和亲和力，以及品牌的形象和态度。如果遇到负面评论或投诉，要冷静处理，正面回应并提供解决方案，同时记录下该反馈，以便后续改进。

当直播间出现大量恶意攻击、侮辱性言论或违法信息时，为了保护主播和其他用户的权益，维护直播间的秩序和气氛，中控台可以使用禁言功能。

（3）中控台关注直播数据，把控直播节奏

直播过程中，运营需要观测实时直播间的数据，并做出相应的运营动作，有针对性地提高直播的数据。

直播的数据包含观看次数、观看人数、观看时长、新增粉丝数、流量券消耗等流量互动指标，以及商品点击率、成交人数、成交转化率、成交件数等转化成交指标。商家可以查看实时榜单、每小时实时累计观看次数和实时累计成交额榜单；同时可查看在线人数、推荐流量规模区间、直播成交金额、推荐流量竞争力等关键数据和流量配置指导。此外，商家还可查看开播上架的商品售卖表现数据，如商品曝光次数、曝光点击率、成交转化率、在线人数、单商品的加购人数、件数、商品曝光点击率和成交转化率；来自直播域、店铺域和广告域三个渠道的流量表现数据，如观看人数、观看时长、成交金额；以及在线人数、实时成交、流量来源等指标的实时趋势图表。

（4）中控台设置用户进场通知

中控台设置用户进场通知通常是指在电商平台或直播平台上，当有新的用户进入直播间时，系统自动向主播发送提示，以便主播能够及时欢迎新进直播间的用户，增强互动性。

（5）中控台设置优惠券发送

创建直播活动并关联相应的优惠券，设置好优惠券的面额、使用条件及有效期等信息，在直播期间的适当时间节点通过直播中控台触发优惠券发放。用户在观看直播时会收到系统提示，告知他们已获得优惠券，并会指导他们如何使用。

（6）中控台设置商品直播看点区

商家可以在直播看点区将主播的直播讲解片段以商品卡片的形式实时记录下来，生成不同商品的讲解内容，并向用户沉淀有效讲解内容。

（7）团队作战，活跃直播间氛围

场控配合包含直播过程中的讲解配合、商品样品展示配合、话术配合等，增加直播间氛围。

2. 优惠券发放

阿里巴巴国际站优惠券设置。

（1）进入路径

进入My Alibaba后台，选择"营销中心"→"商家自营销中心"→"优惠券"，进入"优惠券"页面，在页面右上方点击"创建优惠券"按钮。

（2）编辑优惠券信息

优惠券信息分为基本信息、面额信息和商品信息三个部分。当优惠券的使用场景设置为直播（仅在直播间使用）时，优惠券为直播间专属优惠券，用户仅可在直播过程中领取，并可选择全店通用或部分商品通用。直播优惠券设置后，商家可自主控制直播优惠券的弹出时间及优惠力度。当优惠券设置适用范围为"全店铺"商品时，直接下单商品和非直接下单商品均适用。当优惠券设置适用范围是"特定商品"时，优惠券只适用于直接下单商品，且最多可以选择50个商品。

在直播时，商家可以根据直播效果进行安排优惠券的推送方式，并在直播时提醒用户及时领取优惠券，方便用户选购。

3. 增强用户转化

（1）优化直播内容

直播内容是吸引用户的关键。要想留住用户，首先要确保直播内容有趣、有吸引力。在直播内容方面，可以结合商品特点、用户需求、行业趋势等因素，制定不同的直播主题和内容；其次要注意直播内容的连贯性和节奏感，避免出现长时间沉默或毫无重点的情况。

（2）增加互动环节

互动环节是提升直播间吸引力的有效方法。通过与用户互动，可以增加用户的参与感和黏性。例如，可以在直播中设置问答环节、抽奖活动、互动游戏等，引导用户参与并增强与他们的互动。

（3）合理利用营销手段

营销手段可以帮助提升直播间的吸引力和转化率。例如，可以利用限时特惠、阶梯式折扣等促销手段，吸引用户购买商品。此外，还可以通过搭配销售、组合优惠等方式，推荐相关商品或增加购买数量，提高转化率。

（4）强调商品的优势和特点

在直播中，要重点介绍商品的优势和特点，让用户对商品有更深入地了解和认识；同时，要根据商品特点和用户需求，设计合理的直播流程和展示方式，让用户更容易产生购买欲望。

（5）营造紧迫感和限时优惠

营造紧迫感和限时优惠是促进用户购买的重要手段。在直播中，可以通过倒计时、限量销售等方式，营造紧张氛围，让用户感受到购买的紧迫性；同时，可以利用限时优惠等手段，吸引用户在直播间下单。

（6）提供全面的售后服务保障

全面的售后服务保障是提升直播间转化率的关键因素之一。在直播中，可以向用户介绍售后服务政策、退换货政策等，让用户感受到购买的安心和保障；同时，可以在直播间提供客服在线解答疑问和解决问题，帮助用户解决疑虑和问题，提高转化率。

（7）发目录或递名片

当用户在直播间时才可收到消息，中控台可以及时向这些用户送发名片或商品目录，提高用户的询盘率。

注意：

● 只有用户在直播间的时候，才能发送名片或商品目录。

- 用户只能选择在一场直播里发送名片或者商品目录，只能发一种。

综上所述，提升国际站直播间的吸引力和转化率需要从多个方面入手。优化直播内容、增加互动环节、合理利用营销手段，强调商品优势和特点、营造紧迫感、提供全面的售后服务保障等都是有效的手段。将这些方面做好，可以真正提升直播间的吸引力和转化率，实现更好的营销效果和商业价值。

第4节　直播中营销策略

1. 直播营销玩法

直播营销玩法的核心在于提供吸引用户的利益点，并增加互动环节。打动用户的利益点和良好的互动可以有效促进成交。

（1）直播利益点

国际站的直播利益点主要以优惠券为主，优惠券是吸引用户、促进购买的重要手段。优惠券不仅能直接降低消费者的购买成本，还能营造限时、限量的促销氛围，激发用户的购买欲望。

优惠券发放的力度要根据受众群体和直播的氛围来做决定，需要提前做好计划。因此，在设置优惠券的形式和优惠券的数量和力度时需要完成以下几个步骤。

- 确定目标受众。在开始直播营销之前，需要明确目标受众是谁，他们的需求和兴趣是什么，以便在直播中为他们提供有价值的内容和商品，以及吸引他们的利益点和福利形式。
- 制订直播营销计划。基于受众目标，制订详细的直播营销计划，特别是直播的优惠福利制度。
- 宣传推广。在直播前，通过各种渠道宣传推广，如社交媒体、邮件、短信等，告知潜在受众直播间的主题和福利，吸引更多的用户进入直播间。
- 数据分析和优化。通过数据分析工具对直播效果进行分析，如用户数量、停留时间、互动情况等，优化直播内容、直播节奏和营销活动。
- 合作与联盟。与其他商家或者品牌进行合作，共同举办直播活动，扩大直播的影响力，同时制定更有诱惑力的福利制度给用户，吸引目标受众。

（2）互动环节

设计有趣的互动环节，如抽奖、问答等，增加用户的参与感。国际站直播互动方式一般会有关注互动、直播专享价互动、免费样品福利互动，以及直播页面小功能的使用带来的互动。

① 引导关注，沉淀粉丝

更多的关注意味着直播间更容易被平台推荐和用户发现，从而增加观看量，提高曝光率。粉丝更有可能在直播时参与互动，如留言、点赞、分享等，增加互动，提高直播间的活跃度。粉丝通常对主播有更高的忠诚度，他们会更频繁地观看直播，并可能成为长期的支持者。粉丝可能会将直播内容转发给他们的朋友和社交网络，帮助品牌吸引新的粉丝。当粉丝关注了直播间后，他们通常会收到直播开始的通知，确保他们不会错过直播活动。有些平台允许设置粉丝任务，完成任务的粉丝可以增加参与感和归属感，此举也有助于提升主播与粉丝之间的联系。总的来说，直播间粉丝的关注对于主播和品牌的知名度、互动性和商业潜力都有积极的影响，但同时需要注重直播内容的质量，以维持和扩充粉丝群体。

在直播间引导用户关注，可以采用以下几种方法。

- 明确地呼吁。直接向用户表达希望他们关注直播间。例如："如果你喜欢我们的内容，记得点击下方的'关注'按钮，这样你就不会错过我们下次的直播了！"
- 提供价值。让用户明白关注有什么好处。比如，可以预告未来的特别活动、独家优惠或者精彩的内容更新等。
- 互动交流。与粉丝建立良好的互动关系，主动回应他们的评论和问题，让他们感到被重视和欢迎。这会增强他们对主播的认同感和关注直播间的意愿。
- 设置关注奖励。可以设置一些关注福利，如关注后可参与抽奖、获取专属优惠券等，以此鼓励用户关注直播间并成为粉丝。

与其他主播或者有影响力的人士进行合作，互相推广彼此的直播间，吸引对方的粉丝关注自己。

- 提高质量。不断提升直播内容的质量和吸引力，让看过直播的用户主动愿意成为粉丝。真诚和持续的努力是吸引和保持粉丝关注的关键。

② **设置直播专享价，联系客服享受专享价格和服务**

直播专享价为用户提供了独特的优惠，促使他们在直播期间购买商品，增加了购买的紧迫性和吸引力。专享价可以作为直播宣传的噱头，也能够吸引更多的用户进入直播间观看并参与购物，增加直播间的流量。商家可以灵活地设置直播专享价，作为特定促销活动的一部分，但不影响商品参与其他大促活动的资格。直播专享券或折扣能够刺激用户在观看直播时立即下单，提高商品的转化率和销售额，也会带动粉丝的互动和分享。

③ **免费样品福利，联系客服获取专用商品链接，直播下单获取免费样品福利**

国际站直播免费样品福利是指在进行国际站直播活动时，商家为吸引和回馈用户，提供的一种赠送样品的优惠政策。这种福利具有以下几个好处。

- 提高用户参与度。免费样品福利能够激发用户的兴趣和参与热情，促使他们更积极地观看直播、互动并分享直播活动。
- 增加品牌曝光。通过免费样品的赠送，商家能够将自家商品直接送到用户手中，从而增加用户与商品实际接触和体验的机会。
- 促进商品试用。免费样品可以让用户在没有任何购买风险的情况下试用新商品，有助于提高用户对新品的认识和接受度。
- 获取用户反馈。通过赠送样品，商家可以收集到用户真实的使用反馈和评价，进一步优化商品或服务，提升竞争力。

- 激发购买意愿。免费样品的体验可能会促使用户产生购买完整商品的意愿，从而转化为实际销售额。
- 建立关系。赠送样品是建立和维护用户关系的有效手段，能够增强用户对品牌的忠诚度和好感度。

需要注意的是，国际站直播免费样品福利的实施需要考虑到成本控制、样品选择、配送问题，以及相关法律法规等多方面因素，以确保活动的顺利进行和预期效果的实现。

④ 通过直播页面介绍，与观众产生互动

向用户展示直播页面中不同的功能区，提高直播互动率。商家可以利用Chat入口，让用户与客服取得联系，加强用户的互动，从而更好地介绍品牌和工厂实力，提高用户对于品牌的认知以及对于商品价值的了解。通过Catalog，帮助商家快速找到适合匹配的商品，提高成交的概率。通过Follow功能，引导用户关注直播账号和品牌网站，使其进入品牌的私域管理，加强后续与用户的联系，为其提供优质的服务，解答疑问，巩固与用户的良好关系，并提高用户对品牌的忠诚度。

⑤ 设置不同的直播主题，增加与不同观众的黏性，增加与观众的互动

不同的直播主题能够针对特定的群体，吸引具有相关兴趣或需求的用户，从而提高直播的参与度和关注度。多元化的直播主题还可以提供丰富多样的内容，避免直播内容单一乏味，保持用户的新鲜感和持续关注度。通过覆盖多个领域或话题的直播主题，商家或个人可以展示其专业性和广泛的知识面，提升品牌形象和行业影响力。根据商品特性和目标市场，设置与之相关的直播主题，可以帮助商家更有效地推广商品，激发用户的购买欲望。不同主题的直播活动还可以引导用户进行有针对性的讨论和互动，活跃社区气氛和增加用户黏性。

通过分析不同直播主题的观看数据和反馈，商家可以了解哪些主题更受观众欢迎，从而调整和优化未来的营销策略。总之，设置不同直播主题是提高直播效果、吸引和留住用户、推广商品和服务、提升品牌影响力的有力手段。

⑥ 培养专业主播，提升直播质量

聘请或者培养具有专业知识、良好的表达能力和亲和力的主播，可以提高直播质量。主播的能力很大程度上影响了直播的互动性，以及直播中的危机处理能力。专业的主播有非常强的感染力，可以与用户之间产生更好的互动。

2. 直播运营技巧

直播运营技巧一般包括精准定位、创造优质内容、互动交流、互动交流、提高用户留存率、运用数据分析、持续优化、合作推广等。

（1）精准定位目标受众

在国际站直播营销中，精准定位是非常重要的一步。通过明确直播的主题和目标受众，能够更好地制定直播内容和营销策略，提高直播的吸引力和转化率。因此，商家需要深入

了解行业趋势、竞争对手和目标受众，找到自己的独特卖点，从而树立品牌形象。

（2）创造优质内容

优质内容是吸引用户观看和留存的关键。在直播前，需要精心策划和准备内容，包括主题、话题、商品展示等；同时，要注重内容的实用性和趣味性，用生动和形象的方式展示商品特点和优势，提高用户的参与度，并加深其记忆度；此外，还可以邀请行业专家、KOL等嘉宾，增加直播的专业性和权威性。

（3）互动交流

互动交流是提高用户参与度和忠诚度的关键环节。在直播过程中，可以通过问答、投票、抽奖等方式与用户进行互动，及时回答用户的问题和反馈，增强用户的参与感和归属感；此外，可以设置互动话题和讨论区，引导用户进行讨论和交流，形成良好的直播氛围。

（4）提高用户留存率

用户留存率是衡量直播效果的重要指标之一。为了提高用户留存率，需要不断优化直播内容和形式，增加用户黏性；可以通过定期回访、会员制度、积分奖励等方式，激励用户持续关注和参与直播活动；同时，也要注重提高直播质量和用户体验，降低用户的流失率。

（5）运用数据分析

数据分析是优化直播内容和营销策略的重要手段，通过分析用户行为数据、观看数据、互动数据等，可以了解用户的兴趣和需求，评估直播效果和转化率。根据数据分析结果，可以有针对性地优化直播内容和营销策略，从而提高直播效果和用户满意度。阿里巴巴国际站直播数据分析的重要指标有以下几项：

① 直播次数

这是衡量企业和商家在阿里巴巴国际站上直播活动频率的指标，可以反映出企业和商家对于直播的重视程度。

② 直播观看人数

这是衡量企业和商家在阿里巴巴国际站上直播活动吸引力的指标，可以反映出直播内容的吸引力和直播形式的效果。

③ 直播互动人数

这是衡量企业和商家在阿里巴巴国际站上直播活动互动程度的指标，可以反映出直播活动的参与度和互动效果。

④ 直播成交量

这是衡量企业和商家在阿里巴巴国际站上直播转化率的指标，可以反映出直播对于品牌销售的推动作用。

（6）持续优化策略

持续优化是提高国际站直播营销效果的重要手段。在直播过程中和直播结束后，需要不断总结经验教训，优化内容和策略。例如，可以根据观看直播的用户反馈和数据表现，调整主播的讲解方式、商品展示方式等；根据用户留存和转化情况，优化直播时间和频率等，不断迭代优化，有利于在竞争激烈的国际站直播营销中脱颖而出。

（7）合作推广

合作推广是扩大国际站直播营销影响力和覆盖面的有效方式之一，可以与其他国际站商家、品牌、媒体等合作，共同举办直播活动，实现资源共享和互利共赢。此外，可以通过社交媒体、广告投放等方式进行推广宣传，吸引更多的用户进入直播间。在合作推广过程中，需要注意选择适合的合作伙伴和推广渠道，提高推广效果和转化率。

在国际站直播中，可以通过一些小的功能板块作为运营辅助技巧。例如：用户进场语音提醒、发送名片或商品目录、优先讲解部分商品等。

用户进场语音提醒：用户进场时，会有用户标签、国籍、名字，以及进入直播间来源的信息内容展示，商家可以基于这些信息，对进入直播间的用户进行语音提醒、欢迎和互动，提升用户的直播观看体验。

发送名片或商品目录：这是主动触达用户的利器，对于新来的用户可通过发送名片，建立信任；对于交易过的用户一般发送商品目录，包括爆品和新品，方便他们更快地了解公司商品新动态，也有利于用户通过商品目录及时了解行业潮流趋势，提高用户对于品牌的依赖度和忠诚度。注意，同一个用户，只能二选一发送，也就是发送了名片就不能发送商品目录，发送了商品目录则不能发送名片。因为系统可以基于对用户的划分，发送不同的内容。同时，要注意，只有用户还在直播间的时候才能收到信息，所以应及时关注用户进场提醒，及时发送对应的内容。

优先讲解部分商品：直播过程中要有既定的直播计划内容，但一个好的主播，一个好的直播节奏可以基于直播的现场数据分析以及用户的需求，及时调整直播的节奏、内容和形式。对于用户普遍关注的商品内容和在意点，可以优先进行解答，满足用户的直播需求，从而加深用户对直播内容的理解，以及对品牌的认知，这将有利于商家更好地进行商品和品牌的营销。

【知识与技能训练】

一、单选题

1. 以下（　　）不属于直播热场的四大内容。

   A. 主播自我介绍   B. 商品介绍

   C. 用户互动   D. 福利预告

2. 中控台对于用户评论区可以做的是（　　）。

   A. 发送名片   B. 发送目录   C. 设置优惠券   D. 禁言

3. 主播在直播间以抽奖方式向粉丝发福利时，把抽奖当成最为恰当的（　　）。

   A. 互动游戏   B. 直播内容

   C. 对粉丝发放的商品福利   D. 对粉丝的奖励

4. 在直播话术上适当放大商品效果的美好或者放大用户痛点的焦虑恐惧，这是运用了（　　）法则。

  A. 引入商品　　　　B. 放大问题　　　　C. 催单　　　　　　D. 提出问题

5. 主播为了保持用户对直播间的新鲜感，最重要的是主播要（　　）。

  A. 对直播内容进行不断创新　　　　B. 对直播内容进行连贯性设置

  C. 对直播内容进行笑点设置　　　　D. 对直播内容进行悬念设置

6. 福利款的作用（　　）。

  A. 用来做利润　　　　　　　　　　B. 用来做销量

  C. 用来做对比　　　　　　　　　　D. 用来提升直播间的人气

7. 燕子在直播带货时，对商品供应商的资料进行了宣传，她这么做的目的（　　）。

  A. 规避货物质量问题风险

  B. 更好地介绍商品信息以获取用户信任

  C. 打通供货渠道

  D. 以上都不对

8. 直播间可以通过（　　）了解用户需求。

  A. 通过大数据进行判断　　　　　　B. 引导用户提问题

  C. 语音连麦或者鼓励用户进行晒单　　D. 以上都是

9. 为了吸引用户留在直播间而选择的定价远远低于市场价的商品叫作（　　）。

  A. 爆款　　　　　　B. 对比款　　　　　C. 福利款　　　　　D. 利润款

10. 直播间运营时，主播和用户会出现各种矛盾，在解决问题时主播一定要（　　）。

  A. 亲自参与解决　　　　　　　　　　B. 邀请第三人介入解决

  C. 交给第三方解决　　　　　　　　　D. 邀请用户参与解决

二、多选题

1. 商品介绍包括（　　）环节。

  A. 场景需求介绍　　B. 商品力展示　　　C. 权益刺激　　　　D. 沟通转化

2. 直播间互动包含（　　）。

  A. 点赞、关注　　B. 直播分享　　　　C. 评论区留言　　　D. Chat 沟通

3. 提升直播运营的技巧有（　　）。

  A. 精准定位　　　B. 优质内容　　　　C. 数据分析　　　　D. 互动交流

4. 以下选项中，（　　）是关于引流款商品正确的解释。

  A. 为了获取更多的流量

  B. 价格和市场上其他同类商品相比略低，有竞争优势

  C. 为利润款商品引流

  D. 为店铺赚取利润

5. 跨境直播运营工作中的核心三要素是（　　）。

   A. 曝光　　　　　B. 排序　　　　　C. 流量　　　　　D. 转化

6. 以下（　　）属于国际站直播核心功能版块。

   A. Chat　　　　　B. Catalog　　　　C. Follow　　　　D. 评论

三、判断题

1. 在直播时，中控台可以对用户进行禁言。（　　）

2. 点赞、关注不属于直播间互动。（　　）

3. 免费样品赠送属于直播间福利。（　　）

4. 在进行商品介绍时，要对商品、供应商和活动规则都进行介绍。（　　）

5. 主播和用户产生矛盾时，邀请第三人介入解决。（　　）

6. 中控台可以同时对同一个用户发送目录和名片。（　　）

【职业技能综合实训】

结合模块所学，选择国际站上任意一件商品，设计制作一份营销玩法以及客户互动话术，完成实训方案1个。

【匠心钥匙】

国宝萌遍全球，上亿人在 TikTok 看熊猫

大熊猫因其憨态可掬的形象、独特的黑白配色和稀有性，在全球范围内拥有极高的人气。在TikTok等社交媒体平台上，关于熊猫的内容往往能吸引大量用户观看，如图3-6所示。

在长达十几秒的时间里，熊猫虽然除了啃竹子，几乎没有其他动作，却成功收获一大批迷弟迷妹。数万条评论中，来自全球各地的网友争相表达着自己对大熊猫的喜爱："就这视频，我能看一天！""它让竹子看起来好香啊。""朋友们，求问，如何才能领养一只熊猫？""我是个很简单的人，看熊猫，爱熊猫。"

凭借憨态可掬的外形，在国内就备受宠爱的大熊猫，如今更是成为全球"顶流"。据了解，目前TikTok平台上，国宝相关话题"Panda（大熊猫）"的播放量已超过22亿次，仅一条啃竹子的"吃播"视频就收获了约1720万次观看、290万人次点赞。

对于身处海外、平日里很难近距离接触到大熊猫的"追星族"来说，扮成熊猫已成为一种网络时尚。

创作者"memezar"就曾上传过一段将两只小狗打扮成熊猫造型的视频，并收获约440万播放量。虽然小狗蹦蹦跳跳的动作和熊猫还是有明显区别的，但小狗黑白分明的造型、晃来晃去的竹子依然让万名网友直呼可爱。"我真以为是熊猫宝宝呢。""太遗憾了，我的狗狗是黑色的。""感觉一天，不，一年都有了好心情。"

图 3-6

而更加"狂热"的熊猫发烧友,则连熊猫造型的甜点都不愿意错过。在创作者"nakama_kou"上传的一段制作熊猫造型面包的视频下方,有网友急切地询问熊猫造型的模具是从哪购买的,"我太想要一个了,我超爱熊猫。"视频本身也获赞30余万次,播放量达120多万次。

熊猫饲养员更是因此成为无数人梦寐以求的工作之一。以一段播放量超420万次的视频为例,画面中熊猫宝宝在掉下桌子被拎起来后,就紧紧抱着"奶妈"不撒手,萌翻一众网友。"我也想要被熊猫宝宝拥抱""它抱那个女孩的动作好温柔""我愿意给它当妈妈"。

情到深处,不少外国网友在评论区认真提问:"我能领养一只熊猫吗?""这么好的工作哪里能找到?"有热心网友回复:"大熊猫是中国国宝,不支持领养哦。""大熊猫饲养员岗位哪里找?中国!"

在大熊猫相关视频评论区,常常有网友说希望能够前往中国,亲眼看看大熊猫。众多表白中,有几位网友的爱意格外令人动容:"不知道为什么,每次看见熊猫我就想哭。它是我最爱的动物,但我亲眼见到它们的机会却如此渺茫。""如果有转世的话,我要做一只熊猫。"

作为中国的国宝动物,大熊猫受到了严格保护,并且通过各种国际合作项目,它们在全球范围内的知名度不断提升。

一方面,大熊猫的可爱外表和温和性格使它们成为人们喜爱的对象,无论是幼年期的熊猫宝宝还是成年的大熊猫,其生活习性和互动行为都极具观赏性和趣味性,符合现代社交媒体用户对轻松愉快内容的需求。

另一方面,中国政府在大熊猫保护和繁育方面的努力也提升了它们的国际形象和影响力,很多国家的动物园通过租借大熊猫来开展科研合作与文化交流,进一步增加了全球民众接触和了解大熊猫的机会。

大熊猫的相关视频在TikTok等平台上的火爆现象,不仅是人们对自然和野生动物关爱的体现,也是中国软实力输出的一个重要载体。

(来源:文旅中国)

模块四　国际站直播全链路——直播后

【学习目标】

1．了解跨境直播后复盘的重要性

2．了解跨境直播数据复盘的方法

3．懂得如何进行用户的后续跟进

【能力要求】

1．能够具备跨境直播的直播复盘能力

2．能够具备用户持续跟进和转化能力

【素养提升】

1．具备跨境直播数据分析及直播效果提升能力

2．具备用户资源培育及转化能力

【知识图谱】

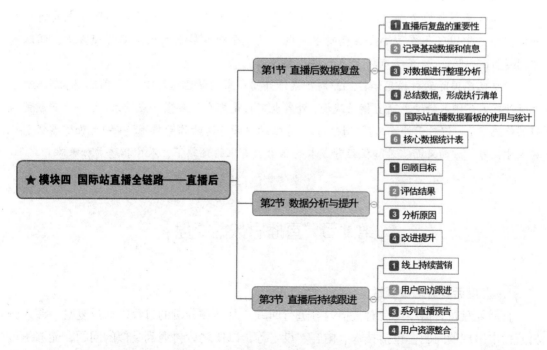

专访小李：不存在什么掉队，我的直播间有双向陪伴功能

2020年6月18日19时29分，某平台头部主播小李开始了618当晚的直播，与往常一样，语气中带着些许期待和亢奋，嗓音却有些许沙哑。

4个多小时后的23时38分，小李结束了当晚的直播，边伸懒腰边从座位上坐起来。

与此同时，在上海的直播间内，小李直播间所有员工都开始鼓掌庆祝618的圆满收工。深夜12点小李所在的企业办公楼，依旧灯火通明，似乎与平日的每一个零点一样。

有点不一样的是，这是小李今年618的最后一场直播。22场直播，准备了两个月，终于收官了。

零点，小李从直播间"下班"后，其实还参与了一场复盘会。二三十位同事在沙发上坐了一圈，也有不少站在吧台上，端着电脑记录信息。从现场统筹的同事，到准备商品的助理，再到小李本人，几乎每个人的工作情况都被一一回顾。从商品展示到价格传递，小李的全场表现，最后再到每类商品的销售额，复盘会上一一进行分析。

（来源：澎湃新闻 2020 年 06 月 19 日）

【思考】

※ 你比较喜欢什么样的直播风格？

※ 直播过程中会促使你下单的原因有哪些？

※ 为什么像小李这样的头部主播也需要参与直播后复盘？

【启示】

跨境直播：千军易得，一将难求

中国服务贸易协会副会长兼秘书长仲会长指出，专业人才匮乏已成为跨境电商行业发展的阻力。中国服务贸易协会在调研中发现，造成企业发展压力最主要的因素中，团队人才问题占65.35%，远高于市场竞争和供应链等因素。

阿里巴巴国际站数据显示，2023财年累计开播商家数量已达2.2万家，同比增长26%。当大量外贸工厂进入跨境电商直播的战场，外贸也不再是那个只要懂一点外语、埋头生产就能做好的传统产业。但对于外贸工厂来说，在人才吸纳方面普遍面临两难困境：一方面需要吸引优秀人才，另一方面又面临着降低经营成本的压力。有限的预算下，人才招聘更加艰难。

（来源：《环球》杂志第 23 期 2023 年 11 月 15 日）

第1节　直播后数据复盘

1. 直播后复盘的重要性

直播复盘是直播结束后对直播内容进行回顾、总结和分析的过程。通过复盘，深入分析直播中出现的问题，包括技术、内容、设定等，以便之后再遇到类似的问题，能够尽可能地规避掉风险，降低试错成本，并在后续直播中进行改进和优化。

复盘的价值分为以下四种。

● 强化目标，把控进度以及方便量化。

- 发现规律，工作后总结规律以及固化流程。
- 复制技巧，吸取成功经验并复制经验。
- 避免失误，发现失败原因避免下次再犯。

无论是日常学习还是工作，及时复盘有助于查漏补缺。不管项目成败，复盘是为了总结经验、吸取教训，给接下来的工作提供参考价值。及时进行直播的复盘的核心原因有以下四个。

（1）平台规则算法的变化性

直播平台的流量算法并不是一成不变的，而是会伴随直播的情况、市场的反应、技术的升级等因素随时更新、优化。作为借助平台直播的企业，必须第一时间掌握平台的动向，及时捕捉平台算法的变化，快速做出直播调整，防止因为平台本身的规则变化而导致直播的不稳定性和滞后性，最终影响流量的获取以及企业的盈利。尤其对于刚接触直播的企业来说，更是需要提高复盘的频率和深度，通过每一次的复盘加深对直播规则和技巧的了解，快速提升直播能力，取得不错的直播成果。

（2）人员配合存在不稳定性

在"人、货、场"的三要素中，"人"是不容忽视的关键要素，一场直播的顺利进行不是靠一名主播就能完成的，而是需要借助团队的配合与协作。简单来说，一场直播的成败涉及选品团队、运营、主播、场控、中控台、私域等各个环节的配合，一旦涉及人员操作，就会存在不稳定性和变化性。人无法做到机器一般的标准化和一致性，直播过程中每个环节的变化都有可能影响到单场直播的效果，因此需要对每个环节进行剖析和总结。

（3）商品搭配组合的差异性

每一场直播的商品搭配组合是存在差异性的，商品的变化势必会导致每一场交易情况的变化。如果不在直播后进行复盘，商家将很难总结出商品本身对于直播效果的影响程度如何，很难提炼出选品方法论，因此会降低选品、排品的效率。

一般而言，大部分直播间常见的商品有引流款、福利款、利润款、常规款、爆款等，不同的商品在不同直播时间段承担着不同的功能，组合不恰当就可能影响当场的直播销售，从而导致销量不如预期。

（4）流量的不确定性

直播的受众是个体消费者或企业采购者，除了迎合平台流量的玩法，受众本身的喜好也会影响直播的效果。每场直播的受众是谁、喜好如何、购买欲是否强烈、是否喜欢主播的风格等都会存在个体偏差，给直播效果带来不确定性。因此需要通过不断地复盘，商家才能总结出不同群体差异的特性，从而设计出更针对受众的直播策略。

因为存在以上原因，想要达到不错的直播效果，直播后的复盘就显得尤为重要。外行看表象，内行看数据。复盘的内核在于数据分析，数据是最能够客观展示直播情况的指标。直播单场的数据能够直观地展示本场直播的实际效果如何，帮助商家快速发现直播中的变量，找到本场直播的优点和问题点。数据分析的价值更主要体现在数据的累计统计和分析上。通过对周期性数据的汇总分析，能够呈现出对比分析数据、趋势分析数据、关键指标价值数据等，这些数据有助于提供更加系统性的分析指导，以及更有针对性的提升计划和更行之有效的方法论，从而能帮助商家够更加轻松地应对平台变化，结合行业和商品属性，找到更精准的用户画像，制定出直播策略。

了解完直播复盘的必要性，以及数据对于复盘的重要性之后，"从何处获取直播数据？直播数据有哪些？应该关注哪几项重点数据？不同数据代表什么含义？不同平台数据看板如何有效利用？通过数据如何进行针对性提升？"等问题便随之而来，接下来将以阿里巴巴国际站为例，一起进入直播数据看板的全链路学习。

在开启阿里巴巴国际站平台直播数据的复盘前，先简单以国内抖音直播为例，介绍一下直播数据复盘的大体逻辑。抖音作为目前国内直播发展Top级的C端平台，它的用户群体是全中国10亿多网民；其平台算法和规则也会比国际站的算法更为复杂且更具代表性。在了解B端平台之前，先以国内C端平台为例。读者可作为消费者进行代入，这样更容易理解直播的复盘逻辑。国内直播平台野蛮发展的时代已经过去，如今拼的是精细化的运营，因此，掌握直播复盘的核心方法论是非常重要的。

2. 记录基础数据和信息

复盘时，直播团队需要把大量的基础数据和信息都记录到表格上。相较于文档，表格更利于后续的数据整理，数据的呈现方式更直观。在开始记录之前，需要先了解基本的计算公式，因为直播间很多数据是需要被额外计算才能得出的。

核心数据的基本概念和计算公式

（1）流量数据

视频引流进入率=（观看总人数×视频推荐占比）/短视频播放量

此数据代表视频引流进直播间的效率

（2）直播数据

平均停留时长=用户观看总时长/观看总人数

互动率=评论人数/观看总人数

转粉率=新增粉丝数/观看总人数（每一百人进入直播间有多少人关注）

（3）电商数据

购物车点击率=点击购物车人数/观看总人数（顾客潜在的购买欲望）

转化率=成交人数/观看总人数（每100个顾客能被成交的比例）

客单价=全场销售额/成交订单数（每个顾客平均下单的金额）

客单件=成交订单数/成交人数（每个顾客平均购买的件数）

销售额=流量×转化率×客单价

UV价值=全场销售额/观看总人数（每个进入直播间的用户平均贡献的销售金额）

净利润=销售额—商品成本—退货金额—物流成本—投放成本

对于以上数据从直播数据、电商数据、投放数据三个维度进行表格化记录。

（4）直播数据

如表4-1所示，直播数据的统计维度包含场次、日期、直播时长，单场的PV、UV、粉丝流量占比、评论人数占比、在线人数峰值、平均在线人数、粉丝人均观看时长、平均停留时长新增粉丝数、粉丝团总人数、转粉率。

表 4-1

场次	日期	直播时长	直播数据										
			PV	UV	粉丝流量占比	评论人数占比	在线人数峰值	平均在线人数	粉丝人均观看时长	平均停留时长	新增粉丝数	粉丝团总人数	转粉率

（5）电商数据

如表4-2所示，电商数据统计维度包含成交人数、销售额、转化率、粉丝下单占比、UV价值、客单价。

表 4-2

电商数据					
成交人数	销售额	转化率	粉丝下单占比	UV 价值	客单价

（6）投放数据

一般投放的数据是由投手单独记录，如表4-3所示，一般需要记录更细致的数据，这里的汇总数据主要是记录几个重点数据，包含消耗、订单数、GMV、流量数、1分钟停留数、ROI等。

表 4-3

投放数据					
消耗	订单数	GMV	流量数	1分钟停留数	ROI

3. 对数据进行整理分析

有了数据之后，接下来对数据进行汇总统计分析。从直播内容吸引力、直播销售效率、直播流量优化、短视频内容优化、单品销售数据这几个维度来进行逐一分析。表4-4主要针对单场直播进行复盘统计。

表 4-4

抖音直播复盘表								
数据概览	账号		开播日期		开播时长		直播时间段	
	观众总数		付款总人数		付款订单数		销售	

直播内容质量分析								
直播吸引指标		关联因素	问题记录			复盘结论		
最高在线人数		流量精准度 选品吸引力 产品展现力 营销活动力 主播引导力						
平均停留时长								
新增粉丝数量								
转粉率								
评论人数								
互动率								

直播销售效率分析								
销售效率指标		关联因素	问题记录			复盘评论		
转化率		流量精准 产品给力 关联销售 直播展示 主播引导						
订单转化率								
客单价								
客单价								
UV 价值								

直播流量优化分析								
流量来源	占比	人数	问题记录			复盘结论		
视频推荐								
直播推荐								
其他								
关注								
同城								
付费流量总数								
Dou+短视频								
Dou+直播间								
Feed 直播间								
自然流量总数								

短视频内容优化分析								
视频链接	完播率	播放/获赞/评论/分享	总播放数	视频导流人数	视频点击进入率	分析与建议		

单品销售数据分析								
品名	购物车序号	直播间浏览量	直播间点击量	单品点击率	支付订单数	单品转化率	支付 GMV	单品 UV 价值
单品分析与建议								
综合优化建议								

（1）直播内容质量分析

直播内容质量主要表现在最高在线人数、平均停留时长、新增粉丝数量、转粉率、评论人数、互动率，这些数据数值的大小都直接反映了直播间内容质量的高低，因此需要进行着重统计分析，如表4-5所示。

表4-5

直播内容质量分析			
直播内容吸引力指标	关联因素	问题记录	复盘结论
最高在线人数	流量精准度		
平均停留时长	选品吸引力		
新增粉丝数量	产品展示力		
转粉率	营销活动力		
评论人数	主播引导力		
互动率			

表格中问题记录这一栏很重要，需要场控或运营在直播过程中进行实时记录，把存在的问题记录到表格中。比如主播在过某个产品的时候，直播间的人气快速上涨了或者下跌了，场控或运营应记录下该情况，有助于指导下一场应该如何过产品；除了记录存在的问题点，同样可以把表现好的点也记录下来。

一般直播间内容吸引力不足可能存在的原因，有以下六点供参考。

- 短视频内容与直播间内容不垂直导致高跳失率。
- 短视频种草效果不佳，商品展示场景、卖点、表现等不突出。
- 直播间的场景布置的视觉效果差。
- 主播不在状态，表现低迷、不吸引人、没有感染力。
- 选品组货有问题，商品留不住人。
- 活动设计与互动执行有问题。

（2）直播销售效率分析

直播间销售效率主要表现在转化率、订单转化率、客单价、客单件、UV价值，这些数据都直接反映了直播间的销售效率，用表格统计记录这几项数据情况，如表4-6所示。

表4-6

直播销售效率分析			
销售效率指标	关联因素	问题记录	复盘结论
转化率	流量精准		
订单转化率	产品给力		
客单价	关联销售		
客单价	直播展示		
UV 价值	主播引导		

与销售效率指标数据相关联的影响因素主要有流量精准、商品给力、关联销售、直播展示、主播引导等。

由于直播的相关数据基本上需要直播结束后才知道，场控或运营需要在直播中进行问题记录，直播结束后进行数据统计记录。复盘核心是针对数据情况，结合实际存在的问题进行分析，提炼出好的行为点予以复制及强化，对存在的问题点及时规避和改进。

一般来说，直播间销售效率不高与以下五个因素密切相关。

- 内容不垂直导致流量不精准，转化率低。
- 内容视觉调性差，无法支撑高客单商品。
- 商品组合销售与搭配方案有问题，导致客单价低。
- 主播讲解能力与引导成交能力差。
- 直播间陈列与商品展示效果差，导致转化率低、客单价低。

（3）直播流量优化分析

直播流量分为免费流量和付费流量，需要分别记录。免费流量主要包括通过短视频推荐、直播推荐、其他、关注、同城等端口进入的流量。当然，可以记录得更细化一些，比如直播推荐分为直播广场推荐和自然推荐，这样更利于做数据分析，如表4-7所示。

表 4-7

直播流量优化分析				
流量来源	占比	人数	问题记录	复盘结论
短视频推荐				
直播推荐				
其他				
关注				
同城				
付费流量总数				
Dou+短视频				
Dou+直播间				
Feed 直播间				
自然流量总数				

单场直播下来，如果短视频的流量占比太高，就会导致主播一直在给短视频引来的人做商品销售，而没留住直播推荐进来的人。这种情况下，就可以让短视频引来的人先互动，不要让原本的销售节奏被扰乱。

关于付费流量，投手需要单独记录，比如付费流量在什么时间节点介入撬动了自然流量，此期间直播间做了哪些动作，投放期间做了哪些调整，这些信息都可以记录下来。最后结合数据情况综合分析，得出结论，填写在复盘结论一栏。

（4）短视频内容优化分析

短视频需要单独进行记录和分析，基础数据需要把短视频的播放量、获赞、评论、分享等的数据记录下来。表格中"短视频点击进入率"这个指标的具体计算方法，需要把总播放量算出来，短视频点击进入率等于视频导流人数除以总播放量。如果短视频点击率很高，后续就可以按照这个思路去拍摄更多的短视频；如果数据很低，则需要调整和优化短视频内容优化分析表，如表4-8所示。

表 4-8

短视频内容优化分析						
视频链接	完播率	播放量/获赞/评论/分享	总播放量	视频导流人数	短视频点击进入率	分析与建议

（5）单品销售数据分析

单品销售数据分析需要把一场直播间销售的商品数据都记录到表格中，包含商品名称、购物车序号、直播间浏览量、直播间点击量、单品点击率、支付订单数量、单品转化率、支付GMV、单品UV价值，如表4-9所示。通过数据记录可以得出很多反馈，比如直播间某款商品，虽然主播一次都没讲解过，但自然成交的数据很好，说明这个商品是有成为爆品的潜力的，可以在下一场直播中安排主播多讲解几次。

表 4-9

单品销售数据分析								
商品名称	购物车序号	直播间浏览量	直播间点击量	单品点击率	支付订单数量	单品转化率	支付GMV	单品UV价值

4. 总结数据，形成执行清单

通过以上大量的基础数据和信息记录，每个板块逐一分析后得出相关结论，再结合各个板块的分析结果就能够整理出直播大致调整和优化的方向。直播不是一个人的单打独斗，而是一群人的并肩作战。直播复盘需要整个团队保持同频，因此复盘的最后一步是团队的集中复盘。将复盘所得出的数据分析结论形成具体的执行任务，分配给具体的负责人，在下一场直播时每个人将任务执行到位。图4-1就是一场复盘后的综合优化建议的提炼。

综合优化建议（执行任务）：
1．直播时间贴纸问题：测试解决；
2．重点拍摄短视频的款：包跟+地板拖，一共 10 个；
3．秒杀 5 分钟一轮，其实有 10 分钟，衔接扣尺码+111+同意好评扣好，拉互动；
4．开始在线 200 人没留住，因为秒杀的节奏太快，应该在倒计时的时候，直接过款；
5．可以延续的地方：每一轮多次提醒重新扣 666 报名秒杀活动
6．直播方案中，要确定留人款+主推款
7．主播重点塑造价值讲解产品卖点+辅播重点带节奏促单

图 4-1

以上案例是抖音的一个直播后的复盘思路，读者可以直观地了解复盘的全过程。以下将讲解国际站跨境B2B平台的直播复盘该如何进行，与国内B2C的平台之间存在哪些共性和差异性，以及该如何相互借鉴。

5．国际站直播数据看板的使用与统计

（1）国际站数据看板访问路径

● 登录阿里巴巴后台，单击进入"My Alibaba"。
● 选择"媒体中心"。
● 选择直播专属分类中的"直播数据"查看直播详细数据。

国际站后台具体的操作界面如图4-2所示。

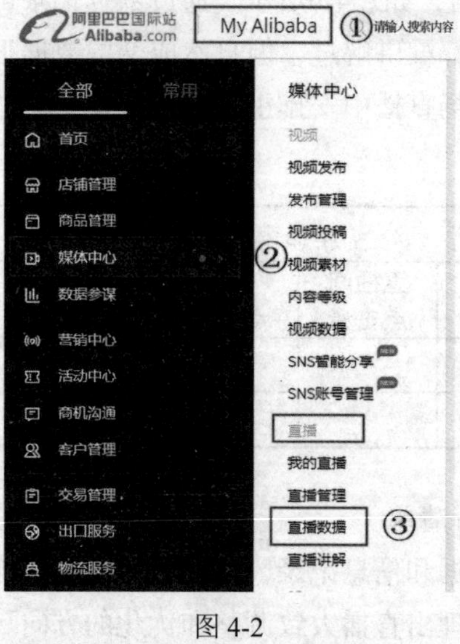

图 4-2

此处呈现的是"T+2"的直播数据，也就是直播结束时间往后推两天的数据情况。直播数据看板分为两大类，分别是"经营诊断"和"单场直播效果"。

在经营诊断中能够看到"直播效果分析""同行对比分析""开播账号数据对比"三大数据内容板块，下面将分别解读不同板块的数据含义，国际站后台直播数据板块截图如图4-3所示。

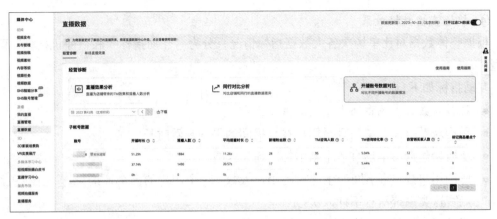

图 4-3

（2）直播各看板数据解读

① 直播效果分析

- TM咨询人数。所选时间范围内直播后成功发送有效询盘的人数（包含预告、直播中、回放3种状态），商家可根据直播的TM咨询人数与店铺总TM咨询人数进行对比，直观感受直播所带来的效果。

- 开播时长。所选时间范围内（任意时间可选）商家各个子账号开播的总时长。

店铺日均访客数大于70则可适当延长开播时间，可以将店铺自身流量更好地通过直播承接和转化，延长的时间可参考"同行对比分析"中的优秀同行。

- 单小时观看人数。如单小时观看人数符合预期，可适当延长开播时间，获得更高流量。如果单小时开播观看人数低于预期，则需要考虑商业付费流量或主动分享，召回潜在客户和老客户。

- TM咨询转化率是直播间的综合转化指标，用于复盘上个周期的直播效果。

直播间如果数据涨幅明显，则需参考"直播间用户观看时长"；如果二者明显呈正相关，则可以复盘在上个周期的直播内容是否有可以沉淀为有效直播经验，未来可以复用在直播中。如果数据下降幅度较大，则需复盘直播中的不足并加以改进。

- 优化建议。根据商家实际直播情况，提出优化建议供商家参考。

② 同行对比分析

- 商家可根据同行业对比数据了解目前自身直播的水平，参考优秀同行的直播数据进行调整。

- 商家可选择一、二、三级行业（默认值为一级行业）。

- 时间周期（默认为选中最近7天的数据）进行筛选。

③ 开播账号数据对比

- 商家可根据不同子账号的直播数据来判定主播直播水平，复制优秀主播的直播经验应用到其他子账号中。

- 可以用于公司直播团队的内部激励和区分不同子账号的询盘归属。

④ 单场直播数据效果

根据整体数据对比单场次各大数据指标情况，分为"互动指标"和"商机指标"两大类型。

互动指标如下：

- 观看人数。本场直播去重后的观看人数。
- 平均观看时长。本场直播用户在直播间的平均观看时长。
- 新增粉丝数。本场直播中新增加的粉丝人数。
- 评论用户数。直播间产生评论的用户人数（一个用户的多个评论只算一个，关注、点赞这类系统消息不计入）。
- 互动率。直播间产生互动的用户占比。
- 自营销用户人数。自营销用户人数包括：全域引擎带来的用户人数和通过分享进入直播间的用户人数。
- 分享进入直播间的用户人数。通过商家的链接分享，进入直播间的用户人数。
- 标记商品看点个数。直播中标记的商品看点个数。

商机指标如下：

- 进品进店率。在直播间点击进入商品和进入店铺的比例。
- TM咨询人数。在直播中产生的TM咨询人数，包括直播间之间的评论人数和经过直播间后产生的聊天人数。
- 询盘人数。在直播中产生的询盘人数。

在单场直播数据效果看板中，可以根据以上数据情况，通过看"整体数据""直播中数据""回放数据"三个维度对比查看分析，从以上不同的数据指标分析出单场直播的综合效果。

（3）直播数据看板的常见问题

① 直播数据更新

直播数据看板更新时间以"北京时间"为准，数据延迟2天更新。

② 直播场次的日期归属

若一场直播时长跨越多天（北京时间），这场直播的数据归属按照直播结束的所在日期进行归属。

例如，一场直播从北京时间7月28日12：00开始到7月30日01：00点结束，则该场直播属于7月30日的直播。

③ 经营诊断说明

经营诊断是商家在直播中产生的数据效果（TM咨询人数、观看人数、TM转化率均为直播中的数据表现），是商家分析直播中核心环节问题的助手，可查看对应部分的诊断建议。

④ 行业同比 Top 商家

行业Top商家是该行业在所选的时间周期内，直播数据位于前10%的商家，Top商家均值是前10%商家的数据均值，用于参考同行业头部商家的差距对比。

⑤ **账号开播数据对比**

每场直播都会对应一个开播账号，此账号为真实开播的子账号，预告的场次仅展示最终开播的账号，数据归属于开播账号。

⑥ **单场的 TM 咨询人数**

单场的TM咨询人数指的是在同一场直播的过程中或者直播后产生的咨询的人数，每场新增的TM咨询人数可在每场直播的明细中查看。

⑦ **直播间用户评论数**

直播间评论人数是指用户在直播间直接产生的评论人数。评论指的是用户主动发起的消息，平台自动产生的点赞、关注产生的系统消息不计入评论数。

⑧ **直播产生的订单金额**

订单金额指的是用户通过观看直播，且在直播后7天内下单且付款的订单金额。

⑨ **直播时长统计**

违规关停或试播所产生的直播数据不会累积在直播数据看板里，低于15分钟的直播场次所产生的数据会累积在直播数据的看板里。

⑩ **活动门槛数据查看路径**

"单场直播效果"下滑至最下方即可查看，如图4-4所示。

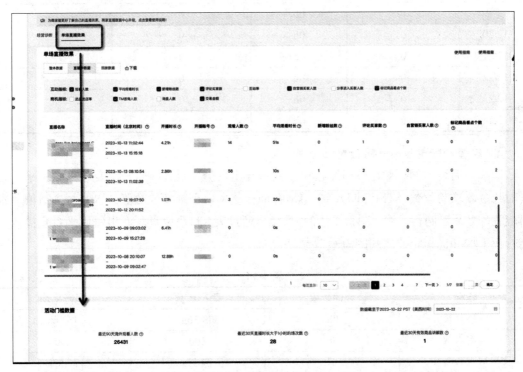

图 4-4

⑪ **违规**

如果因为违规直播被关停，则单场直播数据清零。

备注：平台数据统计和展示规则会伴随平台变化而做相关调整，应以平台最新规则为主。

6. 核心数据统计表

（1）国际站后台数据统计表

阿里巴巴国际站后台各项直播数据目前支持按周筛选进行查看，为了方便数据统计，后台支持下载功能，企业可以以周为单位进行筛选，导出不同数据统计表，使用线下表格进行相关数据的累计记录、追踪查看、汇总分析，从而对各项数据指标进行周期性统计，扩大底层数据池，以便于发现直播中存在的问题并思考有效的提升方式，也能通过数据分析不断优化直播策略，提升直播效果。

① 经营诊断看板——直播效果分析数据导出

国际站后台"直播效果分析"板块虽然是按周进行数据筛选，但是导出后会显示所选周每日的直播数据情况，包含TM咨询人数、开播时长、单小时观看人数、TM咨询转化率四个维度的数值，如表4-10所示。

表 4-10

日期	TM 咨询人数	开播时长	单小时观看人数	TM 咨询转化率
12/18	0	0h	0	-
12/19	0	0h	0	-
12/20	0	0h	0	-
12/21	0	0h	0	-
12/22	0	0h	0	-
12/23	0	0h	0	-
12/24	0	0h	0	-

② 经营诊断看板——同行对比分析

国际站后台"同行对比分析"板块的数据导出后会显示开播时长、观看人数、平均观看时长、新增粉丝数、TM咨询人数、TM咨询转化率六个维度的数值，以及每个数值分别对应我的效果、同行优秀、同行平均3种群体。通过表4-11可以直观看出每周平台直播效果与行业平均和优秀企业之间的差距情况。

表 4-11

指标	我的效果	同行优秀	同行平均
开播时长	0h	43.36h	43.36h
观看人数	0	200	200
平均观看时长	0s	27.57s	27.57s
新增粉丝数	0	3	3
TM 咨询人数	0	11	11
TM 咨询转化率	-	5.5%	5.5%

③ 经营诊断看板——开播账号数据对比

国际站后台开播账号对比板块导出的数据表格，会显示平台所选周内不同账号的直播数据情况。通过开播时长、观看人数、平均观看时长、新增粉丝数、TM咨询人数、TM咨询转化率、自营销用户人数、标记商品看点个数八个维度进行数据展示，如表4-12所示。一般来说，不同账号即对应不同的主播人员，通过不同账号之间的数据对比分析，能进一步对比出不同直播人员之间的差异，剖析直播数据好的账号总体的直播过程，从中提炼出好的方法在团队内进行复制。

表 4-12

账号	开播时长	观看人数	平均观看时长	新增粉丝数	TM 咨询人数	TM 咨询转化率	自营销用户人数	标记商品看点个数
001	0h	0	0s	0	0	-	0	0
002	0h	0	0s	0	0	-	0	0
003	0h	0	0s	0	0	-	0	0
004	0h	0	0s	0	0	-	0	0

④ 单场直播效果数据导出

通过单场直播效果数据处导出表格，如表4-13所示，会显示每一场直播对应勾选的数据维度的数值，包含互动指标和商机指标两个类目下的不同指标数值，便于知晓每场直播的数据效果。

表 4-13

直播名称	直播时间（北京时间）	开播时长	开播账号	观看人数	平均观看时长	新增粉丝数	评论买家数	互动率	进品进店率	TM咨询人数	询盘人数	自营销买家人数	分享进入买家人数	标记商品看点个数
		1.01h	8	8s	0	0	0.0%	0.0%	0	0	0	0	0
		1.16h	7	5s	0	0	0.0%	0.0%	0	0	0	0	0
		1.23h	4	12s	0	0	0.0%	0.0%	0	0	0	0	1
		0.49h	0	0s	0	0	0.0%	0.0%	0	0	0	0	0
		0.01h	0	0s	0	0	0.0%	0.0%	0	0	0	0	0
		1.51h	14	5s	0	0	0.0%	0.0%	0	0	0	0	1
		0.88h	7	4s	0	0	0.0%	0.0%	0	0	0	0	0
		0.67h	4	2s	0	0	0.0%	0.0%	0	0	0	0	0
		1.02h	1	47s	0	1	100.0%	0.0%	1	0	0	0	0
		2.32h	3	1s	0	0	0.0%	0.0%	0	0	0	0	0
		0.19h	0	0s	0	0	0.0%	0.0%	0	0	0	0	0
		0.01h	0	0s	0	0	0.0%	0.0%	0	0	0	0	0
		1.67h	1	30s	0	0	0.0%	0.0%	0	0	0	0	0

（2）直播数据汇总统计表

国际站后台导出的数据表格是基于不同的分析板块单独形成的表格，但实际上数据存在重叠性，只是比较对象可以是基于不同直播账号之间，也可以基于不同场次之间。对于平台运营者来说，除了平台本身的数据看板，也要有自己的"数据仪表盘"，对平台上的数据进行周期记录且具备重新组合统计的能力。

如表4-14所示，国际站直播数据总览表将平台呈现的有关直播数据做了汇总，与平台周统计维度一致，按周记录整个平台的直播数据，并且按照大致的周期求和出单月数据。通过这份表格，能够详细记录企业国际站平台的直播数据明细，观察到直播的整体效果，还能通过折线图等表格统计形式，结合所要分析的指标以及对应的时间周期呈现出效果变化图，快速了解到平台直播效果处于上升状态还是下降状态；直播发展过程中的拐点、转折点在哪里；通过深入分析发展阶段中具体采用的策略，识别出推动变化的关键因素，就可以扬长避短，针对性地找到解决方案，从而提升直播效率。

表 4-14

国际站直播数据总览表									
时间	开播时长	单小时观看人数	观看人数	平均观看时长	新增粉丝数	TM 咨询人数	TM 咨询转化率	自营销用户人数	标记商品看点个数
12 月 4 日～12 月 10 日									
12 月 11 日～12 月 17 日									
12 月 18 日～12 月 24 日									
12 月 25 日～12 月 31 日									
12 月数据									

第 2 节 数据分析与提升

在展开具体的直播重点内容复盘之前，先来了解一下复盘四部曲，如图4-5所示。

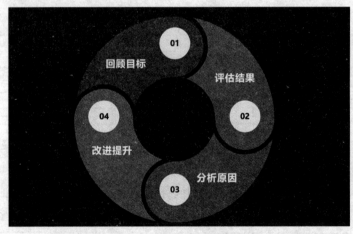

图 4-5

1. 回顾目标

在实际直播中，永远都要带着目标做直播。对于目标的理解可以分成两个维度：一方面，这里的直播目标指的是本场直播的功能性目的是什么。单场直播的目的可以是涨粉、提升销量、主播实习、增加观看人数、提升平均观看时长、新增粉丝关注、提高转化率等；另一方面，直播的目标还可以是具体的量化目标，比如销量提升多少金额，转化率提高几个百分点等。量化目标可以基于行业的平均水平或优秀水平来制定，也可以基于平台本身的发展情况来制定。不管是基于哪一个维度，每一场直播都须坚持目标导向。

2. 评估结果

评估结果需要将实际的直播结果和原定的目标进行对比和记录，看完成的情况如何。

（1）结果高于预期

如果直播的结果高于直播前制定的目标值，则复盘的重点在于找出本场直播中相较于过往不同的地方，并逐一进行分析，剖析出最优点，在之后的直播中继续发扬。

（2）结果低于预期

如果直播的结果低于直播前制定的目标值，则复盘的重点在于找出拉低直播效果的影响因素，从而进行有针对性的提升。

3. 分析原因

对直播的结果进行评估之后，就要重点分析没达成目标的具体原因是什么、做得好的原因又是什么，把影响直播结果的因素——进行分析，并提炼出最核心的影响因素。

4. 改进提升

改进提升是整个直播复盘中的核心环节，复盘的本质不仅在于找出问题，更在于如何立足当前，使优势得以强化，将不足通过优化从而转变为优势。整理方案需要两方面做支撑：首先，需要通过分析直播结果与目标之间的差异以及各项直播数据，找出当下存在的不足和问题；其次，需要了解这些问题的影响因素有哪些，以及影响程度大小如何。只有发现问题，并且了解问题的影响因素，才能逐一排查，总结出最终的提升方案。

复盘是直播结束后至关重要的一步，好的复盘会带来直播质量的快速提升。

（1）重点数据项分析

在上一节里，可以了解到有关国际站直播的各项数据及其背后的含义。了解数据、记录数据很重要，理解数据背后的含义、借助数据找出问题并优化提升方案则更重要。因此，本节将结合几项重点数据，进行重点分析，在学会看数据的同时，掌握分析数据的能力。

在分析具体的数据前，先盘点一下影响直播数据指标的因素分别有哪些。表4-15中罗列了国际站后台能够导出的各项直播数据指标，以及与其相关的影响因素。

表4-15

数据指标	影响因素
观看人数	直播间风格、直播内容、主播、商品专业性展示
平均观看时长	主播表现力、控场节奏、话术、优惠福利、互动性
评论用户数	互动性、提醒用户跟进
互动率	互动话术、主播控场能力、直播内容、直播趣味性

（续表）

数据指标	影响因素
直播间的用户人数	直播间标题、文案、直播宣传预告、商品吸引力
标记商品看点个数	选品、排品、商品介绍话术、优惠力度
新增粉丝量	主播表现力、专业性、互动性
进品进店率	选品、商品组合、商品单价、控场节奏、催单话术
TM 咨询人数	商品价格、功能介绍、主播催单能力、商品话术、优惠力度
TM 咨询转化率	销售能力、跟进转化能力

当了解了国际站直播数据的相关影响因素后，不妨总结并提炼出几个在直播中可能存在的、相对典型的数据复盘情况，通过对这些情况的分析来加强对直播数据的理解，提高分析优化的能力。

① 观看人数少

观看人数是某场直播中的进场人数，仅针对海外IP地址。如果是国内为刷评论的而进入直播间的人数，则不会记录到平台数据中。观看人数少可能是因为直播预热的力度不够，导致很多用户不知道开播。直播预热的目的除了吸引新用户，也要更好地引导老用户进行复购。此外，还可以在直播前通过邮件、SNS等其他站外渠道去引导用户对直播进行关注。

与此同时，观看人数也跟直播间的标记讲解以及直播内容有一定的关联性，所以把标记讲解做好并提升直播内容也是非常重要的。

② 平均观看时长短

如果一场直播下来，数据显示用户平均观看的时长偏短，则要分析本场直播中主播的总体表现如何，如主播的妆容、着装是否得体；主播介绍商品时是否专业、流畅；主播与用户之间的互动性话术是否到位等。国际站是跨境B2B的平台，虽然对于主播本人的外形、人设等没有B2C的平台要求那么高，但是更看重主播的专业性。直播过程中主播的英语是否流畅、准确，对于商品的介绍是否专业，主播整体展现的风格是否值得信赖等，都会影响用户在直播间的停留时间。因此，建议通过多维度比较的方式对数据进行分析，较为常见的是横向比较和纵向比较这两种方式。

横向比较：在分析主播这一因素的时候，想要获得更为准确的判断，需要对比平台其他的直播数据情况。如果在直播条件没有变化的情况下，该主播比其他主播直播的效果要更差一些，说明问题更多地出自主播本人，因此，可从主播自身的各个细节和维度进行分析。

纵向比较：当排除主播个人因素对本场直播的影响力时，还可以通过纵向对比的方式对该主播多场直播的数据进行分析。如果在纵向对比的过程中，主播在本场直播中的表现与过往相比没有明显的变化，但用户的平均观看时长却偏短，那么就可以考虑是其他的因素而非主播本人导致直播效果变差。比如，本场直播的时间节奏是否产生变化，跟往期直播数据最好的时候进行对比，是过快还是过慢；还可以剖析本场使用的直播话术是否有所变化，包括商品介绍话术和直播间互动话术等。如果有区别，就可以分析话术变化是否影响了直播效果，是趣味性变弱、催单性太强，还是直播节奏没有起伏等。最后，还可以分析本场直播中送福利的频率是否偏低，节奏是否不够激昂，福利力度是否偏小等因素。通过逐一分析并排除这些因素后，即可得出更加有价值的数据分析结果。

③ 互动性差，粉丝新增少

国际站直播的互动率包括用户在直播间内的关注、评论及点击获取目录等行为。如果某场直播的观看人数和停留时长表现良好，但互动性欠佳，则需重点聚焦于互动率的提升。比如检查主播互动性话术运用得是否得当，主播是否根据用户群体画像精准地选择话术，以及主播在直播时引导用户关注的频次是否足够等。

此外，对比分析不同主播的风格差异对涨粉效果的影响同样不可忽视。通过借鉴涨粉迅速的主播类型并加以复制，但同时需额外关注粉丝的质量，确保所吸引的粉丝群体与目标画像高度匹配。在B2B直播场景下，粉丝往往数量较少但质量较高。但在B2C的直播中，粉丝群体则更为庞大且分散，评估粉丝质量时难度更大，更侧重于数量的积累。然而，无论B2B还是B2C平台直播，最终的目标都是提升粉丝的购买力及促成订单成交额，因此，在粉丝量达到一定规模后，还需深入分析粉丝的购买力。

④ 进店率低、咨询人数少、咨询转化率低

B2B直播与B2C直播在订单转化节奏上存在显著差异。B2B直播旨在吸引更多潜在客户，借助直观的直播形式，帮助海外用户跨越地域障碍，直观了解商品质量、功能以及企业的生产实力，进而提升企业的认知度和信任度。通常，进店率和咨询率能反映出用户对商品的兴趣程度。如果直播间在观看人数、时长及互动率等方面表现正常，但进店率和咨询率却偏低，即用户愿意观看直播却不愿购买，这背后可能有两方面原因：一是直播内容所吸引的观众并非真正的潜在用户；二是尽管吸引到了潜在用户，但商品未能激发他们的购买欲望。综合这两点分析，说明直播内容需要进行相应的优化调整。

首先，直播内容从标题、文案到预告，是否精准击中了潜在用户的痛点或需求点，这直接关系到所吸引观众的精准度。其次，直播过程中，对于商品优势及增值服务的展示是否充分到位至关重要。鉴于平台上众多同行均在直播推广同类商品，用户面临的选择极为丰富，因此，要脱颖而出，就必须着重展现商品的差异化特性和服务的独特优势。迅速通过直播传达商品特色及企业实力，对于用户快速认知商品并对企业产生信任具有关键作用。

企业实力能够通过创新的商品展示方式得以彰显。例如，当其他企业普遍选择在直播间进行直播时，某家企业却选择直接在仓库或工厂车间进行直播；又如，其他直播通常采取常规的展示手法，而某家企业则在商品展示中融入了中国文化元素和场景剧情，这些独特的展示策略均能有效实现差异化；还如，位于山东青岛的一家假发企业，通过在直播中穿插中国传统民乐表演等创新方式，为直播间赢得了大量关注，进而促进了订单的转化。

此外，通过策划商品优惠促销活动可以有效激发用户的购买意愿，而优惠策略的制定同样需注重差异化。例如，考虑到平台流量往往需要付费获取，将部分流量购买成本转化为直播间的促销优惠，不失为一种高效的流量吸引手段。同时，在促销形式上，无论是单品促销、组合品促销，还是累积消费达到一定金额的促销等，都是值得尝试的策略，旨在更灵活地满足不同用户的需求，提升购买转化率。

（2）用户反馈情况分析

针对国际站直播复盘，除了重点分析直播数据外，在直播中客户的真实反馈也是非常重要的模块。针对客户反馈可以统计分析为以下几点：

① 直播间哪一款商品用户评论提问最多

直播过程中，用户提问最为频繁的商品往往是他们最感兴趣的，而这一数据平台不会自动生成。因此，需要直播运营团队在直播时密切关注用户反馈相关的数据，进行重点记录，并将这些数据作为后续复盘分析的重要参考依据。

② 直播间用户 FAQ

在直播过程中及直播后的客户跟进阶段，用户会提出诸多关于商品及企业的问题。企业应全面收集并整理这些常见问题，制定专业且统一的回复话术，形成一份标准化的直播间客户跟进FAQ（Frequently Asked Questions，常见问题）。此举能显著提升直播间用户的跟进效率和转化率。同时，通过对用户问题的持续收集与分析，还能推动直播话术的不断优化，使主播能够采用更加贴近用户需求、更易于吸引用户注意的话术，从而进一步提升直播的效果。

③ 询盘中直播间用户来源占比

在国际站上发起询盘的用户多为潜在用户，他们对商品表现出浓厚兴趣才会采取这一行动，尽管偶尔会存在无效询盘的情况。对询盘数据进行分析，尤其是整理出询盘中究竟有多少是来自直播间用户，以及最终成交订单中是否有通过直播间转化的用户，这些对于直播复盘至关重要。因为这些用户正是企业真正想要吸引的目标群体。通过与他们的沟通交流，可以勾勒出这类用户的精准画像，进而反向推导出针对这类用户的直播间优化策略，包括但不限于选择何种类型的主播、采用何种直播风格、如何设计直播话术、如何掌控直播节奏感、如何进行商品选品与排序、在商品介绍中应突出哪些重点信息等。

（3）直播中遇到的其他问题点分析

直播前即便做了充足的准备工作，在直播过程中也有可能出现各种突发情况，需要在直播复盘中对这些情况进行综合分析。

① 直播设备是否正常运行

直播需要多种设备的有效支撑以确保直播效果的完美呈现。诸如灯光不足、相机因电量耗尽而意外关机、网络信号不佳导致的直播卡顿等，都是直播过程中可能遭遇的突发状况。在复盘过程中，这些状况需要被特别关注，以便采取有效措施预防未来再次发生类似的问题。

② 主播的表现

主播在一场直播中承担着最为核心的职责，主播表现的好坏直接决定了本场直播的最终效果，因此主播也是复盘的重点对象。除了通过对数据情况的反推来分析主播的表现，还有以下问题是数据之外需要复盘的。

- 主播在直播时忘词：主播一般会提前写好直播话术，以防出现直播中忘词的情况。如果真的忘词，需要主播有较强的临场反应能力；如果出现卡顿，让用户明显地感受到主播忘词，就算比较严重的直播事故，也会带来用户对主播专业度的质疑。
- 主播背词痕迹明显：主播的语言表达能力至关重要，虽然国际站是B2B平台，直播节奏不需要像B2C平台那么快，但如果主播表现力欠缺，背词痕迹明显，不够自然，就会影响直播的最终效果。
- 主播表达感染力不足：直播归根结底是一场销售行为，用户是否能通过直播产生对商品的购买欲望，很大程度上是由主播决定的。因此，主播能否通过肢体语言、语气词的渲染、不断重复下单引导话术等方式来激起用户的购买欲望并形成消费是非常重要的。
- 主播对商品熟悉度不够：如果主播对商品的材质、功能、认证标准、生产周期、发货周期、起订量等内容不能熟练掌握，导致在直播过程中无法准确流畅地对商品进行相关介绍，必然导致直播间流量的流失，重则会对企业的品牌形象带来负面影响。

③ **人员配合度**

一场成功的直播离不开多方人员的紧密协作。当主播在镜头前介绍产品时，需要运营团队和中控台工作人员的默契配合。例如，若主播准备更换产品介绍时，助理未能迅速响应并完成换品操作，将会打乱直播间的节奏，影响观众的体验。同样，当主播宣布商品优惠促销时，若后台运营人员未能及时将优惠内容上架，也会干扰主播的直播流程，使直播间显得混乱无序，最终影响直播的整体效果。

- 主播：主播需要从直播的状态出发，对直播脚本和直播话术、控场能力等方面进行总结。当然也可以结合直播间的实时监测数据一起进行总结。
- 带货转化率：带货转化率是反映直播间用户购买力和主播带货能力的重要指标，按不同平台的数据情况定出几个标准线，比如带货转化率为1%为及格，3%为优秀。
- 运营：运营需要重点关注视频发布、投流时机、投放目标、投放效果等方面。
- 场控：场控需要关注整个流程设置，选品、排品、视觉效果，以及各种重要数据等。
- 助理：助理主要是对后台操作配合进行总结，包括上下架商品、库存核对、活动优惠设置等。

除了每个角色进行自己职责范围内的复盘，还需要整个团队一起开会复盘，共同讨论整体配合中出现的问题；同时，对直播间的粉丝提出的问题进行汇总，再根据问题共同对直播话术等方面进行优化。

为预防直播间问题的出现，除了强化直播前的多次演练和充分准备之外，增加直播场次，通过不断的实践锻炼来提升熟练度和团队协作能力也极为关键。实践是检验真理的唯一标准，无论是为了拓展更多流量，还是为了优化直播效果，都需要持续进行实践尝试。首先要勇于迈出直播的第一步，克服恐惧心理，然后再通过反复练习和坚持不懈的努力，终将带来直播效果的显著提升。

第 3 节　直播后持续跟进

一场直播结束，不代表一切都已结束。对于B2B平台而言，用户往往不会直接在线下单，而是需要经过一系列咨询与沟通后才能达成交易，因此，直播后的持续跟进显得尤为重要。在直播过程中，主播应积极引导用户关注店铺，成为忠实粉丝，并鼓励用户发起TM咨询等互动行为，这些举措有助于后续的用户运营与维护，进而构建长期稳定的客户关系。

在跟进之前，还有一项重要内容是"用户背调"，只有了解用户，才能更好地跟进用户。如何进行用户背景调查，有四种路径和方法可加以使用，如图4-6所示。

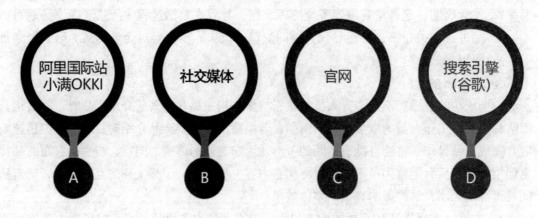

图 4-6

通过不同渠道背调用户信息，获取用户更多的联系方式，全方位跟进用户，增加用户的黏性与信任感。

对用户有更多的了解后，就可以通过以下几个维度对用户进行持续的跟进和转化。

1. 线上持续营销

（1）直播视频片段营销

在直播结束后，可以进一步对用户进行商品和企业营销，将过往直播中商品讲解回放的片段进行重新剪辑、制作后发送给用户，让用户能重温商品的特点以及企业的实力，促成用户下单决策。某企业将直播讲解回放片段二次营销给客户，如图4-7所示。

图 4-7

（2）EDM 邮件营销

EDM邮件营销是一种通过电子邮件给目标用户发送有关商品信息的营销方式。针对直播间引来的用户资源，可以设计定制化的营销内容，结合直播间的商品以及促销活动等，通过邮件方式做二次强调，激发用户的购买欲望，缩短采购决策周期。

（3）平台短视频营销

虽然平台短视频发布端口不能定向对直播用户进行视频营销，但是短视频依然是不可忽视的宣传渠道，可以把直播花絮、片段、用户互动、用户成交等元素进行二次剪辑，作为宣传素材进行视频发布，吸引更多的粉丝，为后续的直播引流。

（4）更新社交媒体

除了国际站本身的平台功能，企业还可以通过社交媒体等渠道更新相关信息，保持与用户的互动，传递品牌理念，为下一次直播积累更多的关注度。

2. 用户回访跟进

（1）发送感谢邮件

直播结束后，为了给用户一个好的体验感，可以通过邮件的方式给参与直播的用户发送感谢邮件，感谢他们对店铺的关注和支持，同时再次强调商品的优势和独特之处。

（2）关怀慰问

即便用户未立即实现快速成交，对于B2B平台的业务而言，持续且细致地跟进用户是不可或缺的。尽管海外与国内在文化习俗上存在差异，但真诚的情感是跨越国界的共鸣。通过融入潜在用户所在国家及地区的民俗文化，在特定节日里表达关怀与温暖，能够有效拉近与用户的心理距离，增强用户的信任感，最终为促成交易创造有利条件。

（3）新品、福利等预告

通过直播间进行TM咨询、关注店铺的用户，通常是对直播商品感兴趣、符合其采购需求，并对商家实力有一定认可及信任度的潜在用户。鉴于B端采购决策周期相对较长，不应因用户暂未成交而放弃跟进。相反，应持续向这些用户推送商品信息，特别是在新品上架、商品组合更新或有促销福利活动时，需第一时间通知潜在用户，以保持其兴趣与热情。通过不断提供新鲜内容，可促使用户加快采购决策。对于已成交的用户，亦需持续开展营销活动，旨在进一步提升其复购率及转介绍率。

（4）售后服务

当用户完成购买后，企业必须提供良好的售后服务，第一时间解答用户提出的问题，确保他们对商品的满意度，为建立品牌的口碑奠定基础。

3. 系列直播预告

直播预告是至关重要的一环，其精准度直接决定直播间的观看人数。有效的预告能显著提升直播效果，反之则会使效果大打折扣。对于直播间新增的粉丝，他们是重点预告对象，应及时向他们传达新一期直播的信息，以吸引他们多次观看直播。这不仅有利于企业形象的深入人心和宣传，还能促进更多成交，同时推动未来每场直播的观看人数持续增长，最终吸引更多新流量，不断扩大直播的潜在用户群体。

4. 用户资源整合

随着直播场次的增加和每场直播吸引用户的增多，有效整合并管理用户资源变得愈发关键。为此，企业可以编制一份详尽的用户资源统计表。例如，某企业的一名外贸业务员通过如表4-16所示的复盘表格，详细记录了每场直播的成果以及由此产生的用户成交情况，以实现对用户资源的精准把控。

表 4-16

询盘复盘				直播后台数据复盘				
直播间内获得询盘	垃圾询盘	重点询盘	其他有效询盘	美西时间	中国时间	观看人数	点赞人数	评论次数
25	5	3	17			242	198	50
重点客户名称	国家	邮箱/电话	产品	是否已经付款	成交金额	订单类型（样板/大货）	要求发货时间	是否好评
XX	美国	XX	XX					
自我总结	今天是5.18第三场直播，时间选择美西周日较晚时间段，观看人数不够多，估计跟周一上早班有关							
自我评分	目标	结果	改进方面				优点	
8	XX	互动买家数不错 有重点客户产生	利益点可以多多透传，吸引买家，直播表情需要加强				互动还不错 能吸引买家停留观看	

　　直播间用户资源的整合应当自初始阶段就进行详细记录。在国际站的直播中，不仅能查看用户层级及本场直播的总观看人次，还能实时追踪在线用户数量及用户的具体在线状态。图4-8展示了国际站直播间的界面示例。

图 4-8

　　直播商家可以通过用户进场通知区域看到新进来直播间的用户的相关信息，用户信息主要包含了以下内容。

- 用户国籍。
- 用户姓名。

- 用户标签：包括新客、询盘、订单用户和粉丝。
- 用户进入直播间的来源：来自旺铺、商品详情页面或者是某活动会场等。主播查看用户信息后，可以在直播间内加强与用户之间的互动，提高用户停留时长，从而提升转化率。

APP端显示用户信息，如图4-9所示。

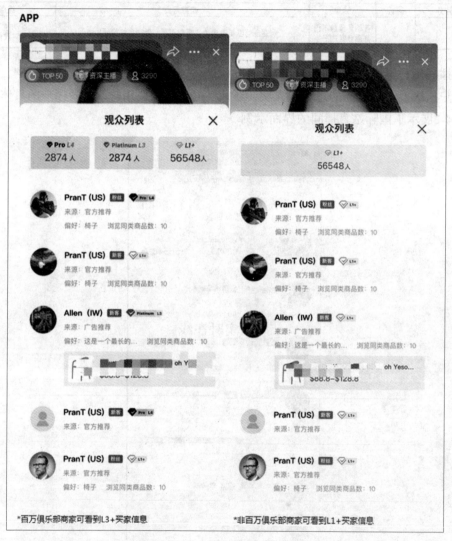

图 4-9

中控台显示用户信息，如图4-10所示。

图 4-10

OBS端显示用户信息，如图4-11所示。

图 4-11

当直播间没有新进的用户时，商家可以发送名片或商品目录，在用户接收之后就能进行进一步的沟通。需要注意的是，只有当用户在直播间的时候才可以发送名片或商品目录，因此商家一定要及时发送，且只能选择其一进行发送。如果有用户回复就可以进一步沟通，且把这部分用户信息进行统计记录；同时，发起TM咨询的用户同样也是潜在用户，通过任一能获知用户信息及能跟用户进行进一步沟通的渠道全部串联起来，整合全部的用户信息，形成直播间用户统计跟进记录表，如表4-17所示。

表 4-17

直播间用户统计跟进记录表													
客户名称	国家	邮箱/电话	商品	直播场次	首次沟通时间	二次跟进时间	三次跟进时间	是否成交	成交时间	成交金额	订单类型（样板/大货）	要求发货时间	是否好评	跟进—成交周期
XX	美国	XX		XX										

长此以往，可以通过用户的长期追踪，统计直播间成交率，进一步筛选出高质量的用户画像，从而设计出更优质的直播策略，吸引更多的潜在用户。

总之，无论是采用哪种用户跟进方式，贵在坚持。有外贸企业数据统计显示，约80%的订单都来自跟进10次以上的用户，尤其是B2B贸易，必须足够坚持，才能赢得结果。

【知识与技能训练】

一、单选题

1. 阿里巴巴国际站后台直播数据通过以下哪个端口查看？（　）

    A. 媒体中心　　　　B. 营销中心　　　　　　C. 数据参谋　　　　　D. 商机沟通

2. 阿里巴巴国际站直播数据是直播结束后几天的数据？（　）

    A. T+1　　　　　　B. T+2　　　　　　　　C. T+3　　　　　　　D. T+4

3. 在"经营诊断"数据板块，看不到以下哪项数据？（　）

    A. TM咨询人数　　　　　　　　　　　　B. 进品进店率

    C. 新增粉丝数　　　　　　　　　　　　　D. 标记商品看点个数

4. 在同行对比分析中，默认选择几天的数据进行对比分析？（　）

    A. 3天　　　　　　B. 5天　　　　　　　　C. 7天　　　　　　　D. 10天

5. 在单场直播数据效果中，除了互动指标，还能看以下哪个数据指标？（　）

    A. 订单指标　　　　B. 粉丝指标　　　　　　C. 商家指标　　　　　D. 商机指标

6. 如果商家从北京时间5月21日12点开始直播，一直到5月22日1点结束，请问该场直播日期属于哪一天？（　）

    A. 5月20日　　　　B. 5月21日　　　　　　C. 5月22日　　　　　D. 5月23日

7. TM咨询人数统计范围不包括以下哪个状态的？（　）

    A. 直播预告　　　　B. 直播中　　　　　　　C. 直播回放　　　　　D. 邮件中

二、多选题

1. 直播效果分析板块我们能看到哪几项数据？（　　）
   A. TM 咨询转化率
   B. 平均观看时长
   C. 开播时长
   D. TM 咨询人数

2. 以下哪几点属于直播复盘四部曲？（　　）
   A. 改进提升　　　B. 评估结果　　　C. 回顾目标　　　D. 找出问题

3. 如果直播间平均观看时长偏短，可能跟以下什么因素有关？（　　）
   A. 主播表现力　　B. 直播话术　　　C. 优惠福利　　　D. 直播预告

4. 直播后以下哪些方式可以点对点跟进直播间里的用户？（　　）
   A. EDM 营销
   B. 短视频
   C. TM 沟通
   D. 发送名片或者目录

5. 用户背调可采取以下哪几种方式？（　　）
   A. 阿里国际站小满 OKKI　　B. 官网　　C. 搜索引擎　　　D. 社交媒体

【职业技能综合实训】

观看一场国际站直播，结合本章知识点，整理一份直播复盘方案，完成实训方案1个。

【匠心钥匙】

斩获亿元大单，跨境直播如何助推企业成出海佼佼者

"Hello! The device in my hand is our new product and it's 199 dollars. If you are interested in, please contact us."

这不是英语网课，而是跨境直播的现场。

一张普通的卡座、一台直播机，加上一位熟练使用英语的"跨境主播"便组成这场面向全球客户的视频直播。不一会儿，这场直播就吸引到了来自美国的客户皮特，他直接在直播间表达了购买意愿，或许一宗跨境交易就在这个小小的直播间里促成了。

当前，全球经济和外贸环境依然复杂严峻，企业正在以高精尖的先进技术、新型销售方式为抓手，开启一条中国制造高质量"出海"的新路径。

开辟跨境直播赛道　实现客户转化

阿里巴巴数据显示，目前全球用户中18～40岁的年轻用户占66%。其中，75%的人会选择通过线上渠道接触供应商；同时，有88%的B2B用户会通过线上的方式直接寻源。

截至目前，平台上已经有超过6万家企业进行过B2B跨境直播。对此，阿里巴巴国际站深圳大区负责人表示，这是因为海外用户非常看重高效、降本提效的寻源方式。

深耕自主研发　解决客户痛点促交易

有了机会和渠道，成功出海斩获订单，还得自身商品与服务过硬。

经过海外客户的对比，深圳某企业出售的工业平板不仅价格只有美国品牌的三分之一，而且中国智造的性能和技术更好。

"我们有13年的成长经验，深耕于工业互联网和工业智能终端，自主设计研发和生产，所以我们的成本控制会相对做得好一些。研发是整个公司的生命和命脉，我们每年对研发的投入都比较大，占20%左右。"深圳市某企业研发总监表示。

从在华强北卖货到创立品牌做自主研发，再到尝试外贸和跨境电商，这家企业在10多年间多次面临危机，却因不断取长补短、思考创新，成为专精特新企业，收获亿元大单，成功蜕变为出海企业中的佼佼者。

在通过电商模式不断快速获客的同时，企业也不断构建自身缺失的能力，通过直播场景留存潜在客户，不断反复地适配客户的需求，达成客户转化。

"我们总认为把商品做好就有订单，却没有太多地真正去适配或者调查终端客户的实际需求，所以这几年通过国际站的渠道，我们不断地在完善、夯实公司实力，包括运营、营销、商品乃至团队组织能力。"企业负责人介绍道。

深圳持续扶植外贸企业　助推中小企业高质量发展

深圳市商务局数据显示，2022年，深圳跨境电商进出口额创历史新高，居省内第一，在全国领先。

深圳企业是海外仓建设的绝对主力，建设运营的海外仓数量超过250个，面积超过280万平方米。在"稳外贸"主旋律下，深圳从政策扶持、资金补贴、市场优化等方面不断加大对外贸企业的扶植力度，也成为众多深圳中小企业实现高质量发展和中国智造出海"圈粉"的"助推器"。

3月17日，深圳市商务局出台《鼓励企业参与跨境电商零售出口阳光化申报试点实施细则》，鼓励和帮助企业合规化走向国际。

深圳市商务局电子商务处副处长表示，后续还将会同相关部门共同研究对阳光化企业实施更便利的措施，落地更大力度的专项支持政策。"通过系统的政策框架加上产业联动形成合力，不断努力创新、加大突破，创造更优的营商环境，帮助更多企业发展壮大。"

（来源：今日头条 2023 年 03 月 23 日）

思政启发：通过以上报道能够深刻感知到，中国智造在中国跨境发展进程中的重要性。企业在研发领域的投入不断增加，不仅仅提高了商品质量，还能有效控制成本，让中国智造的商品更具国际竞争力，真正用商品和服务征服全球采购商。电商平台的渠道完善和政府的政策支持，全方位助力了中国跨境电商的蓬勃发展，彰显了中国国力的不断增强。

模块五 跨境主播孵化

【学习目标】

1．了解跨境主播的基本类型

2．了解跨境主播的来源

【能力要求】

1．掌握具备跨境主播的基本思维

2．掌握跨境主播培养能力类型

【素养提升】

1．了解优秀跨境主播思维

2．了解不同国家之间的文化差异

【知识图谱】

【新闻播报】

近日，临港国际网红直播孵化基地在上海洋山特殊综保区正式启用。越南巴地头顿省委书记等到直播基地参观。

作为集直播、短视频、选品、人才培训、网红打卡为一体的国际电商园区，临港国际网红直播孵化基地包含直播基地、平台仓储、外籍员工公寓等多种功能，其中直播基地一期部署了6个大型直播间、21个直播间内景、15个直播间外景。

该基地聚焦跨境市场，面向"一带一路"国家和地区提供主播孵化、跨境直播等相关业务。

目前，已有近二十名越南网红来到直播基地，面向越南粉丝进行直播带货，到今年年底，直播基地预计将有上百名东南亚主播长期直播，观众也是东南亚观众。"国际网红直播孵化基地令人印象深刻。"越南巴地头顿省委书记表示，基地为越南籍员工提供优良的工作、生活环境，以及广阔的就业机会，相信未来会吸引更多的越南员工来这里工作。中国海关数据显示2012年至2021年我国跨境电商市场规模由2.1万亿元增长至14.2万亿元，增长了5.7倍。成为了稳定外贸的重要力量。

（来源：中国新闻网2023年10月24日）

【思考】

※ 在观看直播时，主播是吸引你的核心因素吗？

※ 你认为跨境主播需要具备哪些素养？

※ 从临港国际网红直播孵化基地的案例中，你能得出哪些结论或看出哪些趋势？

第1节　主播类型和来源

1. 主播类型

从直播内容来看，主播可以分为以下四种类型。

（1）娱乐主播

娱乐主播以"90后"和"00后"居多，按直播内容分为：唱歌主播、聊天主播、舞蹈主播、乐器主播等。

（2）游戏主播

游戏主播按游戏内容可分为：英雄联盟主播、绝地求生主播、永劫无间主播、穿越火线主播、魔兽世界主播等。游戏主播通常是由游戏职业玩家、游戏高端玩家、游戏红人等转型而来。

（3）带货主播

带货主播特指明星、网红、社会名人或公众人物对某一商品有意或无意地进行助销，从而引发该商品的大面积流行、热销；简单来说就是主播在直播的过程中打广告的意思。

（4）其他主播

除了娱乐主播、游戏主播，还有教学主播、美食主播、户外主播、外语主播、财经主播、健身主播、理财主播、二次元主播等。

2. 主播来源

（1）校企合作

通过和企业合作，学校可以向企业输送实习生并进行培养孵化。校企合作的方式非常适合直播基地，这种方式能够帮直播基地招收到大量的实习生并将他们培养成主播，实习生新人培训的总成本相较于专业主播会更低。

（2）内部转岗

企业团队中有一些人员可通过内部转岗转到主播岗位。由于是企业的内部人员，其稳定性与薪资都在可控范围内，但内部人员可选范围较小，并不是所有人员都适合主播岗位。

（3）社会招聘

社会招聘是广泛运用的招聘方式之一。那些活跃在各个直播平台上的、没有签约MCN机构的主播，可以为一些品牌进行活动型直播、品牌塑造型直播等。在招聘主播时，需要观看其之前直播的录屏，观察该主播的直播效果，并请其试播一段，考察实际效果。

（4）机构合作

目前，国内有很多MCN机构专门培养主播，商家和企业可以通过这些机构对接相同类型的主播来进行合作。

各类主播来源的优缺点如表5-1所示。

表 5-1

主播来源	校企合作	内部转岗	社会招聘	机构合作
含义	与各类学校进行合作，由学校直接输送与条件相匹配的实习生进行孵化，培养成为主播	制定岗位调整措施，进行企业人员的内部转岗，将客服、前台、销售等岗位转化为主播岗位	新增岗位需求，通过人事体系进行社会招聘，选用有经验的成熟主播和想要从事主播行业的新人	与各类主播培训机构合作，选择经过培训并且适配自己的主播进行直播
优点	量大、薪资要求低	稳定、薪资合理	成熟、即聘即用	量大、随用随聘
缺点	不稳定、依赖孵化	量小、依赖孵化	水平参差不齐	薪资要求高、不稳定

第2节 培养主播思维

1. 学会掌握节奏

节奏感是主播在直播过程中需要掌握的一项非常重要的技巧。良好的节奏感可以带给观众更好的观看体验。掌握节奏感主要有以下六种技巧。

（1）了解节奏感的重要性

在直播过程中，节奏感是指主播合理安排直播内容、时间和语速，以适应观众的需求。良好的节奏感能够使整场直播更加流畅、有趣，并提高用户的留存率。

（2）合理规划直播内容

要掌握好节奏感，主播需要事先合理规划直播内容。首先，主播需要了解用户的兴趣、爱好和需求，选择适合他们的直播主题。其次，主播应该将直播内容划分为不同的部分，例如引言、主体内容和总结，以确保整场直播有起承转合。合理规划直播内容能够帮助主播更好地把握节奏感。

（3）注意语速和停顿

在直播过程中，主播的语速和停顿也是非常重要的。主播应该根据直播内容的性质和观众的需求来控制语速。一般来说，快节奏的直播内容可以增加紧张感和刺激感，而慢节奏的直播内容可以增加沉浸感和放松感。此外，主播还应该适时停顿，给观众一些"呼吸"的时间，使观众更好地理解并接受直播内容。

（4）运用音乐和音效

音乐和音效是主播掌握节奏感的有力工具。主播通过适当运用音乐和音效，可以改变直播的氛围和节奏。例如，在引言和总结部分可以运用激动人心的音乐，让观众对直播产生期待和兴奋感；在主体内容部分可以运用柔和的音乐，增加观众的关注度和参与感。此外，主播还可以通过音效来增强直播的效果，例如使用笑声或鼓掌声来调整节奏感。

（5）拥有良好的口才和表达能力

良好的口才和表达能力也是主播掌握节奏感的重要因素。主播应该学习如何清晰地表达意思，避免口误和迟疑。主播还可以通过练习，合理运用自己的语速、语言和语调，以更好地与用户进行互动、传达信息和引起用户的共鸣。

（6）积极与观众互动

与观众的互动也是主播掌握节奏感的有效方式。主播可以通过与观众的实时互动，例如回答观众提出的问题或询问观众的意见，来增加直播的活跃度。此外，主播还可以适时切换直播内容和观众的互动，以保持直播的新鲜感和吸引力。

2. 保持真诚态度

在直播的过程中，主播展现真诚的态度是非常重要的，它可以帮助主播拉近与观众之间的距离，提高观众对主播的黏性和忠诚度。展示真诚态度的技巧有以下五个方面。

（1）保持真实性

主播在直播中要真实，观众会通过主播的言谈举止来判断主播的真实性，一旦观众发现主播在夸大其词或者虚假宣传，很可能会对主播失去信任。因此，主播要始终保持真诚的态度，真实地展现自己。

（2）与观众互动

与观众互动是展现真实态度的重要一环。通过与观众的互动，可以让主播更好地了解观众的需求和反馈，从而做出更加有针对性的直播内容和表现形式。同时，让观众感受到主播的真实关怀和友善，也可以增加观众的黏性和忠诚度。

（3）展现多样性

在直播中展现真实的自我，并不意味着主播只能展现单一的方面。相反，主播可以展现自己的多样性，包括兴趣爱好、技能特长等。通过展现多样的自我，可以吸引更多的观众，并使观众对主播有更多的兴趣。然而，在展现多样性的同时，主播要保持自我风格的一致性，让观众能够更好地理解和认知主播。

（4）分享经历与故事

分享经历与故事也是展现主播真实性的一种方式。主播可以分享自己的成长经历、困惑与解决方法等，通过这些故事与观众共情，增加观众的认同感，还能帮助主播进一步拉近与观众之间的距离，让观众更好地了解和认识主播。

（5）反思与改进

每个人都有自己的优点和不足。主播可以通过反思和改进来提高自己的直播能力和形象，不断进步。观众往往会欣赏主播勇于反思和改进的态度，因为这代表着主播的认真和真诚。

3. 学习多种才艺

独特的才艺展示对于主播在直播平台上的成功至关重要。下面介绍四种独特的才艺展示方法，帮助主播吸引更多的观众。

（1）创意表演

创意表演是吸引观众的一种最直接的方式。才艺主播可以通过设计独特的表演形式和内容来吸引观众的注意力。例如，舞台小品、特技表演、艺术创作等。创意表演不仅能够展示主播的才华，还能够给观众带来新鲜感和惊喜感，从而增加观看时长和互动。

（2）多元化才艺展示

主播可以通过展示多种才艺来吸引观众。例如，钢琴演奏、舞蹈表演、歌唱、绘画等。多元化的才艺展示既能够为观众带来全方位的视听享受，又能够提升主播的个人魅力和知名度。

（3）与其他主播合作

与其他主播的合作，不仅可以为观众带来不同的才艺碰撞，也能够拓宽主播的创作思路和表演方向。例如，两位主播可以进行联合表演，互相配合展示才艺。此外，互相推荐和邀请对方进行嘉宾表演也是一种有效的合作方式，可以为观众展现更丰富的内容。

（4）专业知识分享

作为一名主播，不仅要会一些才艺，还需要具备一定的专业知识。主播可以通过分享自己的专业知识，给观众带来有价值的内容，如教授乐器演奏技巧、舞蹈技巧、绘画技巧等。

4. 深挖观众痛点

了解观众需求，深挖观众痛点，让观众清楚认识到自己最缺什么，最需要什么。深挖观众痛点的过程，就是不断追问"为什么"的过程，是更深入、更全面地发现观众"痛点"或"痒点"的过程。近年来，带货主播逐渐崭露头角，他们通过直播平台向观众推销商品，并借助生动有趣的表达、真实的使用体验和专业的推荐，吸引了大批观众的关注。然而，在这个带货主播泛滥的市场中，仅有少数带货主播真正了解观众的需求、准确发现观众的痛点，并为他们提供适合的商品。下面介绍两种提升对观众痛点洞察力的方法。

（1）了解观众需求的重要性

带货主播通过直播平台分享各种商品的优点和特色，为观众提供了更加便利、多元的购物选择。然而，观众需求千差万别，只有真正了解观众，才能更好地满足他们的购物需求。

（2）洞察观众的心理痛点

观众在购物过程中往往会遇到一些痛点，比如商品性能不符合预期、售后服务不到位、价格过高等。带货主播可以通过分析观众的反馈和评价，发现商品存在的问题，并提供相应的解决方案。

5. 深耕垂直领域

垂直领域直播的出现可以看作是直播行业发展的又一个"大事件"。垂直领域可以被理解为是一个被深入挖掘的特定领域，强调专业性、深度性和独特性。此前，直播平台一直朝着更全面的方向发展，而垂直领域直播的兴起则为直播平台带来了对细分和深度挖掘的重视。与泛娱乐直播相比，垂直领域直播的核心在于内容，其卖点也正是内容的独特性。由于垂直领域直播的内容往往是非常独特的，且带有一定的专业性质，因此这种直播形式所吸引的观众也具备相似的特点和属性，从而更加容易把握他们的喜好。垂直领域直播让直播行业拥有了更深入的发展，并且也受到了观众的喜爱。垂直领域直播拥有以下三种优势。

（1）维持观众黏性

垂直深耕的内容大都在某一领域经过长时间的打磨，制作精良，能够有效地避免观众产生视觉疲劳。这样便能持续不断地吸引观众，维持观众的黏性。

（2）吸引观众群体

画面感和话题是垂直细分领域吸引观众的两大主要因素。其中，画面感能够为观众带来视觉上的享受，而话题则是形成互动的基础。

（3）扩大新媒体影响力

垂直深耕的内容很容易使话题发酵，这些话题会成为观众群体中的谈资，还可能引起同行、电视、报纸等的关注。

第3节　提升主播能力

成为一名优秀的跨境主播，应该具备并提升以下九个能力：心态平衡能力、形象管理能力、镜头感知能力、声音操控能力、团队协作能力、专业知识能力、数据分析能力、粉丝运营能力和气氛调节能力。

1. 心态平衡能力

主播作为媒体行业的重要角色，承担着传递信息和娱乐观众的双重责任。在日常工作中，他们面临着巨大的心理压力。为了在这个竞争激烈的行业中保持优势，主播需要提升自我的心态平衡能力，同时学会有效地管理压力。

（1）提升自我心态与情绪管理

主播需要对自己有清晰的认知，了解自己的优点和不足，从而更好地管理自己的情绪。他们需要学会正确地认识自己，接受自己的不完美，并在此基础上持续进行自我反思和提升。自我认知和情绪管理是个人发展中非常重要的能力。通过提高这两方面的能力，可以更好地了解自己、掌控情绪，并在面对挑战和压力时做出更理智、更积极的反应。提高自我认知和情绪管理能力的方法有以下六种。

① 反思与自我观察

了解自己是提高自我认知的第一步。可以通过反思与自我观察来深入了解自己的优点、弱点、价值观和目标。每天抽出一些时间，回顾自己的行为和情绪。可以尝试写个人日志，对自己的行为和情绪进行分析，并思考如何在未来作出更好的选择。

② 接受反馈

从他人的角度看待自己也是增强自我认知的重要方式。我们可以寻求他人的反馈和意见，尤其是来自信任的朋友、家人或导师的反馈，来增强自我认知。接受他人的建议和批评是一种成长的机会，有利于更全面地了解自己的盲点和不足，从而促进个人的成长和改进。

③ 培养情绪智力

情绪智力是指识别、理解和管理情绪的能力。通过培养情绪智力，可以更好地掌控自己的情绪，并更有效地与他人沟通。培养情绪智力的方法包括增强情绪识别的意识（学会识别自己和他人的情绪）、提高情绪调节的能力，以及在面对困难和压力时保持冷静和积极的心态。

④ 学习情绪管理技巧

情绪管理是提高个人情绪智力的关键因素。通过学习和练习一些情绪管理技巧可以有效地控制自己的情绪。例如当感到情绪波动时，可以深吸一口气并缓慢地呼气，同时放松身体。此外，寻找情绪宣泄的方式也很重要，例如参加运动、听音乐或与朋友聊天等。

⑤ 积极思维训练

积极思维是提高自我认知和情绪管理能力的关键。可以通过思维训练来培养积极的心态和乐观的态度。关注自己的积极经历和成就，学会积极地自我对话，避免使用消极的思维模式。同时，与乐观的人保持交往，积极的能量和思维方式会对我们产生积极的影响。

⑥ 寻求专业支持

如果在提升自我认知和学习情绪管理技巧时遇到困难，可以寻求专业的心理咨询师、心理治疗师或生活教练的指导和支持来更好地了解自己、调整情绪并制订适合个人成长的计划。

（2）抗压能力的培养

抗压能力是指面对外界压力与挫折时的抵抗能力。抗压能力的强弱跟一个人的心理素质有关，并会对一个人的生活与工作产生很大的影响。抗压能力越强，越容易适应社会。因此，提高抗压能力是非常重要的。主播们经常在镜头前，面对大量观众的关注和评价，需要具备良好的心理抗压能力，当面对来自外界的各种压力时要保持冷静，并拥有稳定的心态。培养抗压能力主要有以下六个途径。

① 训练主观幸福感

训练主观幸福感旨在培养个人体验快乐、欢欣、知足、自豪、欣喜、感激等愉悦情绪的能力。虽然这些情感体验大多是人们与生俱来的生理反应，但通过幸福感训练，人们可以强化对这些情感体验的强度和持久度。美国心理学家芭芭拉·费里德里克森也发现，体验愉悦心情的人思考问题的角度会更开阔。她认为感觉好不等于没有威胁，它可使人们变得更好，更具有乐观精神和抗压能力，更与他人合得来。她还建议人们通过发现应激中的有意义的事情来提高个人的愉悦情绪体验。此外，幸福感训练还可降低对内疚、耻辱、悲伤、气愤、嫉妒等不愉悦情绪体验的感受强度，以减少生活中的应激状况。

② 训练乐观态度

训练乐观态度旨在培养个人自信乐观、行动自主、表达自如等的特质。心理学界早就在20世纪70年代就将乐观作为一个重要的人格特质来加以研究，并强调经验学习对培养乐观态度的重要性。美国著名心理学家塞利曼（Seligman）的畅销书《学会乐观》（Learned Optimism），讲的就是怎样通过个人努力来提高自身的乐观态度和应激能力。美国著名人格心理学家科斯塔（Costa）和麦克雷（McCrae）认为主观幸福感的决定因素是人格因素。乐观性格的人容易产生正面的情绪，而焦虑性格的人容易产生负面的情绪。所以，训练乐观态度是提高抗压能力的有效手段。

③ 培养认知调整能力

训练认知调整能力旨在培养个人认知调整的能力。它以美国著名心理学家阿尔伯特·艾里斯（Albert Ellis）的ABC理论为基础，强调认知调整对抗压的支配作用。具体地说，ABC理论主张，在诱发事件A（Activating event），个人对此所形成的信念B（Belief）和个人对诱发事件所产生的情绪与行为后果C（Consequence）三者关系中，事件A对后果C只起间接作用，而信念B对后果C则起直接作用。

④ 培养幽默感

幽默感是一种智慧的体现，它能在工作和生活中发挥重要的作用，通过巧妙地运用幽默可能有效化解尴尬和紧张的氛围，从而增进与他人的沟通和理解。

⑤ 培养问题解决能力

训练问题解决能力旨在培养个人克服困难、解决问题的能力。它以应激心理学的理论研究为基础，在"问题专注"应对与"情感专注"应对两个方面提高一个人的抗压能力。其中，问题专注的应对技巧包括迎难而上、自我控制、解决问题、寻求支援、逃离/回避、隔离问题等；情感专注的应对技巧包括找人倾诉、自我压制、自我宣泄、自圆其说、奇迹幻想、放松/冥想练习等，应在实践中不断提高一个人的抗压能力。美国著名文学家爱默生（Emerson）曾言，"逆境有一种科学价值，一个好的学者是不会放过这一大好学习机会的。"它说明，任何的问题解决都可以是一个逆境化解的学习过程。

⑥ 适应能力的培养

主播的工作环境和工作要求常常发生变化，他们需要具备较高的适应能力。通过增加自己的知识储备和技能，主播可以更好地适应行业的发展变化。同时，主播也要学会在新环境中找到适应的节奏，减少自身的焦虑和压力。

首先，要寻求支持与交流的机会。在面对压力时，主播可以积极寻求他人的支持，并与同事、朋友或家人分享自己的困扰、焦虑和压力。这样既可以减轻主播的情绪负担，也可以从他人的建议和经验中获得启发和帮助。

其次，要培养健康的生活方式。主播通常需要长时间保持高度的专注力，这可能对身体和心理产生负面影响。因此，主播需要培养健康的生活方式，包括合理的饮食习惯、充足的睡眠、适当的锻炼等。通过保持身体的健康来应对生活和工作的压力。

最后，要形成应对策略。主播在工作中常常需要应对各种各样的挑战和压力，因此，他们需要根据自己的情况形成有效的应对策略。例如，主播可以通过制订合理的工作计划、优化时间管理、学会放松和自我调节等方式来应对工作压力。

2. 形象管理能力

形象管理能力也就是管理主播外在形象的能力，良好的主播形象可以增加观众对主播的兴趣和记忆点。打造主播的形象管理能力有三个原则：贴合商品、贴合人设及贴合直播主题。主播的形象管理主要有以下四大模块。

（1）妆容

上镜前必须化一套适合的妆容并做一个匹配的发型。美颜滤镜不能取代化妆，美颜滤镜开得太大会影响画面的清晰度，因此建议主播上播前画上适合直播内容的淡妆。化妆要遵守一个原则：妆容要干净清透，不能看起来脏浊。

首先，要准备好直播妆容的画法，选择适合自己风格的妆容，还要考虑直播的场合和主题，如妆容要素凸显、面部特征突出等；注意卫生和清洁，化妆前要保持面部清洁，也要保持手部卫生。其次，要准备好需要使用的化妆品和化妆工具，如粉底、散粉、眼影、口红、化妆刷等，以便快速、方便地进行化妆。同时应注意灯光和镜头，直播镜头和灯光会对化妆效果有很大的影响。最后，要做到随时检查。在直播过程中，要随时检查自己的妆容是否整齐、自然，是否有脱妆的情况，此外，要掌握好时间，尽量避免因为化妆时间过长而耽误其他事情。

（2）发型

- 主播头型大：不宜烫发，可以剪出层次，刘海不宜梳得过于太高，最好能盖住一部分前额。
- 主播头型小：头发要做得蓬松一些，但头发不宜留得过长。
- 主播头型长：两边头发应吹得蓬松，头顶部不要吹得过高。
- 主播头型尖：头型的上部窄，下部宽，不宜剪平头，剪短发烫卷，顶部压平一点。两侧头发向后吹成卷曲状，使头型呈椭圆形。
- 主播头型圆：刘海处可以吹得高一点，两侧头发可向前面吹，但不要遮住面部。

（3）穿戴

在穿戴上应结合直播主题，研究本次直播适合的服装和配饰的搭配。

① 适合场合

不同类型的直播需要穿着不同的衣服。例如，教学直播可以选择正式一点的衣服，娱乐直播可以选择偏时尚、休闲类的衣服。

② 适合季节

根据季节选择合适的衣服，夏天可以选择清凉一些的衣服，冬天可以选择保暖一些的衣服。

③ 风格搭配恰当

根据自身风格和气质选择适合的服装，选择能够突显自己特点和优点的衣服。

④ 颜色搭配恰当

服装应选择适合自己肤色的颜色，并注意不同颜色之间的搭配。在直播间尽量选择浅色系的衣服，能够显得人干净、亲和；黑色、红色、黄色、蓝色都属于反光色，会让脸部曝光，黑色等深沉的颜色还会稍显压抑；如果实在喜欢深色系的，可以选择深咖色、灰色。如果主播是坐着直播，镜头只显示上半身，则建议主播上身穿着符合直播场景色系的衣服。如果主播需要展示舞蹈等相关的动作，建议穿着符合舞种类型的服饰，注意把握好屏幕整体的高度，以最佳的形象展现在画面里。

⑤ 避免过于暴露

避免在直播中穿过于暴露的服装，以免引起不必要的争议和负面评价。要根据主播身材和年龄情况选择适合的直播服装，一般情况下，以简约的、修身的服装为主，避免选择臃肿的服装，缺乏美感。注意女主播的领口不要过低，不能露内衣肩带，过细的肩带也容易导致平台误判，同样也不能大面积地裸露后背。

（4）表情和肢体动作

除了搭配好主播的妆容、发型和穿着穿戴，也要管理好主播的表情。如果主播表情管理缺失会带来诸多困扰。

在表情管理的开始阶段，一方面要减少或避免因为紧张等原因做出一些小动作，如频繁眨眼、吸鼻子、皱眉、斜眼等；另一方面要改善自己呈现不佳的表情，通过录屏练习，在顺利完成直播流程的过程中，寻找自己觉得不好或影响观感的表情，如笑得太大声、说话太用力导致的面目狰狞等。

在表情管理的进阶阶段，可以进行一些小练习，主要包括微笑练习和大笑练习。微笑练习是不露齿微笑，嘴角上扬，保持3～5分钟为一组的练习时间。大笑练习是练习露出牙齿的微笑，幅度不用太大，可以用筷子等工具辅助，保持每天1小时以上的练习时间。同时要寻找属于自己的特色表情，如微笑比露齿笑更美。或是某些夸张的表情，虽然难度较高，但辨识度也很高。还有观众反应热烈的表情，也许不是主播心目中最佳的表情，但是出现这个表情的时候，观众的表现更加活跃。

最后是配合人设，频繁巩固自己的表情，确认好自己的特色表情后，不断丰富和巩固表情呈现，加深记忆点，使个人形象真实立体。比如夸张的表情，可以有商品特别好的夸张，也可以有价格特别低的夸张，做出表情的差异化和丰富度。

与主播形象相关的还有肢体动作及运用。直播中的主播肢体动作，可以起到以下作用：辅助呈现商品、强化视觉、引导焦点。实用的手势：爱心、手指指向、比心等。这些手势主要用于主播与观众互动、感谢观众及引导观众的动作。

用手势强化直播间商品呈现的过程中要注意：多用表达喜爱、感谢等正向情绪的手势，少用容易引起争议的手势，禁用带有侮辱性的手势。

常规的站姿：抬头，头顶平，双目向前平视；双肩放松，稍向下沉；躯干挺直，收腹，挺胸，立腰；双臂放松，双腿并拢立直，双脚跟靠紧，脚尖分开呈60度；男主播站立时，双脚可分开，但是不能超过肩宽；身体重心应在两腿中间，防止重心偏移。站姿也要注意三不要原则：不高低肩、不晃来晃去、不抖腿。

常规的坐姿：正坐，上身挺直，两脚并拢，精神饱满，以不累为原则，至少坐满椅子的2/3，这样既能满足最大限度承受身体重量，也有助于主播的肢体呈现效果。

想要知道主播说话时用什么手势、表情和语气引导观众转化的效果最好，可以通过查看直播回放，结合数据，就能精准分析出主播的最佳引导手势、表情和语气。

3. 镜头感知能力

（1）具有镜头思维

镜头思维是指根据镜头里面出现内容的前后顺序、阴暗高低、大小的不同，所表达的含义也会相应地发生改变。例如，直播间灯光是偏暖色调的，观众就会觉得画面比较温暖；如果灯光是偏冷色调的，观众就会觉得画面比较理性。人们比较关注画面中心的事物，习惯性地忽视了画面边框上的事物。

在直播间要建立起主播镜头思维，要做到以下三个方面：第一人称——中心视角的转换、镜头的近大远小、所见即所得。

① 第一人称——中心视角的转换

主要是指直播过程中以"人的中心"向"物的中心"转换，以及商品呈现和自我呈现，这时要注意角度、光线和远近等带来的差异变化。

② 镜头的近大远小

离镜头越近商品显得越大，在给商品特写时，主播要掌握好物和人离镜头的远近。比如主播本来离镜头比较远，但是为了让粉丝看清楚号牌，可直接把号牌拿到镜头前进行近景展示。

③ 所见即所得

主要是指真实性，也就是说在镜头前看到的商品就是真实的商品。即见即所得有三种属性：时效性、偏差性和聚焦性。

- 时效性：在直播间内讲什么、拿什么、做什么都是具有时效性的。例如展示面料坚韧，可以直接在直播间对面料进行拉扯，同步话术和镜头呈现要高度匹配。
- 偏差性：由于光影的不同，传递到设备的图案和肉眼看到的商品会产生差异，一定要在镜头前直接说清楚。例如，在珠宝类的直播间，部分珠宝乍看很正常，但其实珠宝上存在一个黑点，关于此类珠宝，主播需要在直播间说明该问题，并提醒介意的用户不要拍。
- 聚焦性：由于直播时主播一般都在镜头的中心，用户更多注意力集中在镜头中间的位置，而忽略了四周的事物。因此直播时要把商品聚焦，让用户很清楚地看到商品的细节，而忽略主播。

（2）提升镜头感的四个技巧

直播时镜头感缺失的情况很常见，该如何提升主播的镜头感呢？可以从下面四个角度来不断练习提升。

① 镜头捕捉

镜头捕捉就是在直播前要清楚镜头在哪里、需要呈现在镜头哪些地方、需要和用户面对面沟通，而不是用侧脸或后脑勺和用户沟通。

② 灯光捕捉

不同的直播间配置不同的光影效果；明确灯光的中心，不偏移；了解什么样的灯光配合什么样的主题。

③ 角度捕捉

手机屏是平面的，主播的肢体和脸是立体的，在镜头前的每一帧，拍摄角度要非常准确。

④ 眼神捕捉

主播需要经过反复练习定睛注视法、目标转移法等来解决眼神飘忽、不知道往哪里看的问题。

⑤ 多多复盘

直播过程需要全程录制，主播可以根据整场直播的视频回放及自身表现进行针对性地复盘与提升。

（3）三种手法提升商品的呈现感

主播在镜头前呈现商品感知常用的手法有三大类：使用类商品感知、展示类商品感知、上身类商品感知。

① 使用类商品感知

例如食品类的试吃、3C数码的评测、手工艺品的试用、化妆品的教学等，基本是使用类的商品感知，需要更多地展示商品的使用方式、性能效果等。

② 展示类商品感知

多用于珠宝展示、配饰等直播间，更多为细节展示、功能展示。可充分展示商品的做工、色泽、质地等特点。

③ 上身类商品感知

多为服饰类商品直播间，直接展示商品的版型，展示商品实际上身的效果。

在实际直播过程中要把上面三个商品感知类型进行综合运用，更好地呈现商品感知。比如服装可以还原洗衣的场景、展示面料的质地、穿在身上的效果等。

4. 声音操控能力

直播行业的兴起使越来越多的人加入主播的行列。然而，作为一名优秀的主播，不仅仅要准备好各种话题和内容，还需要掌握声音控制技巧，以保证直播的质量和观众的体验。

（1）音量控制

直播过程中，主播需要时刻注意自己的音量，确保声音清晰、不失真，并且能够被观众听到。需要注意的是，音量不要过大或过小，要适中。如果音量过大，不仅会使观众感到不适，还会导致噪声的问题；音量过小，则会使观众无法听清主播的声音。因此，主播可以通过试听和调节音量来控制自己的声音，以达到最佳效果。

（2）音速控制

在直播过程中，主播需要将自己的语速控制在一个适合的范围内，既要让观众听清每一个词语的发音，又要避免让观众感到拖沓和枯燥。因此，主播可以通过练习和调整语速，使自己的话语流畅自然，也能够引起观众的兴趣和共鸣。

（3）音调控制

主播的音调在一定程度上决定了直播的氛围和情绪。不同的节目和话题需要采用不同的音调，以达到最佳效果。例如，主播在直播心理咨询节目时，可以选择较为柔和与稳定的音调，以传达出安抚的氛围；而在直播激情体育赛事时，可以适当提高音调以增强观众的热情和兴奋。主播可以通过观察和自我调节，找到自己最适合的音调，并在直播中灵活运用。

（4）音色控制

不同的音色会给人们带来不同的感受。主播可以通过调整自己的发声方式来改变自己的音色以适应不同的直播主题和要求。主播可以通过反复练习和尝试，找到最适合自己的音色并运用到直播中。

（5）情感控制

声音是情感的传递者，主播在直播中需要控制好自己的情感表达，以引起观众的共鸣和共情。在直播过程中，主播可以通过语调、语速和音量的变化，将自己的情感与观众进行情感共振，使直播更具感染力和吸引力。

5．团队协作能力

主播需要与团队成员紧密合作，共同完成直播任务；还需要与团队成员保持良好的沟通和协作，确保直播的顺利进行。在团队目标下，主播应对团队利益和协作有共同的认知，具备与他人通力合作、相互沟通、共同解决问题的能力。

能力行为描述：

- 尊重直播团队中的每一位成员，积极配合团队中的其他成员，具备较好的合作精神，态度端正。
- 经常为团队提出有意义、建设性的意见，分享相关或有价值的信息，愿意向团队其他成员学习，互相激励。
- 加强团队成员的合作意识，在团队内部进行信息的交流与共享；当团队目标与利益同个人目标与利益冲突时，能够以团队为先。
- 将团队打造成一个高度配合、互相信任与支持的团队，团队成员彼此紧密配合，充分发挥团队成员的潜能与特长，调动团队成员的工作积极性。

6．专业知识能力

对于主播来说，如何在讲解商品的同时，既能提高商品成交率，又能避免冷场和尬聊是非常重要的，通过以下七个方面，可以激发用户的购买欲，提高自己的专业知识水平。

（1）品牌故事的介绍

品牌故事可以包括品牌创立和发展过程中有意义的事件。它可以是有关品牌创始人的，也可以是品牌发展过程中的重大事件，既能体现品牌理念，加强消费者对品牌的认知，又能增强品牌的吸引力。

（2）商品成分

近几年来大家对商品成分的关注度越来越高，常常愿意为含有某种有效成分的商品而买单。比如含有氨基酸的洗面奶，含有神经酰胺、维生素B的乳液，含有胜肽、维生素C、A醇的精华或面霜。直播的时候可以依照商品成分表，对成分做好充分的功课，以便在直播间内展开详细的介绍。

（3）商品功效

商品功效是消费者非常关注的因素，因此很多主播会花大部分时间用来介绍直播间商品功效，但切记不要夸大或虚假宣传商品功效，否则就有商品下架、直播限流甚至封号的风险，建议以客观公正的口吻进行讲解。

（4）商品展示

商品展示包含商品外观设计、商品质地、使用方法、使用效果、使用技巧分享等。

- 商品外观设计：外在颜值的渲染及商品设计是否方便用户使用。
- 商品质地：护肤品可以展示商品的水润度、吸收程度、延展性等。
- 使用方法：护肤品或化妆品类的商品可进行上脸效果的展示及外观特色的讲解。
- 使用效果：例如粉底、眼影等彩妆类产品可直接展示上妆效果。
- 使用技巧分享：对化妆品使用技巧进行分享，可以一边展示化妆步骤，一边植入商品，能够让观众更加直观地看到商品的使用效果。

（5）使用感受

以化妆品为例，可以分别从使用前皮肤是什么样的状态，使用后皮肤变成什么样的状态来进行讲解，真实地反馈给直播间的观众。

（6）对比市场同类型商品

可选择市场其他同类型商品，分析对比其不同，从而凸显直播间商品的优势。

（7）突出讲解商品核心优势

商品的直播间活动价格、安全有效成分、使用效果等都可以是它的核心优势。由于直播间观众流动性比较大，可以反复介绍商品核心优势，以便照顾到新来直播间的观众。

跨境电商直播中，主播不仅要用英语介绍商品，还要用英语与观众互动，主播成为整个直播过程中的核心。因此，对跨境主播的素质要求很高。主播除了要展现出良好的风貌，还要充分调动观众的兴趣，吸引观众的注意，具备较强的英语表达能力。

在跨境电商直播中，因为观众来自不同的国家，有着不同的文化，存在跨文化差异，这就要求主播具备跨文化交际的能力。因此，跨境电商人才在提高语言表达能力的同时，还要深入了解不同国家的文化。直播的时候也不仅是简单地介绍商品，还要与观众进行互动交流。在全球多元文化背景下，提高跨文化交际能力和培养对文化差异的敏感度显得尤为重要。在跨境电商直播过程中，主播需要提前了解不同国家的文化背景、社会风俗、生活习惯，这样才能有效避免文化冲突，应对各种突发情况。

7. 数据分析能力

当下的直播赛道，除了追求新颖的玩法，更追求对账号的精细化运营，数据分析则是重中之重。数据分析看似复杂，但所有的数据都存在规律，前提是作为一名操盘手，能够从思维上塑造全面的分析模型。

（1）五力模型

在日常数据分析中，对于主播数据层的分析，包含引流能力、留人能力、互动能力、吸粉能力、转化能力五个维度，也可称之为主播的五力模型。这是一套大部分直播间都适用的主播培养工具。

① 引流能力

即主播吸引观众进入直播间的能力，具体数据即直播间进入率。

② 留人能力

即主播吸引观众停留直播间的能力，停留时间越久，留人能力越强，具体数据即直播间停留时长。

③ 互动能力

即主播吸引观众点赞、评论的能力，具体数据即评论率、点赞率。

④ 吸粉能力

即主播吸引观众关注，并且成为粉丝团的能力，具体数据即增粉率、增团率。

⑤ 转化能力

即主播吸引观众在直播间成交的能力，具体数据即点击成交率。

如果是个人直播间，从主播上播日起，即可通过数据化表格记录主播的五大能力指数，分析主播在不同指数的优劣势，每七天为一个周期，不断优化主播的直播间场效。

如果是轮播型直播间，通过小店后台可监控主播，或者运用第三方数据工具的场控功能，监测主播的分时直播记录，即可获取数据下载。

通过不同主播的数据会更真实地发现，不同主播的能力板块完全不同，可以得到不同的优化和运用。

（2）优化和适用

在优化方面，让指数短板的主播向长板的主播看齐，并通过对标学习来优化短板；在运用方面，对于重要场次的直播，可挑选转化能力强的主播驻场，充分发挥不同主播的优势。通过直播间数据分析可以评估一场直播效果的好坏，从而有针对性地进行提升和改进。以下是数据分析后的提升要点。

① 流量差

需要加大引流力度，提高私域流量和公域流量的权重，同时优化终端传达信息，提高流量的精准度。

② 成交低或客单价低

需要提高信任度和商品吸引力，可以通过增强互动、提高商品质量、优化价格策略等方式来提高转化率和客单价。

③ 互动率低

可以通过主播引导增加互动，如发放福袋、组织互动游戏等；还要关注用户的反馈和需求，及时调整策略。

④ 转化差

需要优化选品、比价、卖点描述等方面；也需要关注竞品的情况，了解市场趋势和用户需求，及时调整策略。

⑤ 停留时间过短

需要提高直播内容的吸引力和趣味性，增加互动环节和活动福利等；也需要关注观众的反馈和需求，及时调整策略。

总之，通过数据分析可以更好地了解市场趋势和观众需求，优化直播内容和策略，提高直播的吸引力和转化率；同时，要不断积累经验和数据，及时调整和改进运营方案，才能在竞争激烈的市场中取得更好的成绩。

8. 粉丝运营能力

直播领域"有质量的GMV"是长线的生意。在平台流量高点进行新粉转化、老粉丝召回、精细化营销与用户体验提升，才是长线运营与品牌建设的关键。

（1）新粉转化

对于品牌的新用户而言，主页往往是品牌第一印象的集中呈现。对主页进行设置，让品牌的直播信息和福利一目了然，更容易吸引用户进行关注。各大平台直播间的后台汇聚着平台各项活动的报名位，积极参加各项新活动可有更高的曝光机会，从而获取到更多的流量。

（2）老粉丝召回

在长效经营中，老粉丝的重要性不言而喻。但很多商家会发现，用户黏性的维护在以直播间为中心的成交机制下并不容易。为了创造用户黏性维护空间，下面为大家介绍两种方式。

① 会员招募

例如TikTok，未关注的用户可直接邀请入会，且在入会页面会默认用户自动关注成为粉丝。以会员的利益点（开卡礼、会员专享礼券、积分兑换等）引导沉默粉丝加入会员，让品牌与用户之间建立起新的且更深层次的链接，有利于调动用户的活跃度，助力GMV大幅提升。会员如此重要，那么如何进行会员招募呢？包括直播间植入会员卡，品牌号主页区块与店铺轮播图等。

② 巧用群聊打造"站内私域"

群聊是TikTok中的"私域建设地",商家可以在群聊中进行高活跃用户的触达,从而实现对直播与内容的引流。TikTok企业号后台的私信管理能力可实现对粉丝群进行信息群发,支持文字、图片、视频、卡券等一键发送所有群,并可设置立即发送或定时发送。邀请入会链接与会员专享福利、重点款/上新款宣传视频、群内专享福利卡券、必买商品清单等一键发送,几十个群也能轻松运营。

(3)精细化运营

精细化运营中,用户的形象逐渐发展得标签化、具象化。通过整合商家内部的自有数据,合理利用三方数据源,借助CRM(客户关系管理系统)工具,可做到用户的分层运营。利用人群标签细分人群进行精准营销,针对不同的人群制定和执行策略。

(4)用户体验提升

用户体验提升是当下各大品牌的必修课,为用户提供贴心且需要的服务是提升用户体验、引导自发复购的重要工作。良好的客户体验,可以提升用户的营销转化,并对维护店铺的DSR(商家服务评级系统)评分起到至关重要的作用。据统计,日常进行关怀和服务的客户,大促营销转化率是未提供任何关怀和服务的客户的2倍及以上。

在用户购物全链路的触达节点进行自动化服务(贯穿下单、付款、发货、到达、签收、确认、退款整个交易链路环节)可以有效实现用户体验的提升,轻松增加用户与品牌之间的黏性。

9. 气氛调节能力

直播是一种通过高互动引导销售的行为,观众的正面反馈有利于销量提升,负面反馈会影响出单效果。主播要着力消除负面反馈,避免干扰,放大正向反馈,增加信任,强化好评。主播需考虑进入直播间的观众会不会在直播间停留;停留在直播间的观众会不会发言;会不会转粉在于主播是不是关注到观众的到来和观众是否有存在感,是不是和主播聊得投机;直播间是不是有氛围,直播间内话题有没有吸引到观众等。如果互动不够,就容易冷场,形成尴尬的场面,其原因可能是有部分主播的性格不够开放,造成一时的不适应,更多的主播有心理压力和不懂技巧。

(1)主动开口说话

① 主动说

- 不要太在意别人的想法,在直播中被否定,出现冷场是难免的,不要苛责自己。
- 多做练习,任何技能都需要不断地练习,说话也是如此。把每场直播当作练习,用户依然可能否定或忽视主播的提问,没关系,继续说,提高音量,看着镜头,微笑着,认真说想说的话,多练习几次,情况就会有很大改善。
- 尽量丰富生活经历,做个有趣的人,或者发展几项兴趣爱好,这样在面对不熟悉的人的时候就有话可谈。因为一个人如果对爱好了解得够深入,沟通中就会更有底气，有自信。

② 说什么

- 适合的话题很重要。在每次直播前可以列出一张话题表格，话题间可随时衔接，适合谈的话题包括家乡、工作、旅行、电影、美食、最近读的书、爱好、最近的新闻等。

- 切忌交浅言深。网络毕竟是一个虚拟空间，直播间最重要的是轻松愉快，不要传递负能量，或者分享过于沉重的经历。不适合谈的话题包括政治立场、健康、宗教、过于私密的个人信息等。

- 拒绝谎言，保持应有的真诚。真诚地展现自己，不仅便于观众了解主播，更可以在一定程度上消除虚拟网络带来的陌生与隔阂，利于和用户进一步建立信任。

- 讲能够与观众产生共鸣的故事。主播要对自己在直播间所阐述的内容真正有兴趣，如果主播心不在焉、志不在此，观众自然兴趣寥寥。及时地给予观众互动和反馈，也能让他们感受主播的重视与认真。

③ 如何说

- 语速很重要。语速过慢会让观众失去耐心，语速过快又会让观众感到聒噪。在直播的时候，每句话之间停顿的间隔、什么时候做什么动作手势、什么时候应该带动气氛都可在脚本中标出来。

- 把握好开玩笑的分寸感。幽默也分亲疏远近，直播时不要总是"毒舌""玻璃心"；另外，自嘲是永不过时、怒刷好感的神器。

- 适当的时机使用笑话。直播遭遇尴尬时，能灵活运用大家都听过的搞笑段子来有效化解冷场；也可以多准备几个笑话，穿插在聊天中，活跃直播氛围。

- 多接地气，可以多用比喻，把复杂难懂的概念转化得更加浅显易懂，使用户易于接受和理解。有时直播陷入无人响应的尴尬局面，很可能是用户根本不明白主播到底在说些什么。

- 抓住观众的注意力。多讲故事，少讲道理，即使是讲故事也讲究承前启后，说话要简洁，忽略各种细枝末节，要抓住重点，如果较长时间里都是主播在自说自话，那么每隔一段时间也要有一个有趣的点让观众不会无聊走神。

- 多提问，少评价。用问句来驱动交流，用评价来结束交流。比如说聊到旅游的城市，观众说："我还没去过XX呢！"如果主播接："朋友们，我也没去过XX，那儿有什么好玩的地方啊？"吸引观众介绍一些当地特色和细节，主播就此基础给予适当的互动交流，直播间互动性氛围即可加强。如果主播回复："啊，XX确实有点远！"就会将此话题终结。

（2）常用聊天技巧

在沟通中需要讲究一定的聊天技巧，是否有话题可聊，以什么样的语气语调进行沟通等，都需要掌握一定的方法与技巧。

① 关键字联想法

关键词联想法是通过对方给出的有限内容来展开新的话题。可以从周围的场景里选定一个物品进行回忆，想象相同或者相似的物品，在记忆中搜索。例如，说看到板凳就回想起小时候家里那把木板凳，思考为什么这个类似的物品会出现在记忆里。再回忆，究竟是什么事记忆深刻，把当时的画面重建出来（要在3秒之内做出反应）。

② 讲故事

人与人的对话在很多情况下是通过讲故事来完成的。应该如何讲好一个故事呢？首先应注意的是细节，细节可以让故事更加可信，例如，"我躺在床上，被子都没有盖（细节），然后拿出手机瞄了一眼，我还清楚地记得那时候是凌晨3点15分（细节），接着我翻了一个身……"其次要展示出故事价值，比如通过故事表达出主播的何种优点等。再次是故事起伏，故事不能过于平淡地叙述，要有情节设计，高低起伏的故事节奏。最后注入感情，一个好的故事需要富有情感的叙述方式，对故事内容进行升华。

③ 多说礼貌语、感谢语

在直播过程中，主播要尊重直播间的观众，让观众在直播间收获舒适的体验感，从而愿意在直播间多做停留，进而转化为粉丝。当观众进入直播间时，可以礼貌欢迎："欢迎XX来到我的直播间。"当观众进行评论留言时，可以选取部分观众的问题进行认真回答，并感谢观众在直播间留言。当有粉丝刷礼物或者进行商品购买时，也要及时感谢。遇到评论区关于售后问题更加要及时解答，为观众呈现出积极解决售后问题的服务姿态。

④ 巧用"连麦"等平台工具

直播平台会设置有能够加强互动性的工具，比如连麦。连麦也是直播互动的有效技巧之一，通过连麦可以加强主播与观众之间的互动性，也是直播间的看点。

⑤ 用自己的风格互动

主播间要树立主播自身风格，不要一味模仿其他直播间的风格，通过自身风格吸引到的粉丝更有黏性，定位也更加精准，可持续性强。

第4节　跨境主播人设打造

主播通过展示自己鲜明的特点打造人设，加深观众对主播、账号的认知程度，进一步提升对主播的信任程度，拉近主播与用户之间的距离，主播有了人设的加持，可以最大限度发挥自己的特色，完成主播在观众心中的形象建立，以此来吸引更多观众的关注。

1. 打造人设的依据

首先，如果主播只会死背念稿，很难赢得观众喜欢。主播必须情绪饱满地对着镜头说话，让人隔着屏幕也能感受到主播的情感。

其次，没有人设，就很难有粉丝。因为粉丝喜欢的是有情感的人，如果没有人设，观众找不到喜欢及追捧的理由，就很难有粉丝的沉淀。

再次，如果主播没有人设，就很难有很多人关注。没有足够多的粉丝沉淀，信任感建立不足，就很难促使观众买单，导致变现能力弱。

最后，直播间的整体效果一定要符合账号的风格。当观众进入直播间后，要能够在两秒内就决定停留观看，在两秒内就知道在出售什么商品。

2. 主播人设的类型

主播人设分有以下几种类型。

（1）带货类

带货类主播指的是以直播带货为主，专业性十足，带货能力强的主播。

按照目前国内直播带货主播来看，常见的人设主要有厂家、老板、博主、设计师几个类型。

① 厂家型

场景，让用户直接看到商品的生产过程，在观众看来，是直接对工厂下单，性价比高，商品质量有保障，下单决策也会更加有力。

② 老板型

服装鞋子百货家具类商品使用老板型人设的比较多，优点在于能直接对接企业负责人，有非常强的信任感；而且是老板推荐的款式，值得信赖。

③ 博主型

博主型有美妆博主、穿搭博主等，博主的粉丝对博主普遍比较信任，认为博主推荐的商品一般是不会差的，相信博主的推荐。

④ 设计师型

设计师在服装领域、文化艺术领域比较多，优点是能够极大地吸引优质的用户，通常也是通过短视频引流为主。

（2）形象类

形象类主播指的是通过姣好的外形条件吸引和沉淀粉丝，利用个人形象实现变现的主播。

（3）教学类

教学类主播指的是在直播间当中以传递知识为主，通过知识赋能来沉淀粉丝，比如瑜伽老师、英语老师等。

（4）组合类

组合类主播指的是非单人主播，是以主播+副播，或者主播+场控等两人或者多人轮换进行直播，好比一个捧哏一个逗哏，进一步增强了直播间的差异性和趣味性，不同人员的人设画像不同，还能吸引不同类型的粉丝，进一步扩大粉丝量，提高转化能力。

（5）娱乐类

娱乐类主播是比较常见的一种主播，以搞笑娱乐为主。

（6）人生阅历类

人生阅历类主播通常会比较沉稳豁达，乐于分享，通常主播个人的人格魅力较强，通过人设打造来吸引粉丝。

人设形象分为硬件形象和包装形象两种。

① 硬件形象

硬件形象是很难随意改变的，例如年龄，不同年龄匹配不同商品；阅历，主播阅历与粉丝一致，容易产生共鸣；身材，服装类对主播身材有一定要求。

② 包装形象

第一个因素，颜值不是最重要的，观众缘才是最重要的；第二个因素，要结合所带的商品进行服饰穿搭，切忌过分浮夸；第三个因素，可以通过一些妆容实现自然柔和的效果。直播带货时，一定要根据品类挑选适合的主播，建立自己的客群标签，不同主播人设适合的价格区间定位及客群标签，如图5-1所示。

主播人设	价格定位	客群标签
小清新	100～400	大学生
御姐	500～1000	职场白领
搭配师	1000～2000	时尚博主
企业女老板	2000～5000	高级职场女性
……	……	……

图 5-1　不同主播人设适合的价格区间定位及客群标签

3. 打造人设的步骤

主播人设=人设标签＋人设定位

（1）人设标签

从主播的外表、性格、行为、语言话术等维度去分析主播的特点。

- 外表：细化自身形象特征、穿着风格，让观众对于主播特点产生记忆联想性。
- 性格：从情绪心态中着手，主播应具备足够的亲和力和控制稳定心态的能力，做到保持心态的同时控制直播间氛围。
- 行为：主播要以自身特点为出发点，适当放大自己的特点，在镜头下展现出自己的真实特征，确定自己的特点定位后，还需要反复巩固自己的人设形象来加深自己在观众心中的印象。
- 话术：形成颇具个人特色的直播话术有利于为直播营销赢得更多成功的机会。提高直播话术的方法是多听、多练、多总结，主播要学会解构其他主播直播话术的逻辑，包括说话时的动作、语气、节奏，甚至眼神等，分析其切入话题的方式并从中汲取经验，从而不断提升自己直播时的语言表达能力。

（2）人设定位

- 我是谁：厘清自身定位，以消费者角度审视商家信息。

- 面对谁：根据商品及主播人设细分目标受众群体，例如用户年龄阶层、收入情况、消费能力、喜好等，通过对目标用户群体的调研，明确用户画像。
- 我能提供什么商品、服务：商品和服务相对于同类型直播间有何差异性、优势性。

解决消费者什么问题：是否满足消费者最初的困惑，消费者能对主播、商家产生多大的信任程度及商品满足感。

第 5 节　跨境主播话术技巧

直播话术最主要的作用就是促成成交和复购。

1. 主播话术的价值

（1）显性利益点

① 控制节奏

优秀的话术体系，可以帮助主播及商家控制直播节奏。

② 打造主播特色

完善具有个性化的话术，可以塑造账号属性及主播IP人设，增加信任感。

③ 氛围营造

用话术来带动秒杀、活动、直播间氛围，促进主播与观众之间的互动，放大从众心理。

（2）隐性利益点

① 有关系

让第一次来到直播间的观众停留、关注，以此产生关系进行购买，如果直播间话术不给力，用户进来就划走了，就算商品很好也很难有人买单。

② 有信任

观众在直播间产生购买行为后，会对直播间产生信任感；同时如果品控、价格设置得合理，还可以让观众信任感增强，随之也会对商品产生复购行为。

③ 社群化

统一的直播话术设计，可以打造主播的IP人设，并产生具有黏性的粉丝社群，组建一支具有购买力的粉丝集合团体。

2. 主播话术的种类和技巧

（1）欢迎话术技巧

不要机械化地欢迎，要有沟通和互动，让进入直播间的观众感受到真诚和温暖，感觉自己"被看见了""被重视了"，从而停留在直播间。例如：

- OMG！Let's see who's just coming? XXX nice to see you again.
- Hi, XXX. Welcome my new friends! Where are you from?
- Hi, new friends，60% off today，very good price!

- Anyone just join our party, let me know, we have extra gift for new friends here, so feel free to type 1 in the comment section.
- Oh! Let's see we got 150 people from all over the world stay with us and enjoy the party, let me know where your guys from.

通过对进入直播间的每一位观众进行热情欢迎，让国外消费者感受到重视，甚至通过亲切的方式让观众觉得是否因之前进入过直播间而被记住，因而停留在直播间进一步观看直播介绍内容，进行直播互动，甚至产生关注、购买等行为。

（2）宣传话术技巧

宣传前得先清楚宣传目的是什么，想传达什么信息。宣传的内容离不开对公司、工厂、商品、账号、主播、福利活动等方面的介绍，宣传的话术是周而复始的，看到有观众进入直播间、切换不同商品的时候都可以植入宣传，每隔一段时间就要重复一遍宣传的内容。例如：

- By the way, this is Ruby from Factoryhunter, we hunt different items for you weekly.
- Yes, what we are doing is hunt amazing high tech items for you every week.
- Oh, yeah, don't forget our party time week days start from 9 pm everyday.
- Any other related items you prefer to get or costly in your local, hit.
- Let me know in comment section, we will hunt for you from factory directly.
- Look at this! You will never want to miss it, if you are looking for something special gift for baby girls/boys.

（3）带货话术技巧

减少和观众之间的距离感，帮助观众决策，带货话术是销售话术，在电商直播间中是所有话术中的核心，是重中之重。

电商直播间就是主播不断向观众销售商品的过程，因此话术中要有充分的引导转化逻辑，一步步让观众从进入直播间，到观看直播，再到完成交易。

① 了解商品

一定要非常了解自己的商品并且发自内心地喜爱，不了解商品则会导致话术不流畅，不喜爱则无法与受众形成共鸣。

② 话术专业且易懂

把专业的东西用简单的话术说明白是专业的最高境界，可以获得观众的信任。

③ 突出商品差异性

在差异性方面，应该结合自身的商品，用突出卖点，突出高品质、高附加价值、高性价比等方式进行销售。

- Make sure you buy everything you want before it sold out.
- If you are not interested to buy anything, I would be appreciate if you can juts tap the screen to show your love.
- Honestly its amazing offer and I actually like this a lot, personally it looks so lovely.

- Oh, we got another order, thank you Lynn! Thank you for your order, guys! Be quick and check it out now.

突出高品质话术

This one is not the cheap staff, XXX（主播名）　only offer you guys the good quality product.

高附加价值：

Only today, more freebie only for you guys!

（4）互动话术技巧

让观众切身感受到服务，解决问题。互动话术的核心目的：一是让直播间产生更多停留与评论等有效的互动数据；二是在观众互动的过程中，在直播间现场层面上打造更加热闹的氛围场。

① 发问式互动

Where are you guys from? I really wanna know it. Its amazing to know you guys from all over theworld and get together in my live room. So tell me please.

② 寻求点赞互动

I want 100 likes, could you guys help me to get it? Please.

More likes so that more viewers, help me please.

③ 寻求关注话术

Follow me guys, no follow, cannot find me again!（错失焦虑）

（5）活动话术技巧

做活动的目的是成交，成交最直接的就是要刺激下单，活动的效果依赖于卖家的供应链能力，商品在市场上的综合优势如何。因此，在活动话术上要体现出优势，善用话术技巧。

- Why we can offer you this unbelievable price? We are the official TikTok seller so we get the bonus from TikTok.
- You won't get this offer anywhere else, no matter in your local market or other online shop, what you get from us is just manufacture original price.
- Today buy one get 1 free, this is only available for today in my live.
- Don't waste your money on shipping, you can get free shipping for any orders above 10, so make sure you get this benefits.
- If you prefer to get this and its not your salary day, its okay just reach our customer services we will keep this for you until you get paid.

（6）感谢话术技巧

感谢话术的目的是增强观众与直播间的黏性、与粉丝深度交流并让粉丝产生长期价值，多数直播间60%以上的GMV都是老粉丝贡献的。因此，要让感谢成为习惯，下单感谢、点赞感谢、互动感谢，让感谢常在。

案例如下。

- Thank you for stay with us, join us and you guys are awesome.
- Thank you so much for your support, I do really appreciate for that all I can say is thank you thank you thank you .
- Thats really crazy and exciting moment that we do make it for 80 orders today, you guys make it possible.
- Thank you guys, you guys are so supportive!Love you all!
- Just because of your supporting, XXX can offer the best price for you guys always!

3. 主播话术的雷区

直播话术雷区如表5-2所示。

表 5-2

五大内容雷区	
政治	千万不要提及国家领导人，政治敏感话题等
宗教	不要提及宗教信仰、宗教方面典故等
色情	不要穿着暴露、不要有性引导词、不要尝试挑逗性动作等
预告短视频（违规）	违法违规内容（枪支、雷区、抽烟、喝酒、赌博）；封面不要直接写价格；配乐注意版权；不要重复上传，封面雷同；创意接近的内容不要重复发布
直播（违规）	双平台开播；线下引流；辱骂侮辱他人；未成年开播；挂机及视频回放；危害生命的行为

4. 对于跨境主播的特殊要求

（1）流利的英语表达能力

与面向国内消费者的直播电商不同，跨境直播电商包括直面消费者的C类跨境直播和面向商家的B类跨境直播，虽说二者对于主播的要求和直播的方式不尽相同，但主播所面对的大部分是听不懂中文的海外观众，这就要求主播具备流利的英语口语能力。

（2）了解国家间文化差异

某跨境主播说："我在面对马来西亚的观众进行直播的时候，曾经习惯称呼所有观众为马来人，但有一次，一个马来华人告诉我，他们不喜欢被叫做马来人，我立马就道了歉。"类似的文化差异普遍存在，一不小心就会"踩雷"。因此，作为跨境主播，必须了解不同国家和地区之间的文化差异才能避免类似的尴尬情况发生。

（3）展示企业生产实力

以带货粉底液为例，如果是B2C的直播间，主播会通过将粉底液在手背或者脸上涂抹来进行展示，介绍该款粉底液能呈现出什么样的化妆效果。其核心介绍的是商品本身和消费场景，更深层次介绍的是对美的追求、对生活的态度。而在B类的跨境直播中，主播介绍更多的是生产制造能力，以及粉底液的质地成分、机构认证、包装物流运输等方面的信息。因为跨境B类采购以批发为核心，更加注重企业的生产实力，B类的采购谈判周期长，采购量大，因此企业实力显得更为重要。

【知识与技能训练】

单选题

1. 小陌已经拥有大量固定粉丝，她在开播之前怎样宣传能够吸引更多老粉丝捧场？（　　）

    A. 发送私信　　　B. 转发推文　　　　C. 拍摄视频　　　　D. 花钱买赞

2. 下面是小乔同学写的宣传文案："今晚七点半来我直播间，我给大家发福利，价值666的礼品免费送了！"她漏掉了的内容是（　　）。

    A. 直播时间　　　B. 直播场所　　　C. 直播内容　　　D. 主播资料

3. 主播在（　　）中曝光自己，是最能吸引自己的精确粉丝场所。

    A. 同地域的直播间　　　　　　　　　B. 同类型的直播间

    C. 同时开播的直播间　　　　　　　　D. 同时下播的直播间

【职业技能综合实训】

主播孵化营开展为期2周的实训，说明具体规划、关键步骤、预期目标，完成实训方案1个

【匠心钥匙】

万亿跨境电商市场现"抢人大战"外语专业毕业生做起带货主播

春节后，招聘市场迎来求职高峰期，多地在线上线下举办了高校毕业生春季招聘会。新京报贝壳财经记者发现，随着跨境电商的发展，不少企业加大了跨境电商人才的招聘力度，其中包括跨境电商主播。

记者在多个招聘软件上看到，不少外贸公司正在招聘英语主播、泰语主播、越南语主播、马来语主播等，多数岗位月薪在5000~10000元，部分岗位月薪可达到15000~30000元。

"欢迎咱们新进直播间的宝贝们，今天我们给大家准备了非常多的福利，今天直播间大促，关注我们的宝贝可以领取我们5折的优惠！"在TikTok直播间里，主播秒秒（化名）正流利地用英语向马来西亚的用户介绍商品。

毕业于广西外国语学院的秒秒，一年半前正式成为一名跨境电商主播。"我毕业后先是做的外贸业务员，2022年从杭州回到南宁，正好赶上跨境电商直播迅速发展，就进入了这个行业，成为一名跨境电商主播。"

秒秒表示，目前公司直播带货的品类包括保温杯、塑料杯、塑身衣及女包等，面向的国家包括马来西亚、新加坡、菲律宾、美国，"马来西亚、新加坡这些国家的英语普及率还是比较高的，用英语直播受限比较小。时间方面，我们每天直播4~5个小时，碰到双十一或者双十二这样的大促节点，会增加直播时长。"

近年来，跨境电商成为中国与"一带一路"国家和地区合作中快速成长的新业态、新模式，泰国、印尼、越南、马来西亚等地也成为中国商家跨境出海的热门站点。

秒秒称，为了获得东南亚国家用户的信任，直播间的风格也需随之调整。"马来西亚的用户喜欢直播节奏慢一点、主播讲话速度慢一点。"除此之外，不同国家的用户对商品的关注点也不同，"泰国用户可能更看重低价，而马来西亚的用户除了价格，还会看重商品的品质。"为了提升带货能力、赢得国外消费者信任，秒秒主动学习相关的直播带货课程，通过参考同行直播话术，成功打造了自己的直播"人设"，"我将自己的直播角色定位为是一个中国刚刚毕业了2年的女孩子，自己非常想去马来西亚游玩，在直播的过程中，我也会穿插使用一些新学的马来语，通过对对方文化的认可，来拉近与消费者的距离，从而增加购买行为。"

秒秒表示，目前直播间内一个小时的场观可以达到2000人次，以保温杯这一品类来说，一小时的GMV在2000～3000马币，折合人民币3000～4500元。

广西外国语学院国际经济语贸易学院院长吕玲丽向贝壳财经记者表示，学院积极搭建产教融合平台，推进与阿里巴巴、广西跨境电子商务协会、深圳跨境电子商务协会、南宁启迪跨境电子商务有限公司、广西桂贸天下有限公司等跨境电商企业与协会共建"跨境电商产业学院"，服务中国（广西）自由贸易试验区、中国（南宁）跨境电商综合试验区对掌握RCEP国家语言的跨境电商人才的需求。

（来源：新京报2024年2月28日）

【思政启发】

跨境电商直播人才促进中国与"一带一路"国家和地区深化合作，拉近与海外消费者的距离。

模块六　跨境直播选品

【学习目标】

1. 了解跨境直播选品的重要性
2. 了解跨境直播商品的类型
3. 熟悉不同跨境直播选品的方法

【能力要求】

1. 能够具备跨境直播选品的能力
2. 能够分析不同跨境直播的效果与选品的相关性

【素养提升】

1. 具备系统的跨境直播选品的思路和技能
2. 具备中国商品品牌化、世界化的格局观

【知识图谱】

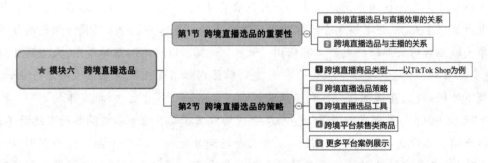

【新闻播报】

嗨购三天龙岗区直播+跨境电商选品大会暨购物嘉年华开幕

8月11日，"2023龙岗区首届直播+跨境电商选品大会暨购物嘉年华"在龙岗平湖华南城开幕。活动持续至8月13日共3天，以"圳品星选·聚势向新"为主题，旨在为贯彻落实《深圳市推进直播电商高质量发展行动方案（2023—2025年）》《深圳市关于加快建设国际消费中心城市的若干措施》，抢抓数字经济和跨境贸易的发展机遇，打造具有国际影响力的直播电商和跨境贸易新高地。

本次活动由深圳市商务局、中国国际贸易促进委员会深圳市委员会、深圳市龙岗区委、区政府指导，深圳市龙岗区工业和信息化局、深圳市龙岗区文化广电旅游体育局、龙岗区平湖街道主办，华南城商业管理（深圳）有限公司承办，并得到多家政府单位及行业协会的协办和支持。

多个项目落地　多家电商"巨头"现场分享经验

近年来，直播电商作为一种新型商业模式，在增加就业、扩大内需、促进数字经济发展等方面发挥了积极作用。龙岗区作为深圳东部中心，电子信息产业、现代时尚产业发达，跨境电商产业集聚显著，具有做直播电商和跨境电商的先天优势。

活动现场，华南城被授予龙岗区直播电商产业园区创建单位牌匾，杭州滨江区直播产业联合会与华南城双向授牌。在签约环节，多个项目在龙岗区落地。现场，华南城为园区部分企业颁发优质企业奉献奖等荣誉；华南城企业合作伙伴完成集中签约；深圳华南城电子商务产业园"国家电子商务示范基地"专家、顾问聘任仪式及平湖街道妇联新联会芳华队授牌仪式圆满举行。

在企业推介环节，来自览众数据、交个朋友电商学院、星速未来、有棵树、华为云的代表分别作主题分享。针对直播电商行业发展等问题，深圳市跨境电子商务协会产业秘书长和交个朋友优选科技有限公司大客户负责人分别作《跨境电商直播如何助力品牌全球化》及《交个朋友的2023——机构视角的直播电商生态》主旨演讲。

活动持续三天　仅主会场展示单品品类就超 30 万个

连日来，华南城集团相关负责人前往杭州滨江区参观走访了多家知名直播电商公司，了解行业最新动态，深入学习相关发展经验，并最终促成本次直播选品活动在龙岗华南城成功落地。

本届选品大会，杭州市滨江区直播产业联合会（交个朋友、谦寻、君盟、乐其等杭州头部电商直播企业）、全球领先跨境电商平台及服务商（美客多、行云集团、结行国际等），以及华南城园区内头部跨境电商（有棵树、傲基、通拓、前域选品基地等）、大型商业机构（华盛奥特莱斯、万达广场、香江家居等）、龙岗辖区内知名企业及其他区域知名企业云集。通过线下展销+线上直播相结合，积极探索推动"直播+商圈""直播+批发市场""直播+夜经济""直播+会展"等模式新发展。整个展会现场人头攒动，前来参观购物的人络绎不绝。

据介绍，本次为期3天的展会活动分为主会场和分会场。其中主会场位于深圳市龙岗区华南城1号交易广场负一层。主会场设置启动仪式区、展品展销区、直播区，合计5000平方米，选品展位200多个，参展商2000多家，展示单品品类超30万个，邀约直播机构50多家及直播带货达人200余人。8月11日和12日，龙岗区直播购物节将分别在华盛奥特莱斯品牌折扣专场、华南城2号交易广场茶酒专场、华南城一期市场酒店用品专场、华南城香江家居用品专场、华南城万达广场综合商业专场设立5个分会场，分会场也将同步设线上直播间。

以本次展会为契机，接下来华南城将积极尝试更多稳商、扶商活动，充分发挥"国家电子商务示范基地"和"市场采购贸易试点单位"等政策优势，深度挖掘园区电商产业集群资源，聚力赋能，为带动区域经济协同发展贡献更大力量。

（来源：南方都市报 2023 年 8 月 10 日）

【思考】

※ 你认为跨境电商直播能持续发展吗？

※ 你认为直播选品大会的意义有哪些？

※ 你认为跨境直播可能存在的商品隐患有什么？

【启示】

昨天下午，2023诸暨袜业电商选品对接会在国际商贸城举行。为助力我市袜业生产企业开拓市场，增加销售渠道，实现信息互通、资源共享，提供更多交流与合作的机会，袜博会期间，我市特邀近20家国际跨境电商平台及国内知名直播机构等采购商，对接交流、现场选品，100余家袜企参加。

据了解，该活动由诸暨市商务局主办，上海歌华展览服务有限公司、中国新零售联盟、诸暨市电商公共服务中心承办，诸暨市袜业协会、中国袜业网协办。

"以前没有很多机会接触到这些跨境电商和直播机构，这次活动为我们企业扩大订单提供了很好的渠道。"浙江某公司电商运营经理杨文开说，这次准备了企业自主研发的珍珠袜，与5家跨境、国内电商机构洽谈，并达成了多个初步合作意向，接下来会进一步商议合作事宜。

"虾皮平台是东南亚市场发展迅速的跨境电商平台，今年正在全力开拓全托管业务，希望对接厂商直接把袜子放到我们的海外仓，由我们帮助运营。而诸暨大唐是全国闻名的袜业全品类生产基地，这里有大大小小的生产厂家，通过这个对接会能够更高效地对接有意向的厂家，了解他们的需求。"虾皮电商平台相关对接人说。深圳某公司相关对接人告诉记者，公司计划采购高品质外贸羊毛袜，目前已经收到多家优质袜企报价，参加这样的对接会可以直接找到更多优质的源头厂家。

"本次电商选品对接会是直接帮助企业找订单。对接会上的跨境电商和国内电商可以直接在这里找到优质供应链厂家，满足各自的个性化需求。同时我们袜企也可以主动与电商机构寻求合作，进一步了解需求，开发生产出更迎合市场的商品。此外，希望以此活动为契机，进一步增强本土企业跨境电商和国内电商的意识，推动袜业经济蓬勃发展。"市商务局党组书记、副局长姚勇琪说。

（来源：诸暨日报 2023 年 8 月 25 日）

第 1 节　跨境直播选品的重要性

对于跨境商家来说，选品作为营销链路中的首要环节，是至关重要的。国内的直播带货模式已经比较成熟，那些自带流量的品牌或者达人直播间，都能够通过主播的直播能力、个人影响力、品牌的价值等留住用户。目前，海外各个平台的直播带货仍处于早期发展阶段，有的甚至还处于起步阶段，在这样的发展情况下，选品的好坏对于直播间就显得尤为重要。好的选品像一个网兜，能够兜住直播间源源不断的流量。以下将通过3个因选品失误而导致直播"翻车"的案例，来了解直播选品的重要性。

案例 1

来自2021年8月31日央广网的新闻：号称销售第一，某头部主播带货的全麦面包，被上海市消保委官方微信发文直接"打脸"，对方称此次实测的原味全麦面包，外包装营养成分表数据存在问题，实测能量高出宣传约40%，碳水化合物比标称多出约16%。上海市消保委认为商家在宣传时应真实科学，这种低标行为不仅仅是不诚信的体现，更是对消费者的不负责任。

8月30日晚，该品牌官方微博发布回应，称公司商品标准符合并遵守国家相关法规，商品检测报告由河南百信达检测技术有限公司出具，检测商品包括低脂全麦欧包，并以此为依据进行了包装标识。但实际并没有回应热量超标问题，也没有回应外包装营养成分数据是否正确的问题，避重就轻。

从上述新闻大家可以看到，问题的本质在于商家轻视了商品合规性的问题，该主播在整个直播过程中，并没有自行虚假宣传，也没有配合商家对产品进行过度解读，完全是按照其商品对外公开的数据进行直播，但是最终直播"翻车"的板子还是打在了主播的身上，所以选品可以说是直播是否成功最关键的因素之一。

案例 2

随着国内直播带货的火爆，很多明星也纷纷转行开始直播带货。但毕竟是跨行业，明星带货"翻车"的不在少数。2020年12月，某演员因为一场直播而"翻车"。在直播中，他声称自己跟商家一通砍价，把原价2999元一瓶的"茅台酒"砍到了400元一箱，而且还赠送一瓶五粮液。此举引来一众质疑，最终他也因为直播间卖假酒而被官方点名批评，他拥有几千万粉丝的快手账号也被封禁。

案例 3

在直播带货的明星中，某主持人是较早一批开始带货的明星之一。并且带货能力比较强。但在某场直播中，该主持人像往常一样，滔滔不绝地介绍一款含貂毛的白鹅毛羽绒服，比较尴尬的是，尽管羽绒服从原价4988元打折至4188元，但在整场直播过程中，却一件都没有卖出去。事后，网上开始流传如"某主持人直播5分钟收费80万，商品一件没卖出，能力远不如网红""尴尬！带货主播遭遇翻车，162万人看其直播却卖不出一件貂"等内容，主持人的带货能力也遭到质疑。后来，该主持人发文解释，之所以存在销量为零的情况，是因为团队选品存在问题，尽管商品的质量和优惠力度都不错，但是没有考虑到4188元的价格对于大多数人来说还是偏高，同时表示会为粉丝找寻更加物美价廉的商品。

1. 跨境直播选品与直播效果的关系

在跨境电商领域常见的一句话是"七分靠选品，三分靠运营"。由此可见选品的重要性，在跨境直播中更是如此。

电商直播常用"人、货、场"分析理论："人"代表用户，"货"代表商品，"场"代表场景。在跨境直播中，可以理解为主播、商品、直播间这三个维度，如图6-1所示。商品在整个直播环节中起到了极为关键的作用，商品的选择和搭配是否恰当，往往决定了一场直播的成败。

图 6-1

在电商直播中，"货"即直播的商品，结合不同的直播平台，直播间商品主要分为自营商品和合作商品两种。在B2C的直播平台中，涉及较多的是合作商品；在B2B的直播平台中，更多是推销售卖自营商品。不管是哪一种直播商品模式，选品都至关重要。

选品小剧场

假如明天就要开启一场直播，直播前直播负责人和直播运营关于直播选品进行了交流。

直播负责人：准备得怎么样了？

直播运营：准备好了。

直播负责人：明天准备怎么开播？

直播运营：怎么开播？就按照顺序来播。

直播负责人：商品的播放顺序有什么分类讲究吗？

直播运营：分类讲究？

直播负责人：直播刚刚开始的时候，你打算如何留住粉丝？计划用什么商品款式？一旦直播间流量上来了，你计划播哪些款式？

直播运营：……

以上小剧场中，直播负责人的系列提问体现了选品在一场直播中的重要性，不同阶段的选品直接影响了直播的最终效果。

（1）直播开播引流

对于有粉丝基础的账号来说，直播刚开始一般就会有粉丝聚集，直播间是否有引流款商品，以及引流款商品能否留住初始用户并吸引更多用户进入直播间，对于直播一开始的基调和整体节奏具有重要作用。如果开场效果好，势必会带动主播发挥得更好，直播整体的效果就能够有持续性。

（2）直播间流量停留和转化率

直播商品的选择同样关系到用户在直播间停留的时长，无论是用户自主选择来到直播间，还是被主播吸引的潜在用户来到直播间，抑或是因为对商品的需求来到直播间，都需要直播间各项因素共同作用，让用户尽可能停留得更久一点，从而促成成交。同时，根据很多平台的玩法，更多流量的进入和用户的停留还能进一步提升直播间的效果。直播间是以卖货为最终目的，用户是否购买商品，很大程度上是由商品本身决定的。商品能否满足用户的实用需求或者是精神娱乐性需求，其影响会大于主播本身，尤其是在消费降级、消费观念趋于理性的情况下，只有直播间的商品本身具备实用性、趣味性、差异性、高性价比等特性，再加上主播的主播风格助力，用户才会进行最终的消费。当然也不排除受主播风格影响带来用户的冲动型消费，但单纯因为主播而购买一堆完全用不上的商品的用户还是极少数的。因此，直播间商品选择和排列是否到位，大大影响了直播间用户停留的时长和最终的转化率。

（3）直播间盈利

选品会直接关乎直播的商品交易总额（GMV）。一般直播间的商品会分成几个层次，如最开始的引流款，到流量上来之后的承接款，再到最后的利润款。不同类型商品的定价策略也会不同，如引流款的价格相对较低，可以快速吸引用户；承接款的价格略有提升，但也不会很高，有可能这二者都不赚钱甚至亏本；最后的利润款才是直播间真正要赚钱的产品，定价也会比平均价格偏高。因此选品和排品必须科学化和逻辑化，不能拍拍脑袋就决定本场直播间的选品、排品和定位，而一定要建立在对商品成本分析的基础上，结合对直播效果的预期等各方面判断，综合推导出直播间的选品组合，才能在很大程度上确保一场直播的利润。

（4）直播间的可持续发展

除了考虑当下的直播效果，还必须考虑直播间的长远发展，这里面涉及直播间商品选择过程中的四个重要因素。

① 选品质量

选品的最大前提是必须确保商品的质量，无论直播间卖的是企业自己的商品，还是卖商家合作的商品，商品的质量必须严加把控，绝不卖"三无"商品；不为了提高商品利润而降低商品品质，偷工减料，使用劣质原材料，侵害消费者的利益。直播间不是一次性买卖，所有损害商品质量、损害消费者的行为，最终都会反噬企业本身，绝不能抱着侥幸的心理铤而走险。互联网时代信息传播速度快，波及面广，一旦产品的质量出现问题将影响直播间的可持续发展。

② 商品宣传属实

直播间的商品被选中一定是因为商家看中了它的某一种特定的属性，比如商品的功能具有创新性，商品的设计风格独特，商品的趣味性，商品足够便宜，商品的成分天然无害等。主播在介绍时势必会突出商品的特点，这就存在对商品是否夸大其词，虚假宣传等风险。例如一款洗发水，主播介绍说它可以治疗脱发，实际却并无此功效；再如某款食品，主播介绍说某项添加剂含量不低于80%，但实际上却检测不达标等。虚假宣传也许能在短期内带来销量的增长，但是一旦被曝光，对直播间就是致命的打击。在国内，因为此类问题导致信任危机、脱粉，甚至封杀的主播不在少数。在跨境直播中亦是如此，虚假宣传影响的不仅仅是单个企业，对中国制造、中国品牌的世界影响力都会产生极大的负面效应。

③ **商品侵权**

在选择商品的过程中，要有品牌意识，没有拿到品牌官方授权就不能私自售卖品牌商品；也不能打着品牌的旗号，在商品造型、外观及各方面具有侵权行为。侵权不仅会影响直播间的长远发展，企业也会因此受到平台的处罚。

④ **商品禁售**

不同的平台对于直播商品有不同的禁售标准，后续的章节会详细介绍。在直播间选品过程中，不能踩平台红线，不能违反平台的规定，否则会影响直播间的长远发展。

2. 跨境直播选品与主播的关系

"人、货、场"三要素相互成就，缺一不可。在电商直播中，主播与直播间商品之间的关系更是紧密。

（1）**认可度**

人和货之间是相互促进的关系，既有"货带人"，也有"人带货"。对于新主播来说，讲究主播和商品之间的匹配度。在直播初期，由于主播个人影响力相对较弱，货带人的情况更多一些。因此，在商品的选择上，要更加讲究主播与商品之间的适配度，至少所讲解的商品是主播认可、喜欢并接受的。换言之，对商品的阐述不能过于烦琐复杂，要把商品的卖点和诉求在短时间内，清晰有效地表达给用户，并且让用户产生需求进而消费乃至传播。主播只有对商品有了自己主导性的想法和表达，才能吸引用户购买，从而让直播效果事半功倍。

（2）**匹配度**

不同的主播在外形、气质、语言表达、逻辑思维、亲和力等方面，存在较大的差异性，不同的主播适合的商品类型也是不同的。例如，一名学习理工的男主播，如果让他在屏幕前去做一名服装主播或者售卖母婴商品，用户可能不会被吸引，因为他本身的气质与所推荐的商品之间差异甚大，不足以让用户产生信任。对于主播来说，可能也会因为缺乏日常穿搭经验及对母婴领域的不熟悉，导致在商品介绍过程中不够有自信，不能表达更多的自主想法。但如果让其去进行游戏商品的售卖，或者家用电器的售卖，呈现出来的效果就会完全不同。游戏、家用电器等商品更偏向于介绍科技方面的内容，学习理工的男主播与之的匹配度就会更高，也更加适合打造主播的个人风格，用户的信任度也会更高。

（3）专业度

商品可以分为标品和非标品两大类。主播往往希望自己直播间的商品有丰富多样的组合。一般在直播带货的起步阶段，主播会比较青睐标品，因为标品明码标价，介绍难度较小，用户产生购买欲望更多源于商品本身的特性。但是随着产业的逐渐成熟，主播专业度不断提高，高单价、低复购的非标品在直播带货中逐步增多。如果主播在一定领域具专业度，也可以选择专业性强的商品进行直播。例如，珠宝翡翠等昂贵商品，在直播产业中已经成为一个不容小觑的亿级市场。随着直播的蓬勃发展，非标品商品的主播渗透率会越来越高，选择专业度高的商品进行直播也是一个方向。

（4）商品配比组合

在国内各大头部主播的直播带货中，并不是所有的商品都能进入直播间，部分顶级主播的选品率不超过5%，而且主播往往会根据自身的特性，形成比较固定的选品配比。

从国内某头部主播直播间的选品规律来看，其商品配比一般是：日用百货类商品占比在30%左右，食品类商品占比30%左右，数码和家电类商品占比20%左右，剩余20%左右用来展示新奇类和特产类商品。

综合来看，国内主播在选择直播间商品的时候，往往会考虑商品的品牌、价格、用户需求、质量等几个维度，并且在商品上播的顺序上也非常讲究，需要提前安排好直播的节奏，不同节奏对应不同的商品上架。一般来说分为引流品、畅销品、承接品、利润品、特色品等不同品类，通过不同的直播节奏确保直播间持续的流量和成交。

对于跨境直播的选品来说，同样遵循这一逻辑，尤其是在TikTok、亚马逊、Shopify这样的B2C平台直播，因为面向的是个体消费者，所以选品的重要性和复杂性会更高。跨境电商直播模式跟国内相似，也需要直播间商品的丰富度，可以是单一行业，但需要商品品类丰富。比如母婴类账号，卖的商品可以从尿不湿、婴儿服装到婴儿辅食等，也可以将食品、日用品、服装等品类同步在直播间呈现，核心还是基于供应链、成本、账号定位、主播定位等方面去做直播商品的选择。

对于像阿里巴巴国际站这样的B类跨境平台，直播间的选品更多是基于企业本身的商品线，商品的组合搭配、上架顺序、优惠力度等如何做出差异化就显得尤为重要。因为对B端企业来说，直播更多是为了本企业商品的拓客，寻找潜在用户，同步展现企业的生产实力和品牌影响力。但是伴随全球外贸订单的小单化、碎片化的进程，很多B类跨境卖家，主要是以贸易公司为主，在商品的选择上也有很强的灵活性，已经比较趋同于小零售商、小批发商的贸易模式。很多贸易公司在选品上会基于对海外市场的分析判断，不断翻新符合当下用户需求的商品去做推广引流，不断选品、测品、打造爆品。因此，针对不同的卖家，不同的平台，基于不同的客群，直播间商品的配比方式均存在差异。

总而言之，不管是国内电商还是跨境电商，市场竞争日趋激烈，消费者有众多选择，只有精准的商品定位才能吸引目标客户群体。选品时要关注商品搜索量，如果搜索量每个月高于十万，这表明商品有一定市场需求，有助于企业增加销售量。

跨境直播选品直接影响利润空间，商品成本、物流费用和可能的关税都决定了最终利润。此外，选品决定了库存管理的便利性，商品周转率高的商品可以减少库存压力。正确的选品有助于品牌建设，提高口碑和消费者忠诚度。

第 2 节　跨境直播选品的策略

选品是所有跨境电商的卖家们绕不开的课题。本节将学习具体的跨境直播选品策略，掌握与选品有关的方式方法。目前，跨境直播依然属于发展初期，在众多跨境直播的平台中，TikTok是做得非常出彩的。首先，TikTok面向的是个体消费者，受众群体庞大；其次，TikTok在国内的平台——抖音，又是目前国内直播界的佼佼者，国内直播许多成熟的模式可以直接复制到海外直播中。所以，把TikTok的直播选品策略研究明白，对于了解各大平台的跨境直播都有极大的参考价值。本节将以TikTok为例，通过跨境直播商品类型、选品策略、选品工具、平台禁售商品等几个维度展开分析，深入了解跨境直播链路中，如何掌握更准确的选品策略，在选品过程中又应该关注哪些维度，借助什么样的工具和方法来进行商品的选择和测试，最终实现直播收益的增长。

1. 跨境直播商品类型——以 TikTok Shop 为例

TikTok Shop作为目前跨境直播平台中的代表性平台，通过对其直播选品的思路研究，有助于更好地理解在跨境直播过程中，选品的注意事项和相关策略。

（1）TikTok Shop 直播常见商家类型

① 工厂型

顾名思义，工厂型商家是具备生产实力的工厂型企业，拥有自主的商品生产线，有较强的商品生产和加工实力。工厂型商家中，有一部分属于商品开发生产能力和自身外贸能力双强的企业；有一部分属于内贸转外贸，或者传统外贸转型做线上的企业；还有很多是属于由贸易型公司供货到自己成立贸易团队，转型线上跨境电商的企业。

② 经销商型

经销商型企业自身不具备生产能力，企业的优势是其渠道营销能力和运营能力。该类型多以外贸公司为主，对各大平台的运营能力、数据分析能力、选品能力、营销能力都较强，通过与工厂进行供应链合作的方式进行跨境贸易。

③ 品牌型

品牌型企业是指已经具备品牌影响力，且已形成社会性品牌认知的企业。该类型的企业通过直播的方式，将企业的品牌商品进一步向全世界或者特定的市场进行推广，进一步增强品牌的世界影响力，拓展全球销售渠道，提升销售额。

④ 达人营销型

达人营销是一种新兴的营销方式，是指利用在某一领域具有专业知识和影响力的达人（或称为KOL）来推广品牌或产品的营销方式。如图6-2所示，有39.40%和30.40%的人会因为亲友推荐和网红、KOL介绍/测评而更换品牌，改变消费决策，可见达人营销型直播对于品牌及非品牌商品的消费推动性是非常显著的。TikTok Shop上的达人们通过短视频等方式沉淀了大量粉丝，直播是他们比较重要的变现方式。

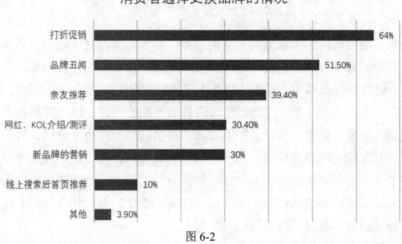

图 6-2

（2）四种商家类型选品特点分析

① 工厂型

- 工厂型商家的商品以批发式购物为主。
- 生产实力强，商品的更新迭代速度快。
- 工厂型商家因其产品的生产环境和产品特性可能与目标地区受众的日常生活存在一定差异，因此可能不符合部分直播受众"原生感"的要求。
- 工厂型商家直播可尝试将直播场景搭建在工厂，直接销售，打造原厂出货的真实感，对于想买到厂家源头直销商品的用户来说更有说服力。
- 工厂型商家直播应该强调工厂直卖，打造物美价廉的直播间形象，吸引对价格比较在意的用户。

② 经销商型

- 经销商型商家适合利用自身优势进行快速测品、快速打造爆款产品、关注商品利润、持续规划爆款产品结构。
- 经销商型商家在快速响应市场趋势方面具有显著优势，主要源于其灵活的选品策略、丰富的产品线以及产业带的资源整合能力。
- 经销商型的商家需要通过大量的选品测试，来满足不同顾客的需求。因此，在直播选品的过程中，要拓宽商品覆盖面，找不同类型的商品做反复测试。

③ 品牌型

- 品牌型商家在直播商品销售中，要将重心放在商品价格模型的合理规划上，并注重SKU（原存量单位）的选择和场景展示。

- 品牌型商家在直播中所选择的商品，要确保货品充足且具备一定的知名度。因为是品牌产品，在直播中很可能受到消费者的热烈追捧，所以必须确保货品充足，不然一旦热销，发货周期和售后得不到时效性保障，进而可能会对商家产生负面影响。

④ 达人型

- 达人型直播带货侧的特点在于大量组货、强调商品创新意识，并通过持续直播来筛选和沉淀出复购性更强的品类。

- 达人型主播自身不直接拥有货品，因此避免了库存管理和囤积压力。同时，达人型主播在商品选择上具有更大的灵活性和空间，可以通过合作抽佣的方式与供应商或者品牌方进行带货合作。

- 达人型直播带货可根据达人的属性和沉淀的粉丝画像将带货领域更加垂直化。例如，美食类博主可侧重于带货美食相关的商品；穿搭类博主侧重于带货服装或者首饰配件等商品。

（3）TikTok Shop 直播通用的五种选品模型

TikTok Shop直播面向普通消费者时，需要按照不同的属性、直播定位、节奏点配合等进行商品的分类，并采用合理的选品策略来最大限度实现商家的直播利益。

① 剧透款——开播前就进行预告宣发的商品

剧透款商品是在直播的预告视频中承担吸引粉丝任务的商品，其最重要的任务是为直播间引流，也称为引流款。

- 在选择适合的剧透款商品时，需要首先思考消费者为什么会进入直播间购物，以及什么样的商品能够吸引他们的注意。相比之下，被广大消费者熟知的商品作为剧透款更能够迅速吸引观众的注意并提高购买转化率。

- 剧透款商品最显著的特点之一是普适性强，没有性别、年龄、地域、文化等方面的限制，在日常生活中有着极高的使用频率和需求，如餐巾纸、牙膏、牙刷、毛巾等。

- 剧透款商品的目的是吸引消费者：第一，可以使用价格优势来吸引用户进入直播间并采购商品；第二，也可以设计出一套特定的话术来吸引潜在消费者群体。

- 剧透款商品可以主打"买到就是赚到"的策略，选择消费者认知客单价比较高的商品。直播间可设置优惠福利活动，将商品的价格远低于市场价，可以极大地满足消费者"占便宜"的心理，从而促成直播间消费，如活动价的苹果手机、高端化妆品等。

- 剧透款商品可选择消费者确实需要的商品，满足消费者的需求；或者选择本身具备稀缺性、趣味性和新奇性等特征的产品，哪怕不是生活必需品，也能让消费者产生购买的欲望。

剧透款商品的核心作用是引流，不以赚取利润为目标，而是为了吸引流量，增加直播间的曝光度和关注度，从而带动其他商品的销量。

什么样的商品适合做直播间的引流商品？直播间的引流商品应该如何选择？如何增加直播间的停留人数和时长？这些都是需要思考的问题。

首先，引流商品需要最大化承接流量。在直播间刚开播时，会有一波泛流量推往直播间，直播前期的表现会直接决定全场的流量情况。所以在直播一开始，就需要巧妙利用引流商品，尽可能留住直播间的用户，引流款的商品很可能是不赚钱甚至会亏钱的商品。

目前国内抖音直播引流商品留住用户的方法有两个，分别是福袋抽奖和福利秒杀。

福袋抽奖是将福利促销以福袋的形式进行设置，直播间用户通过发表特定评论的方式参与福袋活动。福袋开奖有一个时间周期，用户会因为等待福袋开奖而一直停留在直播间，由此增加了直播间的观看人数和观看时长。以国内某场直播为例，主播以某款手机作为引流商品，刚开播就吸引了32.2万名用户进场观看直播。主播还将手机作为整场直播的福袋吸引用户停留在直播间，最终这场直播达到了986.7万次的累积观看人数和1833.7万的销售额。

在这场直播中，手机就是一个很好的直播间引流商品。对于刚开始直播的商家，在挑选此类引流商品时，可以选择单价偏高、大众认知度高的商品，这部分商品不需要主播进行过多的介绍，本身就能激起消费者的购买欲望，从而能够很好地承接住泛流量。

吸引用户进入直播间后，需要设计相关的话术来进一步增加用户停留的时长。例如可以不断强调"新进直播间的用户领取福袋"来引起直播间用户的关注和停留。如果福袋商品价值较大，还可以在玩法上设置一定的门槛，如督促用户留言和点亮粉丝灯牌等，从而增加直播间的转粉率，为后续直播间加大曝光量。

福利秒杀常见的方式有"前XX名可免单""9.9元秒杀高性价比商品"等。福利秒杀能够增加用户在直播间的停留时间，主播可通过和粉丝的高频率互动，增加直播间的互动率。低价快跑仍然是抖音电商的主流带货手段之一。

需要注意的是，直播间的福利商品最好与直播间其余商品有关联度，从而产生连带销售的效果。

通过对国内抖音直播的引流款商品的玩法和特征的了解，可以发现这些规律在跨境直播中同样适用，把握住引流款商品的核心特质和终极目标，不管平台玩法怎么变化，其底层的逻辑都是相通的。

总结国内直播间引流小技巧，如图6-3所示。

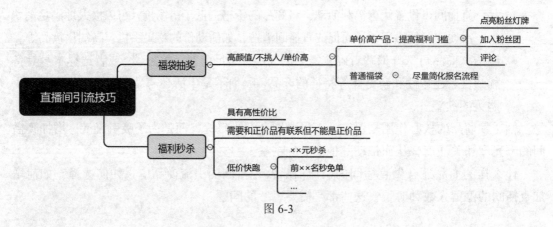

图 6-3

② 福利款——吸引消费者长时间留在直播间的商品

- 在选择直播间福利款商品之前，要考虑的问题是：消费者为什么愿意留在直播间并长时间停留？
- 福利款商品可以选择知名度高、使用频率高、性价比高、限量的商品，从而引起消费者对直播间的兴趣，愿意花更多时间在直播间停留。
- 福利款是引流款的补充，其目的是进一步承接由引流数吸引来的流量，通过增加互动和提升销量来巩固直播间的用户基础。福利款商品的价格不建议与引流款相差太大，以避免因价格差异大而导致用户流失。
- 福利款商品大多是同行爆款或高性价比的商品，价格通常也不会设置得过高，以至于失去对消费者的吸引力。

福利款商品主要满足以下两点。

一是选择爆款商品。爆款商品能够吸引大量潜在用户进入直播间，可以进一步提升直播间的吸引力和销量；二是制定合理的定价策略。虽然福利款商品的主要目的不是追求利润最大化，但也不能忽视成本问题，确保不亏本是底线。价格设定于引流款跟利润款的价位之间，能够起到很好的承接作用。

③ 爆款——下单最多的商品

- 在敲定直播间爆款商品之前，必须提前评估好商品质量、库存、物流等信息，以免出现过多的售后问题，最终影响销售额。
- "组合拳"是爆款商品经常使用的销售方式，通过将爆款商品与其他商品进行组合销售，能够弱化消费者对单一商品价格因素的关注。例如，以化妆品正装+小样赠送的模式来搭配售卖，会让消费者产生虽然价格上没有便宜非常多，但也占到便宜的感觉；从商家的角度来说，可以在不牺牲商品单位的基础上，提供额外的价值给消费者。此外，小样的成本通常低于正装，即使赠送，也不会对商家的整体成本造成太大影响。
- 爆款选品需考虑以下四方面：
  a. 低价、高频、刚需类的商品。
  b. 展示性强的商品。
  c. 市场热度高的商品。
  d. 引起共情类的商品。

爆款商品的核心作用主要是两方面：清库存和冲销量。爆款作为直播间的主打款商品，需要增加讲解频次或延长讲解时长来让消费者充分了解商品。上架时段没有太多要求，流量高或者一般的时段都可以上架和讲解。作为直播间主打款，需要时不时出现在直播中，以此来加深用户对商品的印象，促进销量的增长。

④ 利润款——最赚钱的商品

- 利润款商品，顾名思义是为商家带来可观利润的商品，10%以上的利润率通常被视为一个合理的参考标准。商家需要利用利润款商品来赚钱，从而提高整场直播的利润额，因此利润款商品承担着巨大的销售压力。利润款商品的选择要格外讲究，需提前做好规划，必须核算清楚利润款商品的成本结构，考虑商品成本、运费、关税、仓储成本和运营成本，仔细考量任何一项可能影响利润的潜在风险。利润款商品必须具备爆款潜力，并且通常具备销量平稳和类爆款的特点。

- 利润款商品决定直播的盈利额。利润款商品适用于直播间某一特定的用户，这部分群体追求个性，有消费意愿和消费能力。因此，利润款商品一般品质较高，有独特的卖点，用户对这类商品的价格一般不太敏感。

- 选择直播间流量较高，最好是最高的时候上架利润款商品，以确保被更多用户看到。通过主播的反复讲解，帮助用户了解更多的商品信息。主播可以在流量好的时段，适当延长商品的讲解时间，反复强调商品的价格或活动机制，以此增加商品的转化率。

以图6-4某直播间后台数据为例，可以分析出在这场直播中，19：29上架利润款商品的流量转化达到最大效益。

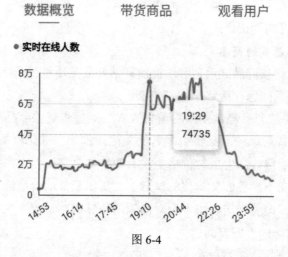

图 6-4

⑤ **专供款：品牌方特有的商品**

- 当直播间发展到一定规模时，需要在选品策略上进行优化和升级。增加专供款，特别是带有独家机制的商品，能够显著提升直播间的品牌价值和消费者的信任度。

（4）直播间排品策略

在进行直播间选品时，除了按照常规的选品模型，为每场直播匹配不同的商品之外，直播间还应该持续优化组品策略，来提高直播间销量。

直播间仅有单款商品的话会缺乏持续性，优秀的组品策略可以将单个商品的吸引力变成组合商品的吸引力，带来直播间以下三个指标的提升：用户停留时长、商品交易总额（GMV）、每个用户带来的实际价值（UV价值）。具体有以下四种排品策略。

① 多种商品售卖的直播间

在多种商品售卖的直播间内，可以根据商品的外观进行组合搭配。例如，在女装类的直播间中，主播在推荐一款大衣时，可以设置围巾+风衣+打底衫的组合链接。组合的商品要在外观上具有适配性，高审美的搭配才能吸引消费者，并且所搭配的商品尽可能选择受众更广的单品，比如打底衫、围巾等。

商家也可以根据商品的属性与性能进行组合搭配。例如，美妆类直播间的防晒+卸妆+洁面的组合装，或者在厨房家居用品直播中可设置锅铲+电磁炉+锅的组合装。

② 单品售卖的直播间

针对单品类直播间，增加GMV的核心在于建立商品关联和增加用户在直播间的停留时长，减少用户下单决策时间。

针对复购率比较高的直播间，如卖宠物用品的直播间，猫粮商品从"19.9的试吃装"到"10kg的全家福囤货装"总共有近10种同种类但不同量级的链接。低价的SKU降低了原先对商品持有质疑态度的用户的购买门槛，让他打消顾虑，无痛下单。不仅如此，还有"幼猫粮""挑食必备""肠胃友好""粉丝囤货装"等细致分类来建立低价的SKU，进行正价商品的拆分。

针对复购率低的单品，可以寻找商品的延伸品进行组合售卖。例如，在养生壶直播间，可以搭配五谷杂粮、红枣、杯子等进行组合售卖；空气炸锅可以搭配锡纸、鸡腿、蛋挞皮等进行售卖。

③ 精准用户营销的直播间

直播间的选品和排品要具备精准用户营销性，抖音会根据用户的喜好来推荐用户感兴趣的商品，实现以兴趣为主要维度的"人货匹配"。在账号初期，通过内容塑造直播账号标签及提高权重，将大量符合账号标签下的用户吸引到直播间内；同样，直播间的SKU选择与描述也需要符合该类用户画像，实现精准营销。

国内抖音直播达人的案例中，某带货主播以高知女性人设出圈,在她直播间的商品SKU排布中，会刻意将阅读年龄阶段、使用人群着重标出，进一步强化直播间用户画像，留住精准用户。

④ 塑造商品高价值感的直播间

塑造直播间商品的高价值感也是一个重要的排品策略。让直播间用户在购买商品时感到物超所值，最为典型的就是买1送N的组品营销，组出有价值感的SKU，进而提升商品的转化率。

以某主持人的直播间为例，一款针对6~14岁孩子的古文书，通过商品组合额外赠送了150堂古文视频课，价格高达1128元，30天的订单数达到507单，仅这一个商品的总销售额就超过57万。可见不管是高单价还是低单价，高价值感的商品在抖音上都可以卖得很好。

以上分享了基于国内抖音直播提炼出的4个直播间排品策略，如图6-5所示，在直播间可以根据商品的外观或者商品的属性来搭配商品；在单品直播间，可以通过单一商品拆分多个SKU及寻找延伸品来搭配销售；另外，可以利用SKU的分类描述精准用户营销；或者利用1+N的营销模式塑造商品的高价值感。

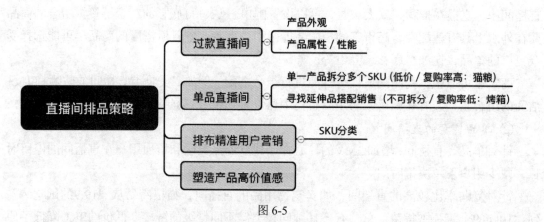

图 6-5

在跨境TikTok直播间的排品也讲究类似的策略，商品在直播过程中的上架顺序同样非常重要，直接影响着直播间的观看人数、留存率、转化率和支付人数等重要数据。

开播前半个小时，六个五分钟极为关键，流量层级只会上升，而展现权重每五分钟会改变一次，也就意味着开播的六个五分钟要有效地抓住数据，提升直播间的数量和流量。因此，前期是拉流量做数据的黄金时期，需要用引流款把用户吸引过来，提高成交量。流量提升以后用福利款承接并稳住流量，流量稳定以后再切换至利润款、特供款。但是，并不是整场直播的排品只能按照这个顺序固定下来，而是要充分利用好每种商品的作用，结合直播间流量进行有机循环，让直播效果达到最佳。

2. 跨境直播选品策略

TikTok Shop 电商核心选品思路

了解完TikTok Shop直播间商品常见的5种定位类型后，接下来将基于TikTok Shop直播，从核心选品思路、常用选品方法，以及选品需要规避的雷区三个方面学习如何通过选品组货让商品自带流量、自带转化，确保所选择的商品能够符合直播间增收的需求。

① 直播间的商品尽量选择客单价偏低的商品

在TikTok这样的新兴电商平台上，选择合适的商品客单价对于直播间的成功至关重要。从消费者行为的角度来看，低客单价的商品往往更容易引起消费者的购买欲望，客单价过高会导致转化率变低。目前TikTok平台商品整体的价格偏低，作为卖家，现阶段可以顺应平台价格的走势，先从低客单价做起。对于商品价格较高的卖家，当下阶段进入TikTok直播电商渠道，不太建议以盈利为主要目的，可以将直播视为商品宣传、渠道推广、账号沉淀的方式，有选择性地进入直播赛道。

② 直播间商品选择更加符合年轻人喜好的商品

选品的背后其实是在迎合受众群体，因此对于消费群体的分析和了解极为重要。首先需要知道TikTok上目前受众的年龄、性别、文化、兴趣爱好等是什么，再去找到匹配这部分用户的商品，就能事半功倍。Hootsuite发布的2022年TikTok受众画像，如图6-6所示，TikTok平台一半以上都是年轻用户，年龄段在18～34岁之间，因此针对TikTok的选品就需要更偏向于年轻群体。

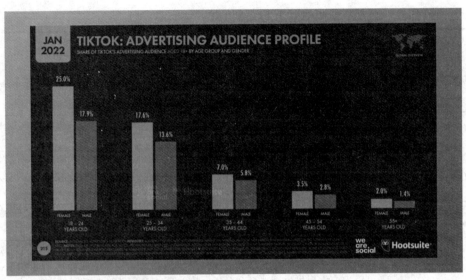

图 6-6

③ **直播间商品选择适用人群范围广的商品**

在直播间商品的选择上，尽量选择适用人群范围广的商品。拿腮红和毛巾举例，毛巾属于大多数人都需要用到的商品，没有人群限制；而腮红则是女性使用得较多，这类产品就有一定的使用人群限制。相对而言，适用人群越单一，直播能触及目标消费群体的难度就越大；而适用人群广泛的商品，就更容易能承接住流量，实现价值转化。

直播间的商品可以参考以下这三个类目来选：

- 蓝海行业：这里主要指的是比较冷门，几乎没有什么竞争的行业，比如：DIY的手工艺品、特色农产品、定制礼品等。
- 热销行业：将TikTok商品的类目按30天的销量进行排序，选择排列靠前的热销行业，比如：家具、女装、零食、美妆洗护、电子产品等。
- 飙升行业：将类目按30天的销量进行排序，找出销量飙升较快的行业，比如：打火机、玩具、水晶石等。

3. 跨境直播选品工具

（1）TikTok Shop 选品分析工具

商家在进行直播选品的过程中，可以借助一些选品分析工具来提升效率，更加快速且真实地了解每一个商品的市场容量、近期热度走势、核心卖点和消费者评价等。商家要善用TikTok选品工具，快速了解各个细分市场当下的流行商品或者有潜力的商品，从中选择适合的商品进行销售。借助选品工具可以减少许多重复数据的处理工作,从而有更多的时间真正去洞察市场,研究平台和消费者。

借助不同的工具能帮商家选到更加优质的商品,以下是可用于TikTok Shop直播选品的部分工具,如表6-1所示。

表 6-1

工具	介绍
TikBuddy	实时跟踪热门视频数据,及时捕捉热门趋势
电霸	专注于 Shopee 平台商品分析,全面剖析商品数据、爆款成长周期、发展趋势及爆款原因,复制创造下一个爆款
嘀嗒狗	TikTok 社交平台流量端监测工具,帮助卖家统计哪些商品卖得好,谁在卖、怎么卖
TICHOO	TikTok 小店选品工具,TikTok 商品数据分析工具,挖掘短视频热卖商品及带货账号。可以查看 TikTok 的热卖商品榜、热门店铺榜和带货视频榜等,可以为商家选品提供思路和方向
HypeAuditor	主要用于分析社交媒体的账户数据,商家可以使用该工具分析 TikTok 的账户数据,主要包括目标受众、粉丝质量、目标地域等
Tikstar	Tikstar 属于短视频分析平台,可以帮助商家进行多账号分组管理,同时还可以将账户数据实时导出,以便商家更明确地掌握账号的运营情况。此外该工具还可以为商家提供电商选品和分析,同时还能多条件筛选对标广告
Analisa	可以为商家提供用户活动综合报告、粉丝真实评价和竞争对手分析等,商家还可以进行关键词分析、筛选条件
Pentos	Pentos 可以根据视频或视频音乐进行分析,还可以监控热门视频,从而更垂直地分析 TikTok 数据,这也是 TikTok 需要的工具之一
TikTok for business	是 TikTok 官方推出的,商家可以通过条件检索符合条件的目标用户,该工具还可以对用户信息进行分析,提供粉丝画像、增长趋势等数据
GugeeData	主要用于分析 TikTok 热度,可以从视频、博主两个维度进行分析,还可以监控用户的数据变化
Tiklog	可以分析 TikTok 账户,通过数据分析可以深入了解目标账户,还可以查看视频效果,同时获得评论、分享和观看次数的详细数据

(2)根据当地文化风俗和消费习惯选品

全世界不同国家和地区因受地域环境、历史发展、种族文化等因素的影响,导致各个国家和地区的消费者在风土人情、文化习俗、购物偏好以及消费习惯等方面都存在差异,从而导致了消费者用户画像的差异非常大。

例如,在TikTok英国站点上,水晶类商品的销售十分火爆,因为在西方,水晶有着转运、招财等吉祥的寓意,而且很多人还推崇水晶疗法,认为水晶能够帮助人体消除诸多不健康的因素,所以水晶类商品在欧美国家一直很有市场。许多英国消费者会购买水晶作为家庭装饰的物件,或者作为礼品赠予他人。

在距离中国比较近的东南亚地区,近几年跨境电商发展增速非常快,那么东南亚各个国家在消费习惯和文化偏好上又有哪些特点呢?先来了解各个国家之间存在的共性特点。

- 东南亚消费者越来越在意个人外在形象，尤其是东南亚女性，对于时尚与美容相关的资讯非常关注。在这样的消费者画像下，东南亚服饰与美妆市场蓬勃发展，成为东南亚地区电商市场的支柱品类。
- 泰国、印度尼西亚、菲律宾、越南四国的消费者非常喜欢日韩文化，许多日韩偶像团队在当地都非常受欢迎。
- 东南亚在线支付体系不够完善，普及度偏低，导致东南亚消费者对于线上支付的信赖感偏低，因此有50%以上的东南亚在线消费者更喜欢货到付款的模式。

虽然同处东南亚地区，但是因为每个国家在经济发展条件、地域性和宗教信仰等维度存在差异性，导致不同国家的消费者对于商品的需求也有所不同。以化妆风格的偏好为例，泰国、马来西亚、菲律宾、越南四国的差异如表6-2所示。

表6-2

国家	妆容偏好	肤色	热销化妆品
泰国	泰式妆容	注重防晒，偏好白色、棕色肤色	奶油肌式的底妆，英气十足的眉毛，欧式长睫毛，自然的立体修容，日常色系唇妆
马来西亚	欧美妆容	偏棕色肤色	修容、假睫毛、眼线笔、睫毛刷、眼影盘
菲律宾	欧美妆容	棕色肤质为主	欧美风格的眼线、眉笔、修容
越南	日韩妆容	注重防晒，肤色稍白	清爽透亮的底妆，自然色系眼影，亮色唇妆

除了消费习惯上的巨大差异，通过各大平台的分析总结，还能了解到不同国家和地区的消费者的购物喜好也有很大的不同。

① 美洲消费者市场

以美国和加拿大为代表的北美市场，消费者比较喜欢创意类商品，如智能化、便捷化商品更能满足年轻消费者的需求。

美国的消费者喜欢购买礼品配件、运动电子产品、智能家居、厨房卫浴、手工工具、宠物商品等。

加拿大木工手艺全球闻名，"woodwork"（木制品）的搜索量越来越多，卖家们可以选择重新塑造木质家具、木质装饰品和木质配饰的风格、模型。

巴西作为南美市场的代表国家，3C配件、家居生活、美妆美容、时尚饰品、足球运动类商品都属于当地热销品类。

② 欧洲消费市场

英国消费者比较热衷于网购健身用品、泳装、家庭装饰品、家居用品和马克杯等，文具、纸板印刷等创意商品也比较受欢迎。

德国主要是以汽车零部件、手工制造、照明、电动工具、运动健身服饰、娃娃服饰及配件为主。

法国作为"浪漫之都"，在全球范围内"natural beauty"（天然美容商品）和"organic beauty"（有机美容商品）等词的搜索量持续增长了17%。法国的天然手工皂受到了各国消费者的追捧。

西班牙人推崇现代主义艺术和建筑，雕塑和珠宝非常出名。西班牙人利用对现代艺术的理解，将简洁的线条、图形和柔和的色彩应用到珠宝设计中。

意大利作为"时尚之都"，当地人非常注重个人形象，喜欢时尚感和设计感十足的产品。时尚服装、配饰、箱包等潮流类的商品在当地非常受欢迎。

荷兰是"风车之国"，一些手工制品、风车发电等能源类商品比较受欢迎。灯饰类也是热门商品，"minimalist lighting"（极简主义灯具）在亚马逊的搜索量不断攀升。

立陶宛的亚麻制品非常有特色，亚麻制成的各种服装、毯子、桌布等非常受欢迎。

③ 亚洲消费市场

日本的工匠文化浓厚，非常重视商品质量。3C电子产品、家电、居家品、化妆品等都是日本热门商品，另外还有陶瓷类商品也非常受欢迎。

韩国是一个非常注重个人形象的国家，化妆品、服装、美容美发等有关于提升个人形象的商品都非常热门；另外家电装修、智能家居等也很受欢迎。

随着东南亚经济水平的提高和东南亚女性对自我满足需求的增加，口红、化妆品、香水和护肤商品等在东南亚都非常好卖。对于东南亚男性来说，3C商品的销量也很好。

得益于印度的人力成本优势，手工制品等轻工业类产品是其主要商品。在亚马逊平台上，"Indian fabric"（印度织物）和"Block print"（木刻板印花）的搜索量快速提升。

现代感的皮革制品在以色列非常受欢迎。轮廓感强、用色大胆、独具个性的产品深得用户欢心。

④ 大洋洲消费市场

保健品、农牧制品、皮革商品、母婴、红酒是澳大利亚热门商品。随着购物者环保意识的提高，澳大利亚可持续发展商品搜索量不断上升，利用可回收材料，如木材、不锈钢等制作的各种配饰，获得了当地消费者的喜爱。

新西兰的农牧业非常发达，牛奶制品、母婴商品、奶粉、牛羊肉等在新西兰很出名。

⑤ 非洲消费市场

南非被称为"黄金王国、彩虹之国"，珠宝、钻石、矿物质等天然资源是南非的主要商品。另外，由于当地经济欠发达，因此人们对于智能手机、电脑等电子产品的进口需求非常旺盛。

肯尼亚当地人的手工编织、木雕等商品很出名，其中以独具非洲本土特色的肯尼亚创意珠宝首饰最受欢迎。肯尼亚卖家利用其独特的串珠打造手艺，制作项链、耳环和凉鞋。

（3）根据平台的特性选品

TikTok相对于其他的社交媒体平台，具有两大特点：一是用户群体偏年轻化；二是以短视频和直播的方式呈现商品。卖家可以根据这两大特性去选品。

首先，TikTok目前的用户群体偏年轻化，以Z世代为主，整体年轻层下沉。因此，选品一定要符合该用户群体的喜好、审美和消费水平。对于年轻消费者而言，客单价低、新颖独特、有创意的商品更易被他们关注并为之付费。

其次，TikTok主要以短视频和直播的方式呈现商品，可促使用户冲动消费。如果一个商品，没有特殊的卖点和亮点，没有可以直观感受到的价值，没有让人眼前一亮的高颜值的外观，就很难引起消费者的情绪波动和消费欲望，说服他们购买的成本会变得很高，也难以去创作视频进行内容传播。因此，在选品时，应优先考虑适合通过短视频和直播展示的商品。

（4）根据平台热卖品榜单选品

根据热卖品榜单选品可以帮助卖家最直观地了解当下爆款商品，赶上商品爆单期赚取最大的利润。不仅如此，跨境卖家还可以通过分析热卖品榜单，选择销售热卖品的周边商品。

除了TikTok Shop官方发布的半月报和热销品报告，其他电商平台的销量排行榜如亚马逊、速卖通、Shopee的Hot Sales榜单也十分值得借鉴。当然，这些榜单仅供借鉴和参考，并不能一味照搬硬抄。TikTok英国市场半月报如图6-7所示。

图 6-7

（5）根据热门标签选品

通过热门标签选品，是指通过查看和分析TikTok热门购物标签，如#TikTokmademebuyit、#amazonfind等，在TikTok标签上不断做垂直、做深挖。从内容出发，了解消费者的喜好和痛点。通过汇总和分析各个标签中出现的TikTok好物，找到灵感和素材，从而帮助商家更好地选择打动TikTok用户的商品。东南亚国家TikTok热门购物标签如图6-8所示。

国家	热门标签
泰国	#tóc、#stylist、#sinhanh、#tocdep、#uontoc、#hair、#ของดีบอกต่อ、#สกินแคร์เกาหลี、#ใช้ดีบอกต่อ、#ของมันต้องมี、#ป้ายยา
马来西亚	#Memories、#FashionInspo、#skincare、#carnoise、#toy
越南	#toclayer、#tocdep、#hair、#cattoc、#nhuộmtóc
菲律宾	#sinhanh、#tóclayer、#tócđẹp
印度尼西亚	#Wisuda、#serunyabelajar、#MarvelChallengeID、#GayaKondangan

图 6-8

（6）根据季节和节假日选品

根据季节和节假日选品指的是根据季节和目标市场的节假日进行相应的选品，如夏季的降温用品、冬季的保暖用品，以及情人节礼物、圣诞装饰用品等。

根据季节和节假日选品，商品爆发力强，容易打造爆款。但缺点也显而易见，如一旦选错商品、物流延误或是推品节奏错误，就会造成滞销，给卖家带来不小损失。因此，季节和节假日选品的方法是把双刃剑，需要谨慎使用。

（7）根据各平台收集选品数据来源

选品时需要结合一些数据并借助一些网站来保障选品的科学性。数据能够比较客观地展示实际市场情况、平台情况和消费者情况，借助数据能帮助企业科学、准确、快速地进行直播选品。

① 谷歌趋势

通过谷歌趋势搜索解析，可以对多个不同类目的搜索行为进行对比，还可以在不同的时区和地区对某一个关键词进行详细的搜索行为比较。最重要的是谷歌趋势还可以提供一些特定的关键词，并预测未来一段时间内的搜索趋势。谷歌趋势的搜索解析还提供了一项新的功能，即提供搜索分析结果的HTML代码，这样就可以直接把搜索分析结果镶嵌到网页上。

值得注意的是，关键字和分析结果的顺序不同，获取的结果也是完全不同的。

Google趋势的使用方法如下。

- 在谷歌趋势的搜索框中输入想要搜索的关键字。
- 通过谷歌趋势搜索得出的结果，通过观察关键字的搜索趋势，来判断这个关键词是否值得使用。

- 谷歌趋势还可以挖掘长尾关键字，而后再通过谷歌趋势分析得出想要的核心关键词。
- 当把鼠标拉到底部时，就可以发现右边会显示出很多相关的词组。
- 当选定好相关词组后，再以谷歌关键词工具进行搜索，就可以得到一系列相关词组，这里面获得的那些一连串的长尾词组，就可以当作长尾关键词。

② **亚马逊站内榜单**

跨境电商亚马逊上的数据有很大的参考价值，尤其是上面各种榜单的数据，如：BSR排行榜、新品排行榜、愿望清单排行榜等。从这些榜单中可以看出哪类商品目前是热门商品；哪些商品近期的销量突然暴涨……商家可以通过这些数据再结合自身的实际情况进行选品。

③ **国内批发网站**

除了国外的网站，国内也有很多批发网站是可以借助的工具，如：义乌购（中小商品供应平台）、包牛牛（箱包类商品供应平台）、衣联网（专注服装批发供应平台）、鞋库网（鞋类商品供应平台）、1688（全球批发供应平台）等。

国内的各种批发网站往往会有比较新颖和具有差异化的商品，这些类型的商品只要选择正确，再结合TikTok进行展示，就有机会将其变为爆款商品。国外用户对于国内的各种小商品都是非常喜欢的，可以说我国的小商品在海外一定程度上是自带流量的。

④ **海外社交媒体**

除了TikTok，国外还有很多社交媒体平台，如Instagram，Pinterest，Youtube等，这些平台上存在着大量可参考的信息。商家可以结合这些平台上流行的商品，以及自身的实际情况进行选品。

此外，还可以通过研究社交媒体，得知所选择的这款商品的潜在用户是怎么在社交媒体上被谈论的；同时，可以通过搜索商品在社交媒体上的展示量，了解大概的潜在用户群体。

同时，商家还能够通过社交媒体从其他方面来了解所选择这款商品的目标市场，并且获取到商品文案、商品关键字和商品描述，这些都对日常营销有非常大的帮助。此外，还能查看社交媒体中该商品所拥有的标签（hashtag）和整体趋势；以及在TikTok等平台上使用类似的关键词进行创作，增加与潜在消费者的互动。

4. 跨境平台禁售类商品

（1）了解 TikTok Shop 的禁售商品和限售商品

商家不得在TikTok Shop上发布、分享或推广禁售和限售的商品。TikTok Shop禁售商品清单如表6-3所示。

表 6-3

TikTok Shop 禁售品清单	
品类	描述
减肥产品	• 任何类型的减肥产品和健身补剂
药品	• 任何类型的药品，包括处方药和非处方药
医疗器械	• 用于单独使用，或与其他商品组合使用，达到诊断和（或）治疗效果的任何仪器、设备、器具、软件、材料或其他物品 • 任何需要医生、验光师或其他医疗保健供应商提供处方、进行施用、负责配装或销售的商品 • 类似用途的家用医疗设备，如医用口罩等
纪念币	• 任何可收藏硬币、复制硬币或伪造硬币
各类食品	• 需要特殊储存条件的食品，如生鲜食品、速冻食品等 • 为三岁以下儿童提供的儿童包装食品、婴儿配方奶（包括奶粉和液体奶）、营养品和保健品、食品添加剂
各类二手商品	• 穿过的内衣，使用过的美容和个护商品等
成人用品及相关服务	• 成人玩具和游戏、情趣制服、性保健品、非正规按摩、捆绑设备/配件、恋物癖服装、猎奇游戏、情趣家具、性增强剂，及其他描述或暗示性行为的成人用品 • 约会、性接触或陪护服务，包括面对面及在线服务
酒精、烟草、电子烟和相关商品	• 酒精，包括所有酒精饮料 • 烟草或任何含有烟草的商品 • 水烟或水烟壶 • 吸烟用品，包括烟斗和卷烟纸
汽车及汽车零部件	包括但不限于： • 汽车、机车、摩托车 • 汽车部件或部件，如刹车、发动机、轮胎和轮毂、汽车照明、燃料、仪表设备、座椅、机油过滤器等
媒体商品	包括但不限于录音、录像、视频游戏
虚拟商品	包括但不限于会籍、服务、担保、订阅，书籍、杂志、报纸、音乐、视频的下载或其他商品（如充值卡）
服务	任何类型的服务
政治相关商品	任何含有政治因素的服务
真皮制品	任何动物的真皮制品或含有真皮的商品
各类母婴商品	孕产育商品、尿布及婴儿安全用品
各种年龄限制商品	包括但不限于厨房刀具和电动工具，如锤子，刀，钳子，锯，斧头等
各种物流禁运品	这包括但不限于：来自疫区的动植物源及其他检疫物；各类急性毒物；动物源性饲料；生物制品；食品；贵金属；不雅和淫秽色情制品；毛坯钻石；未切割或未抛光且未镶嵌在珠宝中的钻石；无线电发射器；植物和动物制品；土壤；各有机生长介质；动植物的身体部分；遗骸；尸体和标本；肥料；部分液体或者膏体形式的商品；例如香水、指甲油、喷雾状防晒霜，以及其他超过 100ml 的液体等；管制药物；武器；纯电池和移动电源；食品；受出口管制的商品；不得合法进口到买方所在国家和地区的商品

以下是限售商品列表，这些商品在销售前需要TikTok Shop的明确批准。相关商品类别

为"定邀类目"，TikTok Shop限售商品清单如表6-4所示。

表 6-4

品类	描述
内衣	包括但不限于男士内衣、女士内衣和长筒袜
泳衣	包括但不限于泳装和比基尼
奢侈品或其他高价商品	包括但不限于高级定制服装、配饰、箱包、高端艺术品等
各类珠宝	包括但不限于用贵重金属制成的珠宝
各类二手商品	包括但不限于二手电子设备

（2）不售卖亵渎当地宗教信仰的商品

以印度尼西亚为例，宗教信仰是社会中不可或缺的一部分，应了解并尊重当地宗教信仰，避免售卖亵渎宗教的商品，遵守当地的法律法规。

（3）不售卖假冒伪劣和侵犯知识产权的商品

为营造积极的购物环境，TikTok Shop将商品的安全性和真实性视为重中之重。所有卖家均有义务在TikTok Shop上发布和推广正品。因此，在选品时需要规避侵权的风险，不要突破规则售卖大牌仿品或没有获得授权的商品，而导致直播间被封。

（4）易碎、易变质或过重过大的商品要慎重选择

TikTok Shop跨境卖家在选品的时候必须考虑的一个问题是物流成本。为了控制物流成本，建议卖家选择体积小、质量轻、不易碎和不易变质的商品。

（5）切勿盲目跟卖，建议选择竞争小的市场

在选品时，要避免盲目跟卖热销品。如果售卖的商品并不具有独创性，就需要思考该商品在平台是否已经处于红海。如果已经是红海市场，那么要进一步剖析商品价格和供应链资源是否具有领先优势。

如果在选品时，没有利用详细真实的数据去评估所选类目市场的竞争情况，就无法准确了解所选的类目是否被品牌商或者巨头商家占据，在没有掌握市场讯息的情况下盲目进入该商品赛道，很容易为了争夺市场，无限压低利润，大打价格战，给企业带来严重的财务压力。

（6）尽量选择非计划型消费商品，降低售卖风险

在直播选品时，尽量选择非计划型消费商品，比如服饰美妆、家居日用、户外运动等类目商品。此类型商品通过TikTok直播展示，容易激发消费者的购物需求，从而促使消费者购买。

而像结婚戒指、大型家电等计划型消费商品，消费者一般会在购买前进行比价和规划，很少会激情下单。因此，计划型消费商品要慎重选择。

5. 更多平台案例展示

（1）Amazon live 选品建议浅析

亚马逊平台最看重商品转化率，而影响转化率的因素很大程度上取决于商品本身。因此，许多卖家为了能够提高亚马逊的开店效果，会针对商品详情页做测评。通过图文版商品详情页面、商品视频、用户秀、开箱视频等方式去提升转化率，从而助力商品更好地成为爆款。

同样Amazon live的转化率也跟商品本身表现有很大关系，因此针对不同品类的商品，不同表现的商品、不同价格类型的商品适合的直播类型是不一样的，需要具体情况具体分析。

Amazon live分为亚马逊红人直播和亚马逊店铺品牌直播，不同直播类型适合的商品不一样，基于亚马逊商品本身表现、商品品类、商品价格等对于亚马逊直播效果的影响，关于亚马逊直播的选品参考建议如下。

① 新品不适合做亚马逊红人直播，建议做店铺品牌直播

亚马逊平台流量的转化率跟商品本身的关系比较大。从不同商品转化率对比的结果来看，通常新品的转化率都比较低，所以会导致平台主播不太愿意承接新品的直播，怕影响总体的效果。对于商家来说，如果需要更多的渠道和方式来提升新品的转化率，直播是一个不错的选择。直播对于新品流量转化有价值，因此，建议卖家可以直接做亚马逊店铺品牌直播推广，提升新品扶持期流量转化率，助力新品成长。从长期投资回报率来看，如果商品多，店铺流量大，则可以考虑跟第三方MCN机构合作；如果商品太少，整体店铺流量不好，则建议卖家自己做店铺品牌直播。

② 符合小类100名，日销100单的双百商品适合红人直播

根据数据统计和多方反馈，亚马逊平台上符合小类排名前100名，日销量上100单的双百类型商品，通过红人进行直播带货的整体效果很不错。因为亚马逊非常注重用户体验，平台只会将它认可的商品推送给用户；而能够达到双百标准的商品，基本上已经得到亚马逊的认可，所以也就更容易获得亚马逊流量的扶持。在平台流量的助推下，整体的商品转化率比较好，主播也更愿意带货，所以通常建议亚马逊卖家拿双百商品尝试直播。

③ 买方市场越大的商品，红人直播效果越好

红人直播的流量相对比较杂，多种不同画像的受众群体都可能出现在同一个红人的直播间。商品的买方市场越大，直播间的用户中对该商品有需求的占比就会越大，直播效果也会越好。比如常见的纸巾、牙膏、牙刷等日常用品，用的人越多，直播带货效果也越好。

④ 从价格来看，通常价格越低红人直播效果越好

价格一直是影响商品转化非常核心的因素之一。对于绝大多数消费者来说，都希望能用更低的价格买到更好的商品，因此，同样的商品，价格越低相对越容易成交。在面对高价格和低价格商品的时候，用户的犹豫时间是完全不一样的。价格低用户犹豫期短，下单决策快；价格高则犹豫期长。在直播间这样的环境中，如果价格能占据优势地位，主播在带货过程中再使用一些引导性话术，营造好直播氛围，就能够快速让消费者下单。

比如人们去便利店买一瓶矿泉水，不会有太多的纠结和对比；但是如果去买一台电脑或者一辆车，肯定会花很多时间去考量的。

⑤ **相同品类的商品，商品本身表现越好直播效果越好**

亚马逊平台会通过商品评论页、评分、商品评论数、首页评论质量等维度对商品进行展示。在都是好评、没有好评和都是差评的商品中，作为消费者，一定还是优先购买都是好评的商品。哪怕是同类型的商品在价格上略有差异，只要商品本身在平台上的各项表现都很好，还是能快速获取到用户信任，这部分商品在直播间也就更容易被卖出。

⑥ **折扣越低，红人直播转化率越高**

价格是影响商品流量转化率的因素之一。价格低的呈现方式：一种是走低价路线；另一种是通过打折促销的方式来呈现低价优势。因此在选品的时候，如果商品正在进行打折促销，在直播的过程中，折扣会对直播效果有很大的促进作用。在Amazon live直播中，Deal（特价促销）直播的效果是最好的，因为直播能够提升转化率，折扣也能够提升转化率，两者合力效果自然更好。

⑦ **市场需求小的商品不建议做亚马逊红人直播**

市场需求相对较小的商品建议做亚马逊店铺品牌直播，以此来抓住店铺的精准流量。因为红人直播流量杂，如果商品市场需求小，意味着需要商品的人少，直播效果自然不会太好。至于是卖家自己做直播还是跟第三方MCN机构合作直播，具体可根据店铺的流量情况决定。

⑧ **标品类商品建议做亚马逊店铺品牌直播**

标品类商品因为不具备普适性，比如5号的螺丝只能配5号的螺母，不同品牌的汽车配件之间也相互不通用，标品类商品的用户，一般会通过主动搜索的方式去找到对应的商品或者是店铺。通过红人直播间的方式来引流会太过于分散，很难直接吸引到精准用户。而且此类商品的对商家专业性要求相对较高，商家在做品牌直播时如果能够很好地进行商品详情的展示并能解答用户疑问，那么对用户的购物体验价值就非常大，就能进一步促进成交。

⑨ **价值高的商品建议做店铺品牌直播**

在亚马逊直播需要寄送样品，如果商品价值非常高，同步又选择了多数红人主播进行带货，那么寄样的成本是非常高的。通常价值高的商品建议亚马逊卖家先做店铺品牌直播来抓住店铺精准流量，如果商品确实市场需求不错，并且计划长期持续直播，这样可以摊薄样品成本，也是可以考虑红人直播的。

⑩ **亚马逊禁售商品禁止做直播**

成人用品、电子烟、酒精等亚马逊禁止做直播的商品绝对不能做直播。亚马逊平台管控非常严格，一旦违反规定，直播权限就会被亚马逊关闭。要想在亚马逊平台上获得不错的效果，就必须遵守亚马逊平台规则。

以下是亚马逊全站点禁售商品。

● 真皮类皮毛，捕鼠器、老鼠贴、宠物止吠器、宠物的远程脉冲设备（项圈/围栏）

或电子训练垫、捕鱼投掷器。

- 美妆类目：睫毛生长液、假睫毛（动物毛材质）、美妆液体类（50ml以上发不出去）、含有化学成分的化妆品。
- 医疗相关类目：药品、酒精、血压计、隐形眼镜、急救包、有测血压功能的商品、口腔类商品、个人卫生类商品。
- 化学物品类目：烟雾，超过1.5kg的纯镁粉，含氟、含汞的商品，一氧化碳、可燃气体等探测器。
- 激光镭射类商品：含有红外线、超声波的商品。
- 安全类商品：儿童游泳圈、儿童救生衣。
- 灯具花环、轻型花环、童话灯。
- 武器类商品：战术类型、弹弓、刀片、折叠钳、危险的刀具或工具、气枪和配件；
- 适配器类：纯电池类商品，如笔记本电脑电池、手机更换电池、笔记本充电器和电源适配器、插墙式手机充电器、手机车载充电器。
- 植物种子、货币、外形类似苹果家的商品、棒球棒、钟表类。
- 动漫类、游戏类的人物不上架，关键词也不可以写。

注意：

- 旺季玩具类商品需要提供售卖申请。
- 上架时带有品牌的商品尽量写成自己的店铺名。
- 所有大品牌词前面要加介词 "for"，不确定是不是大品牌的，后面加上介词。

亚马逊店铺品牌直播对商品的要求不会太高，只要不是亚马逊禁止直播的商品都可以，而红人直播对于商品的要求则会高很多。因此商家在计划通过Amazon live做亚马逊直播时，可以根据自身情况确定做哪种类型的直播，或者两种直播都做。

具体适合做什么类型的直播需要根据亚马逊卖家自身的情况考虑，比如投资回报率、商品本身的表现等。亚马逊看中的是商品持续的高转化率，因此在亚马逊直播是一件需要持续进行的工作。目前Deal商品的红人直播效果最好，如果希望利用Amazon live助力商品成为爆款商品，建议做好打持久战的准备。

（2）阿里巴巴国际站直播选品

① 阿里巴巴国际站选品注意事项

阿里巴巴国际站作为B端跨境平台，与C端直播平台还是有较大的差异。相对来说，国际站的直播链路和模式要比C端简单一些，目前基本都是商家自播，外贸企业的业务员基于对商品的专业了解，英语口语水平和表达能力过关就可以开播。阿里巴巴国际站直播核心是引流推广、增加获客渠道，因此对主播的专业度要求比较高。主播需要在展示商品特点的同时，更多地展示企业实力。从国际站普遍转化率比较高的直播间分析来看，国际站直播选品，需要关注以下几个重点维度。

- 新品。新品意味着新商机，可同时唤醒新老用户。新品可以围绕设计、趋势、材质、技术等多个维度进行选择，占比在20%左右。

● 主推款。主推款一般推荐为店铺爆款产品，偏向RTS和DDP（完税后交货）。简单来说，主推款就是发货方式、物流成本等下单前期环节确定性更高的商品，占比70%左右。

● 引流款。一般建议设置2～3个商品作为一场直播的引流款。该类产品需要具备的特质有：较低的MOQ、低客单价、提供免费样品和快速发货。引流款不仅可以吸引公域直播流量，也可以充分用于前期蓄客进行推广，占比10%左右。

● 挂品数量。直播间最佳挂品数量在20～40个，不建议将店铺全部的商品都挂到直播间，这将不利于发挥直播间展现商品的最大优势。

② 阿里巴巴国际站禁限售规则

阿里巴巴国际站禁售商品如下。

● 毒品、易制毒化学品及毒品工具。

a. 麻醉镇定类，精神药品，天然类毒品，合成类毒品，一类、二类易制毒化学品，类固醇，管控物质或管控成分。

b. 三类易制毒化学品。

c. 毒品吸食、注射工具及配件。

d. 帮助走私、存储、贩卖、运输、制造毒品的工具。

e. 制作毒品的方法、书籍。

● 危险化学品。

a. 爆炸物及引爆装置。

b. 易燃易爆化学品。

c. 放射性物质。

d. 剧毒化学品。

e. 有毒化学品。

f. 消耗臭氧层物质。

g. 石棉及含有石棉的商品。

h. 剧毒农药。

● 枪支弹药。

a. 大规模杀伤性武器、真枪、弹药、军用设备及相关器材。

b. 仿真枪及枪支部件。

c. 潜在威胁工艺品类。

● 管制器具。

a. 刑具及限制自由工具。

b. 管制刀具。

c. 严重危害他人人身安全的管制器具。

d. 弩。

e. 一般危害他人人身安全的管制器具。

● 军警用品。

制服、标志、设备及制品。

● 药品及其相关产品。

a. 处方药、非处方药、激素类、放射类药品、含有违禁成分的其他药品、原料药和药物中间体。

b. 特殊药制品、疫苗。

c. 兽用药、人兽共用药。

d. 口服、注射性药及含违禁成分的减肥药、保健品或非保健品类减肥药。

e. 中药、中药材、中药饮剂。

● 色情、暴力、低俗及催情用品。

a. 涉及性虐、乱伦、强奸及儿童色情相关信息。

b. 含有色情淫秽内容的音像制品，成人网站论坛的账号及邀请码。

c. 含真人、假人、仿真器官等露点及暴力图片。

d. 原味商品。

e. 宣传血腥、暴力及不文明用语。

● 非法用途商品。

a. 政府机构颁发的文件、证书、公章、勋章，身份证及其他身份证明文件，用于伪造、变造相关文件的工具、主要材料及方法。

b. 单证、票证、印章、政府及专门机构徽章。

c. 金融证件、银行卡，用于伪造、变造相关的工具、主要材料及方法；涉及伪造证件类及金融类证件的相关敏感信息。

d. 信号干扰器。

e. 用于监听、窃取隐私或机密的软件及设备。

f. 非法软件及黑客类商品。

g. 用于非法摄像、录音、取证等用途的设备。

h. 非法用途工具（如盗窃工具、开锁工具、银行卡复制器）。

i. 用来获取需授权方可访问的电视节目、网络、电话、数据或其他受保护、限制的服务的译码机或其他设备（如卫星信号收发装置及软件、电视棒）。

● 非法服务。

a. 提供银行、金融咨询服务或洗钱、非法集资等服务。

b. 提供视频、色情陪聊服务。

c. 提供医疗咨询和医疗服务。

d. 提供个人隐私信息及企业内部数据；提供个人手机定位、电话清单查询、银行账户查询等服务。

　　e. 提供法律咨询、彩票服务、医疗服务、教育类证书代办等相关服务。

　　f. 提供追讨服务、代加粉丝或听众服务。

　　g. 非法规避或者偷、逃关税。

● 收藏类。

　　a. 货币、金融票证，明示或暗示用于伪造、变造货币、金融票证的主要材料、工具及方法。

　　b. 虚拟货币（如比特币）。

　　c. 金、银和其他贵重金属。

　　d. 国家保护的文物、化石及其他收藏品。

● 人体器官、动植物及动物捕杀工具。

　　a. 人体器官、遗体。

　　b. 国家重点保护、濒危保护动物活体、器官、标本、相关制品及捕杀、加工工具。

　　c. 猫、狗等动物的活体、器官、标本、相关制品及加工工具。

　　d. 国家重点保护、濒危野生动植物及相关制品。

　　e. 其他受管制的动植物及其制品。

● 危害国家安全及侮辱性信息。

　　a. 宣扬恐怖组织和极端组织信息。

　　b. 宣传国家分裂及其他各国禁止传播发布的敏感信息。

　　c. 涉及种族、性别、宗教、地域等歧视性或侮辱性信息。

　　d. 其他含有政治色彩的信息。

● 烟草。

　　a. 成品烟及烟草制品。

　　b. 电子烟液。

● 赌博。

　　a. 在线赌博信息。

　　b. 赌博工具。

● 制裁及管制商品。

　　a. 禁运或限制进出口的商品。

　　b. 其他制裁商品。

● 违反目的国商品质量技术法规、法令的标准的，劣质的，存在风险的商品。

　　a. 经权威质检部门或生产商认定、公布或召回的商品；各国明令淘汰或停止销售的商品；过期、失效、变质的商品、无生产日期、无保质期、无生产厂家的商品。

　　b. 高风险及安全隐患类商品。

　　限制销售的商品是指需要取得商品销售的前置审批、凭证经营等许可证明，才可以发布的商品。会员须将已取得的合法许可证明在发品前提交至"My Alibaba—认证中心—证书上传—监管许可证书"进行审核，审核通过后，方可发布。

阿里巴巴国际站限售商品如下。

a. 烟花爆竹、点火器及配件。

b. 限制发布的警用品。

c. 三类医疗器械。

d. 代办签证服务。

e. 制烟材料及烟草专用机械。

f. 婴幼儿食品。

g. 电动平衡车。

h. 保健食品（膳食补充剂）。

i. 签证服务。

j. 黑色金属与有色金属。

k. 食品和饮料、农产品。

l. 化妆品商品。

m. 关于氢碳化物HFC的中国合规要求。

【知识与技能训练】

一、单选题

1. 一般在直播开场时上的产品是什么类型的产品？（ ）

    A. 爆款　　　　　B. 利润款　　　　　C. 形象款　　　　　D. 引流款

2. 在直播间数据流量最好的时候最适合推荐什么商品？（ ）

    A. 引流款　　　　B. 利润款　　　　　C. 特供款　　　　　D. 福利款

3. 新主播初期直播期间，以下哪类商品更加容易上手？（ ）

    A. 非标品　　　　B. 标品　　　　　　C. 专业品　　　　　D. 个性化商品

4. 要提升直播间的品牌背书，需要哪一类商品支持？（ ）

    A. 专供款　　　　B. 福利款　　　　　C. 引流款　　　　　D. 爆款

5. 一场直播中，把围巾＋风衣＋袜子组品链接，主要是依据商品的什么特性？（ ）

    A. 商品美观度　　B. 商品性能　　　　C. 商品价格　　　　D. 商品利润

6. 针对复购率比较高的直播间，适合采用什么样的组品策略？（ ）

    A. 低价SKU　　　　　　　　　　　B. 商品延伸

    C. 商品高价值感　　　　　　　　　D. 商品外观组合

7. 下列什么商品属于TikTok禁售商品？（ ）

    A. 牛皮背包　　　B. 锅具　　　　　　C. 泳衣　　　　　　D. 内衣

8. 如果直播间卖毛绒玩具到印度尼西亚市场，最好不要卖什么动物造型？（ ）

    A. 狗狗玩偶　　　B. 熊猫玩偶　　　　C. 兔子玩偶　　　　D. 猫咪玩偶

二、多选题

1. 为了直播间的可持续发展，选品过程应该注意哪些？（ ）

    A. 商品侵权   B. 商品禁售

    C. 商品质量   D. 商品过度宣传

2. TikTok直播商家类型有哪几种？（ ）

    A. 品牌型   B. 工厂型   C. 经销商型   D. 达人营销

3. 选择爆品时需要考虑以下哪几个因素？（ ）

    A. 容易展示的商品   B. 市场受欢迎商品

    C. 刚需类商品   D. 亏本的商品

4. 跨境直播商品在考虑成本过程中需要考虑哪一些因素？（ ）

    A. 物流成本   B. 关税成本   C. 仓储成本   D. 运营成本

5. 直播间商品可以分为哪些类型？（ ）

    A. 利润款   B. 爆款   C. 低价款   D. 引流款

【职业技能综合实训】

跨境选品整体思路，完成实训方案1个。

【匠心钥匙】

跨境直播电商：中国外贸生力军

位于江西省赣州市南康区的赣州国际陆港，跨境电商卖家在进行直播带货，如图6-9所示。

图6-9

中国商务部最近发布的数据显示，2023年，中国跨境电商进出口2.38万亿元，同比增长15.6%。其中，出口1.83万亿元，同比增长19.6%。这一数据揭示了中国外贸出现的一些新变化。相关领域专业人士认为，类似跨境直播这样的外贸新业态的发展，对中国外贸的保稳提质起到了积极的推动作用。

外贸企业探索跨境直播

"我们用了两个月时间，依靠直播拿到9000多个海外用户询盘。"说起这个成绩，广东省深圳市某科技有限公司营销总监依然兴奋不已。

该公司主营智能水杯等儿童科技商品，集设计、开发、生产、销售于一体，海外客户市场主要在欧洲、北美和南美。去年春节期间，该公司决定在阿里巴巴国际站进行跨境直播。为了快速抓住海外客商兴趣点，营销总监和直播团队从选品、备货开始做起，在商品卖点、直播间装修、目标客户人群选择等方面下足了功夫。由于当时其他商家尚在放假，该公司的直播间平均每场观看人数超过1000人。由于观看者都是专业的采购用户，这个数字已经足够喜人。在起初人手不足时，该营销总监一度从晚上10时直播到第二天早晨8时，"有时候一下播才发现，嗓子都沙哑了"。

依靠集中进行跨境直播，该公司新开发客户达数百个，还谈下了美国等地的代理。"这个效率比以前至少提速1倍。"

该企业是不少中国外贸企业探索跨境直播的一个缩影。中国商务部今年1月底发布的数据显示，据初步统计，目前全国有外贸进出口实绩的企业达64.5万家，其中跨境电商主体超过10万家。另据企查查提供的数据，中国现存直播相关企业148.04万家，近10年来直播相关企业注册量呈现持续正增长态势。

如今，"跨境电商""直播"等成为一些外贸企业口中的高频词汇。在宁波某进出口有限公司，工作人员为了打造高品质直播连线展示间，专门配备了5G移动直播车，公司源自直播间的客户每年都有近两倍增长。作为传统机械工厂的上海欧佩克机械设备有限公司，把此前用来接待海外客户的3000平方米实体展示厅改成了直播间，每个业务员都学会了直播；工厂里还安装了数十个高清摄像头，海外客户可以24小时实时在线看厂、下单，整体带来的收益远超投入。在深圳某科技有限公司，不仅有多名主播用流利的英文进行跨境直播，一同参与直播的还有穿梭在工厂间的直播机器人。机器人拍摄到的工厂作业场景被接入直播画面，海外客户在与主播交流的同时，可以同步看到工厂作业情况。

跨境直播带货的快速发展，得益于中国电商平台的不断推动。阿里巴巴国际站提供的数据显示，2023年以来，每天在线观看跨境直播的海外用户同比增长127%，为外贸商家带来的商机增长达156%。拼多多提供的数据称，Temu平台自2022年9月上线以来，先后在40多个国家开通业务，覆盖5大洲，很多中国制造商通过跨境直播将货物卖到欧洲和美国市场。在海外"购物类App"下载量排名榜单上，中国快时尚电商平台希音常年稳居前列，网红直播等营销方式成为其在海外社交平台推广、引流的重要方式。

受益于中国强大的供应链

中国跨境直播强大的带货能力，引发一些外媒关注。《日本经济新闻》近日报道称，中国电商平台Temu在日本今年1月的用户人数超过1500万。该电商进入日本约半年时间，已经达到日本领先三大电商平均值的五成。另据韩联社报道，韩国统计部门最近发布的最新数据显示，2023年，韩国源自中国跨境电商的进口额同比激增121.2%。中国首次超过美国，成为韩国最大的跨境电商进口来源国。

与此同时，亚马逊、沃尔玛、优兔、脸书、照片墙等海外购物及社交平台纷纷"试水"直播带货。中国社会科学院财经战略研究院此前发布的《全球跨境电商品牌出海生态报告》认为，无论是中国还是海外，直播已成当下流量新风口。直播带货是强互动的购物，还原了线下面对面的购物体验，一些跨境电商品牌商敏锐地瞄准了这一品牌"出海"营销新方向。

中国直播带货模式为什么能成功？美国《麻省理工斯隆管理评论》杂志曾刊文分析，从全球范围看，除中国以外的主要电商平台运营模式较为单一、模块化，而中国电商平台在直播带货中还会穿插游戏，以娱乐性增强潜在消费者的购买意愿。此外，中国直播带货催生了大量网红主播群体与相关电商平台合作，促进了电商零售营销模式创新。这些直播带货主播不仅是专业的主持人，能够与受众实时互动、共情，更是懂得商品、了解商品，能够把商品讲明白的销售高手。文章认为，作为全球电商零售的新模式，中国直播带货模式可以被各国电商平台及品牌认识、借鉴和尝试。

"中国跨境直播带货的火爆，主要受益于中国强大的供应链、商品品质过硬、对市场需求的响应力强、对消费者有吸引力等，这些优点通过跨境直播得到很好展示。"浙江大学国际联合商学院数字经济与金融创新研究中心联席主任、研究员盘和林认为，中国国内发达的直播电商产业生态，也为跨境直播电商"出海"提供了强大的人才储备，国内直播电商的成功经验被很好移植过来，让跨境直播更加得心应手。

不断提升跨境直播全球影响力

随着人工智能、算法推荐等技术发展，外贸业的直播带货模式正在发生变化，或将对传统外贸方式产生深远影响。

"以前我们是靠主播昼夜颠倒地直播卖货，现在只要一个工作人员守着'数字人'就行了。"吴昕和说。去年12月，吴昕和所在的脉威时代公司开始尝试数字人直播，事情很快变得有些不一样。她发现，数字人直播能够解决真人主播熬夜的问题，不仅切实降低了人工成本，也增加了直播时长。从学习能力来说，它是全能型主播，不仅能准确记住多种商品功能、卖点和价格，还会熟练使用各国语言。通过训练，它还能根据用户说出的关键词自动回答问题，或者播放相应短视频来解答商品工艺和功能。从业务价值来说，它可以激活老客户，增加新的询盘，提升流量转化率。

电商平台在直播模式、运营方式等方面的推陈出新，让外贸企业在"试水"直播带货时感到更加轻松便捷。在阿里巴巴国际站,平台今年推出很多新技术,比如通过"时间罗盘"帮助外贸企业找到最适合的开播时间段;在直播间增加语音转字幕及翻译功能,将商家语音实时转成字幕等。在Temu平台,具备海外本土发货能力的跨境商家选择半托管模式后,可以不使用拼多多平台指定的仓库物流服务商,而是依照适合自己的方式,更加灵活地决定仓储物流方案。

随着直播带货"出海",物流成本高、支付手续繁琐、文化差异等问题也在凸显。中国信息协会常务理事、国研新经济研究院创始院长朱克力建议,进一步加大基础设施建设投入,提高通关效率,优化物流、信息流通道,降低企业运营成本,为跨境电商直播发展提供有力支撑;建立完善的海外仓服务体系,推动整个供应链优化和发展;加大校企合作,建立完善的跨境电商直播人才培养体系。

针对海外文化差异,盘和林建议聘请海外顾问研究海外用户偏好,主播加强学习全球各地文化,找到一种海外用户能够接受的直播风格和模式,不断提升跨境直播全球影响力。

(来源:《人民日报》海外版 2024 年 03 月 05 日)

模块七 AI 数字人直播

【学习目标】

1. 了解AI数字人的基本概念
2. 了解AI数字人的产生应用原理
3. 了解AI数字人直播的主要驱动模式

【能力要求】

1. 具备AI数字人直播的基本认知
2. 掌握AI数字人直播和真人直播的异同案例

【素养提升】

1. 具备AI数字人的直播应用思维
2. 具备AI数字人的应用前景思维

【知识图谱】

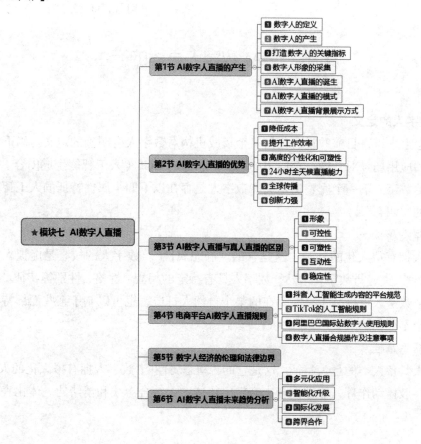

【新闻播报】

谦寻（杭州）控股有限责任公司及旗下子公司谦语智能和羚客分别发布了最新的人工智能应用成果——AI数字人直播业务和一站式AI智能直播综合服务平台。"从我们与多家品牌的合作经验看，谦寻的AI数字人直播系统不仅可以替代真人完成店播，而且效果可能更好。"相关负责人介绍，传统的品牌直播间需要高昂的运营成本，包括人力、设备、场地等在内，每月的投入为15万～25万元。有了AI数字人直播的加持，品牌方每个月只需投入数千元，就可以打造自己的直播间。不仅如此，直播时长、转化率、成交额等数据甚至优于真人直播。

（来源：杭州日报2023年8月10日）

在第二届全球数字贸易博览会上，数字人主播"火热"，印证了中小企业对技术革新的期许。阿里巴巴集团公共事务总裁在论坛上提到，AI技术的爆发，将为跨境电商带来全新机遇。近期，阿里巴巴国际数字商业集团推出了全新的AI工具包"Aidge"，向全球生态伙伴开放，帮助中小企业提升自身经营能力。杭州直播电商企业谦寻发布的"AI数字人直播零度出海计划"，谦寻AI数字人跨境店播将把方兴未艾的国内数字人店播技术全方位复制到国外，帮助东南亚市场高效搭建直播电商基建，出海国货、新锐品牌以及海外本土品牌都是适用方。

（来源：中国经济时报2023年12月9日）

第1节　AI数字人直播的产生

1. 数字人的定义

从概念上来讲，目前并没有任何一个权威机构对数字人有明确的定义。以下将按照数字人带来的应用场景对其做一个简单的定义，这也是AIGC（人工智能生成内容）行业第一次系统地给数字人下一个完整的定义。数字人是存在以下四个属性特征的人工智能产物，即数字人的"四态"。

（1）静态属性

数字人拥有拟人化的外观，这是它的"静态属性"。数字人的核心是虚拟人类，即用AIGC技术对人类进行数字化表达。数字人具有特定的相貌、性格、性别等特征。需要特别说明的是，数字人可以基于真实存在的某个自然人打造，也可以基于某些面部特征凭空造出一个完全不存在的人类形象。

（2）动态属性

数字人具备人类的行为特征，这是它的"动态属性"。数字人拥有拟人化的人类声线、面部表情、肢体动作等，能够配合声音做出得体的、符合声线和情绪的一体化表达。

（3）智慧属性

数字人具备一定的自我分析、思考及判断能力，这是它的"智慧属性"。数字人借助GPT（预训练生成式转换器）等大模型赋予的能力，可以生成具备一定智慧属性、连贯逻辑属性的全新文本，并通过语音合成技术生成音频，再用智能响应技术让数字人用匹配音频的口型、动作，以人的姿态输出该内容，呈现出智慧生物的综合表现状态。在提高数字人的智力水平上，NLG（自然语言生成）与NLU（自然语言理解）等算法功不可没。

（4）感态属性

数字人具备一定的情感表达能力，这是它的"感态属性"。数字人在GPT等大模型多模态技术的加持下，可以在与真实人类沟通的过程中，基于特定的沟通内容表达出一定程度上的情感，甚至主动要求或拒绝某些指令。这也是备受争议的AI技术带给人类的挑战，但这是不可逆的发展趋势。数字人的概念往往和元宇宙的概念密不可分，数字人可以是元宇宙中某个真实人类的"投影"，也可以是一个全新的、被创造出来的虚拟形象。这个虚拟形象可以成为真实人类进入虚拟世界的载体和介质，所以在游戏直播和秀场直播的细分行业中，数字人率先得到了大规模的应用，目前，在中国、日本、韩国、美国等国家和地区都出现了数字人偶像。

2. 数字人的产生

数字人的创建是一个涉及人脸采集、3D建模、纹理贴图和动画技术的复杂过程。每一个步骤都需要专业的技术和工具。然而，随着AI技术的进步，创建数字人的过程正变得越来越普及和易于操作。虽然这个技术还会面临许多挑战，但随着人们对人脸和表情的理解不断深入，未来的数字人将变得更加真实，更加贴近真实人类的综合表现。目前国内的数字人技术厂商的底层技术主要以NLP（自然语言处理）技术、多模态融合交互［不同形式的输入组合（语音、手势、触摸、凝视等）被称为多模态交互模式，其目标是向用户提供与计算机进行交互的多种选择方式，以支持自然的用户选择］和大模型［又可以称为Foundation Model（基石）模型，模型通过亿级的语料或者图像进行知识抽取、学习，进而生产了亿级参数的大模型］、XR技术［Extended Reality扩展现实，是指通过计算机将真实与虚拟相结合，打造一个可人机交互的虚拟环境，它涵盖了AR（增强现实）、VR（虚拟现实）、MR等多种技术］这三种技术为底层技术依托打造数字人。

数字人是基于人工智能、增强现实、虚拟现实等技术手段创建的具有人类外貌、行为和认知能力的虚拟形象。数字人的出现得益于以下四个技术领域的快速发展和深度融合。

（1）计算机图形学

计算机图形学是数字人产生的基础，它涉及图像处理、渲染、建模等多方面的技术。由于数字人需要拥有逼真的外貌和动作，因此需要图形学的技术支持。

（2）机器学习和自然语言处理

由于数字人需要具备自然语言交互能力，因此需要机器学习和自然语言处理的技术支持。这些技术可以让数字人理解人类的情绪、意图并进行个性化的互动，从而实现与人的交互。

（3）人工智能

由于数字人需要具备智能能力，根据环境和任务作出相应的反应，因此需要AI（人工智能）技术支持数字人的认知能力和智能行为。

（4）AR 和 VR

AR和VR技术可以为数字人提供更加逼真的交互体验。通过AR技术，数字人可以与用户在现实场景中进行互动，提供更加丰富的视觉和交互体验；通过VR技术，数字人可以与用户在虚拟场景中进行沉浸式的交互。

数字人的产生得益于以下三个环节的数据采集。

（1）视频数据采集扫描环节

数字人按照视觉呈现方式可分为2D和3D两类，本文主要聚焦的是3D数字人。3D建模技术主要包含静态扫描建模及动态建模两类。目前静态扫描建模是主流建模技术，其中相机阵列扫描重建技术快速发展，可实现毫秒级高速拍照扫描（高性能的相机阵列精度可达到亚毫米级），能够满足数字人扫描重建的需求，替代结构光扫描重建技术，成为当前人物建模的主流方式。

国内主流的数字人服务技术解决方案，大多采用高清数码单反相机进行人像采集扫描，基于视觉图像捕捉动作。随着扫描技术的进步，可以通过家用设备如智能手机、家用单反或者微单相机，进行高质量的人脸扫描，而不需要借助价格高昂的动作捕捉设备。

（2）人物数据处理智能合成环节

采集的数据将经过被称之为网格化的过程，转化成计算机可以处理的3D模型。这些3D模型由数以千计的顶点和多边形组成，能够捕捉并再现被扫描者的面部特征和表情，然后使用纹理贴图技术，在模型的表面添加色彩和细节。这些贴图技术包括颜色贴图、法线贴图、光照贴图等，用于复现人物真实肌肤的色彩、质感和反光效果。

其中，2D、3D数字人均已实现口型动作的智能合成，面部或身体的其他部位的动作智能合成正在实现。一旦3D模型和纹理贴图创建完毕，就需要通过动画技术给模型注入生命。这通常会涉及人脸跟踪和表情捕捉等技术。这些技术可以实时地捕捉真人的面部表情和动作，并将这些数据映射到数字人的3D模型上，使模型能够展现出类似真人的面部表情和动作。

（3）基于 AIGC 技术的模型驱动

AIGC技术的原理是通过智能系统自动读取并解析外界输入的信息，根据解析结果决定数字人后续的输出信息，然后驱动人物模型生成相应的语音与动作来使数字人跟用户互动。目前应用最广泛的是基于文本或音频输入的数字人驱动方式，即通过输入一段文字或者一段音频来控制数字人的口型闭合。这种驱动方式被广泛应用于数字人短视频拍摄及直播带货领域。

数字人虽然已经诞生了很长时间，但其长期以来被吐槽最多的问题就是大部分数字人都过于呆板。一项数据表明，人和人之间55%的交流靠肢体，约38%靠语调，只有约7%是靠语言。因此数字人互动能力的增强对提升用户体验具有非常重要的意义。而随着AIGC

技术的爆发，将会很好地赋能数字人，极大提升数字人的生动力，让数字人"活"起来。

随着AIGC技术的进步，尤其有了众多像ChatGPT这样的语言大模型，就能支撑数字人的回答变得多样且具备拟人语气。另外AIGC技术也将会让数字人在声音训练、表情模拟以及情绪表达上有很大的飞跃。例如，生成式AI技术是以文本驱动数字人嘴型，该模式会让发声显得僵硬，而现在要驱动数字人很好地表达情绪，则是会用Audio2Face技术，用声音驱动唇形及面部表情，通过对情绪的判断及传递实现数字人的情绪表达，数字人也因此给人感觉更逼真。

AIGC技术赋能数字人。目前数字人厂商已经可以通过AIGC技术在短视频、直播和一对一服务等场景中直接生成，并且可以与观众进行智能互动。例如，在直播中可以解析观众的弹幕内容并直接回答他们的问题。在短视频创作中，设有AI文案功能，帮助运营者生成文案或改写文案，极大减轻了短视频工作者的创作压力。

3. 打造数字人的关键指标

数字人制作完成后，还要进行响应效果评估，评估标准是人与数字人的交互体验效果。

（1）口型运动

从同步性、准确性、自然性等方面来评估数字人口型运动的效果。

同步性：数字人的口型运动与语音的同步性。如果同步性好，数字人的口型运动将与发音时间对齐，给用户带来更真实的体验。

准确性：数字人的口型运动与实际发音的准确性。观察数字人的口型变化是否正确反映了所发出的声音。

自然性：数字人的口型运动是否与现实生活中人类的相似。可以通过观察数字人口型的运动速度进行评估，过于生硬或不自然的口型运动，会让用户感到不适。

（2）表情和肢体语言

除了口型运动，数字人的表情和肢体语言也会对整体效果产生影响。表情和肢体语言应与语音信号相协调，可以增强沟通效果和真实感。

（3）移动平滑度

移动平滑度可以衡量数字人口型运动的平滑程度。通过计算口型运动速度或加速度的变化，从而得到数字人口型运动的平滑度。

（4）口型相似度

通过比较数字人口型与实际发音者口型之间的相似程度，可以得出口型相似度的数值，该数值也可以通过计算嘴唇轮廓之间的距离或相关性来实现。

（5）一致性和协调性

让不同的人观看并评价数字人的动作与口型运动效果是否一致，如在数字人表达亢奋情绪或说出某些词汇时，面部表情和手部动作是否做到了同步。如果声音亢奋，但肢体无动作，面部无表情，只是口型做出了配合，那么整体的呈现效果依旧是失败的。

4. 数字人形象的采集

数字人往往是基于真实自然人的面部特征和身体结构特征构建的，因此对大多数的数字人使用者来说，第一步都要完成某个特定真实自然人的面部特征及身体结构特征的采集。不同于以往，采集需要造价高昂的佩戴式动作捕捉设备，如今已经可以只用一个随处可以买到的分辨率在2K甚至1080P的家用摄像头，就能够完成数字人形象的采集。为了让采集的效果更好，基于过往数百次数字人形象采集的经验，给出以下五点注意事项，希望能够为数字人形象采集提供帮助。

（1）采集环境准备

需要准备好摄像头或者单反相机。采集虚拟数字人形象并不需要专业的摄影棚，只要在一个明亮的办公室内，背后摆放绿幕即可完成视频采样。如果房间光线亮度不足，可以考虑购置2~3盏球形补光灯来进行环境光的补强。

（2）人物背景相关注意事项

- 如果后期需要处理背景，则建议布置纯绿色背景幕布，且要与人物衣服颜色有较高的区分度。背景无其他杂物，如摄影灯等。拍摄完语料后相机不要停，撤走所有装饰和人物，单独录一下绿幕背景。
- 绿幕拍摄要求幕布平整且完整，需单独补光。人像距离幕布半米以上，保证身后没有明显阴影。相机参数设置成"4K30fps"为最佳，最低分辨率要求高清1080P。
- 人物的背景要静态（背景中不要有行驶状态的车辆，或者像流动的喷泉、飘动的树叶及播放的视频等）。

（3）人脸遮挡相关注意事项

- 人脸附近最好不要有杂物（如书籍、玻璃等）。
- 人脸和脖子无遮挡（字幕、手势都不能过大，避免遮住脸和脖子；不佩戴有线耳机、不佩戴会晃动的耳饰等）、要露出完整的全脸、不要穿高领衣服。
- 人物头发在不遮挡脸部的基础上，发型要平整无虚空，马尾等发型不能来回晃动，否则后期会截断；如需后期抠图的话，不要佩戴镂空透明发饰（如黑色蕾丝大蝴蝶结等）。

（4）侧脸与头部动作注意事项

- 如果大部分时长人脸是正对镜头，人脸侧向转动角度不要超过30°，头部无大幅度的转向和晃动。
- 如果需要侧脸视角，整段素材应该均保持该视角，侧脸角度不应超过60°，且头部无大幅度的转向或晃动。
- 如果需支持各种角度（侧向转动不超过60°），素材时长建议在5分钟以上，且各种人脸角度的素材时长尽量分布均匀。

（5）视频采集录制注意事项

- 镜头稳定无晃动。

- 动作幅度不要过大，手势要百搭。
- 如果需要标注动作区间，没有动作（头部和手部都没有动作）的状态和有动作的状态需要交替录制，且平静状态的时间最好大于5秒。数字人是通过采集视频进行训练学习的，其最终呈现状态取决于采集时的状态。视频后期还需要适配其他音频，因此头部动作不能太大，节奏不能太快，否则可能在匹配其他音频的时候会对应不上。手部也尽量不要有具体的指向性动作，避免后期对应不上其他音频的节奏。
- 录制时长尽量达到2分钟，保证视频清晰，音画同步（视频声音和人物口型必须能对得上），不要有背景音乐，口型要饱满。
- 录音要和视频相匹配，音频里不能出现杂音或者其他人声，否则数字人的口型会被杂音影响。尽量不对音频做任何处理，因此需要把控录音效果。
- 音频需要WAV格式，视频需要MP4或者MOV格式，不要直接改扩展名；单独提供的原声音频不能有背景音乐。
- 视频要连续无拼接。
- 录制声音数据之前请先录制30秒的静默视频，然后再开始说话和录制。静默数据和声音数据必须同时录制，保持场景和形象完全相同。如果后期补录静默数据会导致生成的视频脸部变色。

5. AI 数字人直播诞生

AI数字人直播的兴起源于人工智能技术的不断进步。通过深度学习计算机视觉技术，AI数字人能够模拟人类的外貌、表情和动作，从而实现与观众的实时互动。这种直播形式不仅具有高度的真实感和沉浸感，还能够为观众提供个性化的观看体验。AI数字人直播具有以下四个特点。

- 高度逼真：AI数字人能够模拟人类的外观和行为，使直播内容更加真实生动。
- 互动性强：AI数字人能够根据观众的反馈进行实时互动，增强观众的参与感和体验感。
- 个性化定制：AI数字人可以根据不同的需求进行个性化定制，满足不同观众的观看需求。
- 节省成本：相较于传统直播方式，AI数字人直播可以节省大量的人力和物力成本。

AI数字人直播全流程数字化，无需真人、布景、灯光、直播设备的AI数字人直播间，支持弹幕互动等多种交互方式，轻松实现24小时高效直播，持续提升商品曝光率，助力直播间有效提高GMV和活跃度。

AI数字人直播交互能力是直播成败的主要因素，一旦AI数字人的交互能力有很大进步之后，短视频领域的AI直播带货场景将会有很大的优化。但现在的AI数字人直播技术依然有很明显的缺陷，如AI数字人主播手上不能拿商品，而且响应速度没有真人主播那么及时，所以目前AI数字人主播还很难替代真人。未来虚拟主播的交互能力得到很大提升之后，再加上AI数字人主播可以24小时在线，这将会为直播带货行业带来革命性变化。另外，一些功能性场景的体验和能力需要优化，比如AI教师，AI券商分析师等。在AI数字人直播的早期发展阶段只能单纯地做内容输出，当交互技术提升之后，就能接入实时问答系统，可以及时回答观众的专业问题。但目前整个的渲染技术，包括AI数字人的形象等还需要提升。由于客户端的体验非常重要，在做交互之前，要先把画面呈现达到一定水平，再结合交互，这样才能够真正产生商业化的价值。大品牌通常会要求AI数字人跟自己的品牌形象和品牌调性高度契合，因此这些品牌对数字人直播技术的要求相对较高。

6. AI数字人直播的模式

AI数字人直播的驱动方式有三种：文本驱动、音频驱动、真人驱动。

（1）文本驱动

文本驱动是最简单的一种驱动方式。有很多人想用ChatGPT生成直播脚本和话术，目前的技术水平确实可以做到，但是ChatGPT生成的脚本和话术仍需人工进行修改，改完以后，把文本直接复制粘贴到AI数字人直播间的后台，让AI数字人根据这些脚本和话术进行直播讲解。

（2）音频驱动

音频驱动指的是在一场直播中，真人主播播两个小时，工作人员进行全程录制。真人主播下播以后，用真人主播的录音配上AI数字人主播再播两个小时，这是目前应用比较广的方式。音频驱动AI数字人直播除了互动性较差，真实性还不错。建议可以配套直播小助理，小助理在公屏上进行打字回复观众问题，一个小助理可以同时盯3个直播间，回复效率比较高。

（3）真人驱动

真人驱动可以解决主播不想露脸的问题，AI数字人担当露脸角色，真人主播在旁拿麦克风说话即可。

AI数字人作为AIGC技术应用的产物，就如同电脑前的工作者一样，需要匹配不同能力的真人去操作。换句话说，AI数字人直播是需要真人驱动的。将目前市面上主流的AI数字人驱动方式进行整理，不同的驱动方式对应的工作模型也不同。

目前AI数字人直播间主要的驱动方式如表7-1所示。

表 7-1

AI 数字人直播间驱动方式	AI 数字人操作员工作要点	直播间观众互动模式	平台风控风险
1. 真人+实时真声驱动	露脸，发声	真人互动	推荐
2. 脸模+实时真声驱动	发声	实时音频互动	强烈推荐
3. 脸模+实时真声驱动（动作捕捉）	动作捕捉、发声	真人互动	强烈推荐
4. 脸模+实时声模驱动	发声	实时音频互动	推荐

（续表）

AI 数字人直播间驱动方式	AI 数字人操作员工作要点	直播间观众互动模式	平台风控风险
5．脸模+实时声模驱动（动作捕捉）	动作捕捉、发声	真人互动	推荐
6．脸模+非实时真声驱动	后台操作	非实时音频切片互动	不推荐
7．脸模+非实时声模驱动	后台操作	非实时音频切片互动	不推荐

上述这几种驱动方式中提到了"脸模"一词。脸模，指的是直播间呈现的，也就是平台让用户看到的AI数字人形象。这个形象可能采集自某个真实存在的自然人，也可能是合成了多个真实自然人的面部特征，比如明星A的鼻子，搭配明星B的唇形，再搭配明星C的眼睛。

与"脸模"一词相对应的是"声模"。声模，指的是通过具备实时音色转换能力的AI技术将某个人的特定声线和音色转化成声音。需要注意的是，目前各大平台对这个技术的应用非常慎重，直播平台也要谨慎使用这个技术，避免违反平台的监管规则和国家的法律规定。

7．AI 数字人直播背景展示方式

（1）实拍商品与数字人相结合

将实拍商品和AI数字人结合起来可以将商品展示和销售的效果做到最大化，还可以吸引更多的观众。具体来说，实拍商品和AI数字人结合可以采用以下方式：

① 在数字人直播背景中加入实物商品

在直播前，可以提前拍摄好要直播的商品，然后将拍摄的视频进行剪辑，展示实物商品的外观、功能等方面的特性，吸引观众的注意力，和观众进行互动，介绍商品的优点和使用方法。

② 在数字人直播背景中展示虚拟商品

除了实物商品，虚拟主播也可以在AI数字人直播背景中展示虚拟商品，如商品的3D模型等。通过高清、立体的展示，让观众可以360°旋转查看商品的外观、功能等，还可以让观众更好地理解商品的使用方法和优点。

③ 用走播的方式拍摄数字人直播背景

走播的方式可以增加直播间的趣味性和可看性，更好地吸引观众并满足他们的需求和期望。走播可以更加灵活地切换角度，使画面更加丰富，增强现场感和趣味性，集中展现宣传的重点，使内容更加突出。

总的来说，将实拍商品和AI数字人结合起来，可以让直播间变得更加丰富多彩，吸引更多观众参与到直播中来，实现良好的互动效果和商业价值。

（2）真人主播与 AI 数字人结合

在真人主播的直播背景中添加AI数字人来讲解商品。这种方式可以实现AI数字人和真

人主播之间的良好协作，也使观众在观看直播时更容易理解和接受商品。这种方式的优势有以下三点：

① 相互协作共同展示商品

在直播中，真人主播可以去展示商品，而数字人则通过真人驱动，根据话术来描述商品的特点，或者进行更加形象化的展示，以增强信息传达效果。

② 视觉效果更加突出

在AI数字人直播背景中增加真人主播，可以使商品展示过程更加真实，尤其是日用品类商品。例如护肤品，可以让真人主播演示护肤的一系列步骤，AI数字人在一旁讲解商品，从而起到更好地展示商品的作用。

③ 商品讲解更加精准

在用AI数字人之前，一定是有一套完整的商品描述话术。通过实时驱动将提前写好的话术让数字人在直播间讲出来，使商品讲解更加专业且有针对性。

在AI数字人的帮助下，真人主播可以提升商品的展示效果。同时AI数字人也可以通过语音等形式增强商品的吸引力和影响力，最终实现更好的营销效果。真人主播和AI数字人相结合，可以充分发挥真人主播和AI数字人各自的优势，以最佳的方式为商品营销和传播带来更大价值。

第 2 节　AI 数字人直播的优势

AI数字人将进一步推动电商直播从劳动密集型产业向技术密集型产业转型。直播行业属于劳动密集型行业，AI数字人直播的产生，解放了一部分主播生产力，避免了行业同质化效应进一步恶化，抑制了主播人数不断攀升的发展趋势。AI数字人直播带货已经成为电子商务的新模式、新范式。AI数字人具备更高级的沟通和互动能力，能够实时回答用户问题，提供个性化的购物建议，并能通过多种方式与观众进行真实生动的互动；另外，AI数字人直播带货将重塑品牌形象和市场影响。企业可以打造出独特并具有吸引力的品牌形象，与观众建立更深层次的生态共鸣；形成社交媒体和电子商务融合发展的新模式，进一步拉近品牌和观众的距离，提高购买率。

相较于达人主播，AI数字人主播可以为企业沉淀可复制、可管理、可迭代的数字资产，具体优势有以下六点。

1. 降低成本

AI数字人主播可以显著降低直播成本，不需要器材、场地、专业的拍摄人员，能有效节约时间，提升效率。数字人主播的灵活性和可扩展性也使商家能够根据需求调整直播的时长和覆盖的平台，从而更好地满足市场需求。对于中小商家而言，AI数字人直播给他们提供了一个转型升级的机会，帮助他们以更低的成本进入直播电商领域。

此外，这种技术还能进一步挖掘大量品牌的销售潜能，促进企业开发更多高质量的商品，并为社会创造更多的就业机会。

2. 提升工作效率

在垂直程度高、专业度更高的行业中，AI数字人直播的灵活性确实能够解决主播培养难的问题。通过图片和视频场景的创建，AI数字人可以快速整理出直播话术，迅速上岗为消费者讲解商品。

AI数字人主播在直播间中的工作效率显著，他们可以在触达、吸引、认知和导入购买等方面取得很好的效果。同时，他们的直播时长可以比正常主播更长，这对于深入介绍商品和服务非常有利。AI数字人语言流畅，效率高，能随时保持良好的状态出镜。AI数字人具有海量模板与视频素材，适用于各种商品直播的应用场景，不会存在侵犯肖像权等违法行为。当然，还需要增加更多数据采集，使AI数字人的语言更流畅，更适用于真人的表达习惯，而不是机械地朗读信息。

同时，通过AI数字人可以轻松尝试多个平台，如抖音、视频号、快手、小红书、YouTube、Amazon Live、TikTok等。过去在不同平台上的拓展和执行难度较大，而AI数字人的直播间能够更轻松地实现，极大地提升了内容生产效率。

无论技术如何进展，降低成本和提高效率都是商家追求的目标。数字人直播在这方面确实具有潜力，它是一种向降本增效目标迈进的方式。因此，在选择数字人直播技术方案时，应该更加注重质量。相信好的技术方案能够为直播的稳定性和功能性方面带来正向的价值。

3. 高度的个性化和可塑性

通过深度学习和生成模型等技术，AI数字人主播可以根据观众的喜好和需求进行形象、声音，以及表达方式等的定制，满足不同观众群体的需求。AI数字人具备无限的可塑性和定制化设计的能力。相比之下，真人代言人的形象受到各方面的限制，如年龄、性别、外貌等因素，难以完全符合品牌形象的要求，而数字人可以根据品牌的定位和需求进行个性化塑造，无论是年轻时尚的形象还是专业稳重的形象，都能精确呈现。这使AI数字人能够更好地传递品牌的核心价值观和理念，与观众建立更紧密的情感连接。AI数字人直播还能够为商家提供更广阔的营销渠道和商业机会。通过与AI数字人主播的合作，商家可以将商品推广和宣传融入直播节目中，实现更精准、更有效的市场推广。

4. 24小时全天候直播能力

真人主播受限于时间和精力，无法实现24小时的连续直播，而AI数字人主播可以在任何时间、任何地点进行直播，不受时间和空间的限制，满足用户随时观看的需求。有专家预计，AI数字人的直播可能会替代所有主播，但实际情况是，那些具有真正带货能力的主播或达人暂时无须担心被替代。那些能够为观众带来情感价值、坚持原创内容的优质主播和达人，暂时不会受到影响。目前阶段，AI数字人主要替代的是模板化创作的短视频和机械性重复话术的直播间。它通过标准化的运营提高了一些生产效率低下、重复度高的直播间的效率，从而产生更高的曝光和成交。未来不需要太长时间，不论是AI数字人的仿真能力还是实时互动性，都会随着商品和技术的不断迭代而大幅提升。

5. 全球传播

AI数字人直播能够打破地域限制和语言障碍，实现全球范围的传播和观众参与。虚拟主播不受地理位置和语言的限制，观众可以在任何地方、任何时候收看和参与直播。这种全球化的传播和互动能够吸引更多的观众，扩大直播的影响力和商业价值。

6. 创新力强

AI数字人直播具有更高的创新性和表现力。AI数字人主播可以通过特效和CG（计算机图形学）技术实现更加丰富多样的场景和形象呈现，提供更具视觉冲击力的直播内容。同时，AI数字人主播还可以通过情感分析和情感合成技术实现情绪的表达和反馈，增强与观众之间的互动体验。

综上所述，AI数字人直播相较于真人直播具备许多优势，它不仅个性化，而且还能24小时全天候直播，打破地域限制、实现全球范围的传播，为用户带来更丰富的直播体验。同时，AI数字人直播还为商家提供了更广阔的营销渠道和商业机会。随着人工智能技术的进一步发展，相信AI数字人直播将在未来持续展现其优势，并成为娱乐和商业领域中不可忽视的重要力量。AI数字人直播具有启动成本低、经济高效运营、无须主播培训、无须技术知识且随时可用等多重优势，能够有效解决商家在直播领域面临的成本、运营和技术挑战，有助于商家将直播经营重点从强营销向好货品转变。

AI数字人直播为商家提供新机遇，除了简化直播运营流程、降低直播成本，还能持续输出内容，帮助商家吸引更多流量，而且不受地域和语言的限制，推动商家传播出更好的内容、商品和品牌，将直播的焦点聚焦在"货"上。

AI数字人直播简化运营流程，无须场地准备、设备准备；无须真人出镜，减少主播成本；AI数字人实时互动能力替代部分场控及运营工作，推动直播运营成本大幅下降。同时，AI数字人直播与AIGC、ChatGPT等新兴技术结合，辅助直播脚本准备、话术撰写等工作，减轻工作量，提升直播间运营效率。

近年来，消费者使用短视频、直播平台的时间越来越长，他们更愿意在直播、短视频平台获得信息。随着消费者注意力资源进一步分散，消费者在单一内容上停留时长不断缩短至30～40秒。数字人直播能够实现长时间、不间断的内容输出，帮助商家吸引流量。数字人直播不受直播间场域限制，不受主播语言、能力与精力限制，能够适用于海内外不同平台、不同地域、不同品类的直播，助力好内容、好商品、好品牌的广泛传播。同时，技术升级推动数字人直播拟真度提高，能够给消费者带来更好的直播体验。数字人直播高度拟真，包括语言拟真、形象拟真、行动拟真、面部行动拟真、肢体行动拟真，为用户提供优质直播间体验。数字人直播突破场地语言限制，支持多种语言，满足海内外用户需求，随时随地开播，为企业品牌传播和商品推广带来了前所未有的机遇。

第3节　AI数字人直播与真人直播的区别

AI数字人直播与真人直播的区别主要体现在以下五个方面。

1. 形象

AI数字人是一种采用人工智能技术和仿真技术创建的虚拟人物，而真人直播则是真实的人类形象。AI数字人的外貌通常由计算机图形学和虚拟现实技术生成，可以根据需要设计不同的外表特征、面部表情和肢体语言。其语音是通过语音合成技术生成的，使其能够像人类一样发出自然的声音和语调。AI数字人并非只是一个静态的虚拟形象，更重要的是其拥有强大的智能认知能力。它们通过自然语言处理、深度学习和知识图谱等人工智能算法来理解和回应人类的话语。这使人们可以与AI数字人进行对话、询问问题、提出需求，并获得有针对性的回答和解决方案。

2. 可控性

AI数字人制作过程决定了它可以被精确控制和操纵，而真人直播则受到自然因素和主播个人因素的影响，无法完全控制。

要制作一个AI数字人，需要用到深度学习技术。具体来说，需要以下五个步骤：

（1）提供真人参考视频

在目前的技术水平下，制作AI数字人的第一步是提供一段3～5分钟的真人参考视频。这个视频可以包含真人的面部表情、肢体动作和语音等元素。

（2）数据采集和处理

基于提供的真人参考视频，AI数字人的制作会使用高精度的人工智能技术来采集和处理数据。这些数据包括嘴唇运动、面部表情、身体动作等关键特征。

（3）模型训练和克隆

在采集和处理好数据后，将使用深度学习算法和模型训练技术来构建数字人模型。模型训练过程中，通过学习和优化算法，AI数字人模型将逐渐实现对真人的准确克隆。

（4）生成和渲染

完成模型训练后，将生成AI数字人的虚拟形象，包括通过对嘴唇、肢体动作等的精准控制来实现数字人的逼真度。一些数字人平台生成的数字人外表基本上和真人无异，拟真度最高可达近99%。

（5）定制和部署

根据用户需求，可以调整AI数字人的面部表情、身体动作等特征。定制完成后，AI数字人将被部署到相应的平台上，如直播间、教学场景等，以实现各种应用需求。AI数字人可以准确把握直播的时长和内容，精准控制直播效果。同时，AI数字人可以不受外部环境和情绪等因素的干扰，能够准确地把握直播的时长和内容。

3. 可塑性

AI数字人只需要更改发型、年龄、肤色、服装等相关参数数据就可以一键实现形象和外观的改变，但是真人直播需要事先准备，通过化妆、服装搭配等方式进行形象调整，但往往受到时间、成本，以及个人条件的限制。

4. 互动性

AI数字人可以通过人工智能技术实现更高级别的互动，而真人直播则需要主播的实际参与和反馈。AI数字人是由计算机程序和人工智能技术创建的虚拟形象，可以通过文字或语音与人类进行交互，表现出情感、思考和行为。它们可以有个性、特征和技能，有些甚至能够模拟人类的外貌和肢体动作。AI数字人直播则是通过数字人技术，将人和人之间的交流以视频形式实时呈现到虚拟环境中。AI数字人直播的优势在于可以模拟真实的人物形象和语言，实现高度逼真的交互效果，并且可以通过自然语言处理等技术实现与用户的智能互动。

5. 稳定性

AI数字人可以通过人工智能技术实现24小时不间断直播，这意味着它可以在任何地方和时间进行直播，为观众提供实时服务。这对于一些需要频繁出差或旅行的观众非常方便，他们可以随时随地观看直播，享受服务；熬夜爱好者也能够在直播间了解到商品和服务，而真人直播则需要主播身体状态和精神状态的支持。AI数字人直播不需要人工成本和场地成本，这意味着它可以更加经济地做直播，从而减轻商家的资金压力。此外，AI数字人直播的可持续性也非常强，因为它可以不断地进行迭代和升级，从而保证直播内容的质量和用户体验。

第4节 电商平台数字人直播规则

人工智能技术的快速发展，为互联网行业带来了更多可能性。尤其在内容创作领域，AIGC技术降低了创作的门槛，丰富了互联网的内容生态，为信息生产和传播带来了新的变革和机遇。但与此同时，人工智能生成内容存在识别难的特点，也带来了虚假信息泛滥、侵权等问题。

由于电商平台较多，下面以抖音、TikTok、阿里巴巴国际站为例介绍一下关于人工智能生成内容的平台规范。

1. 抖音人工智能生成内容的平台规范

在抖音应用AIGC技术时，发布者应遵守以下规范：

- 发布者须对人工智能生成内容进行显著标识，帮助用户区分虚拟与现实，特别是容易混淆的场景。
- 发布者须对人工智能生成内容产生的相应后果负责。
- 虚拟人须在平台进行注册，虚拟人技术使用者须实名认证。
- 禁止利用AIGC技术创作、发布侵权内容，包括但不限于肖像权、知识产权等。一经发现，平台将严厉处罚。
- 禁止利用AIGC技术创作、发布违背科学常识、弄虚作假、造谣传谣的内容。一经发现，平台将严厉处罚。

具体来说，抖音关于人工智能生成内容的平台规范有以下三个要点。

（1）首次承认数字人主播合法化

抖音发布的规范中明确提到，使用人工智能技术辅助创作这件事本身，并没有违反平台规定，是被允许的行为。平台将为数字人提供注册能力，并对已注册的数字人形象进行保护。数字人主播的形象和内容必须在开播前备案，未进行备案的虚拟主播不得开播。此举被认为是首个平台对虚拟主播作出的公开表态，为以AIGC技术为基础的创作开辟了未来的发展道路。

（2）数字人直播须透明化

数字人直播须有显著标识，帮用户区分虚拟与现实。抖音明确提到，平台将提供统一的人工智能生成内容标识，帮助创作者标记，方便用户区分虚拟与现实。在抖音发布的《关于人工智能生成内容标识的水印与元数据规范》中，对人工智能生成内容的标识水印进行了明确规范。

（3）数字人直播的内核是技术驱动

抖音提到，数字人主播账号如果想正常使用，背后的真人使用者必须进行实名注册和认证。数字人主播直播时，必须由真人驱动进行实时互动，不允许完全由人工智能驱动去做直播。

2. TikTok 的人工智能规则

2023年9月19日，TikTok官方网站发布了一则公告，宣布TikTok全面启动平台对AIGC内容的监管，即平台方将会自动检测使用AI创建或编辑的内容，提示创作者打开标签功能，以便用户了解视频或图片是使用AI软件创建的，该公告还包括一个提醒，如果未标明涉及AI工具，内容可能会被删除。据了解，AI标签出现在视频创作者用户名的下方。事实上，TikTok此次新出台的规则与抖音制定的规则相类似。TikTok正在推出一个新的标签，帮助创作者标记他们的AI生成内容，并建议创作者在完全或大量由AI编辑的内容上使用此标签，以符合平台对合成媒体的规定。此外，TikTok计划测试一种自动的"AI生成"标签，该标签将添加到任何被检测出具有AI参与的内容上。

及时了解TikTok的规则对于避免潜在的处罚至关重要。此外，明确地标记AI生成的内容，在应对错误信息和欺骗性内容方面起着关键作用，有助于提高信任度，简化创作者与用户建立关系和建立可信度的过程。TikTok在早些时候要求创作者标记AI生成的内容后，推出了这个新的标签。这些标签应该用于包含逼真的图像、音频或视频的内容，它们的目的是帮助用户更好地理解内容，并避免可能的误导性信息的传播。TikTok的一位发言人解释说，他们希望这些AI标签随着时间的推移能够被广泛接受和使用，就像验证账户徽章和品牌内容标签一样普及。这些标签被视为一个重要工具，不仅能帮助创作者分享内容，还能让用户更好地理解和分析他们所观看的内容。

（1）对创作者的影响

① 增强内容的吸引力和互动性

这些工具和资源旨在帮助创作者更好地利用AI技术，增强直播内容的吸引力和互动性。

② 促进透明度

通过使用AI标签，创作者可以在内容制作中增加透明度，让用户明白其背后的技术驱动力。

（2）对用户的益处

① 内容识别

用户可以通过这些标签更好地识别出哪些内容是由AI技术生成或增强的，从而更深入地理解和欣赏这些内容。

② 提升互动体验

明确标识AI生成的内容也有助于提高用户的互动体验，使他们能够更明智地选择和参与到内容中。

③ 增强用户体验

这次名称更新将增强用户对AI功能的认识，有助于提升整体的用户体验。这也是TikTok向用户普及关于其平台上AI技术应用的一部分，帮助用户更好地理解和利用这些工具。

TikTok将AI生成的内容视为一个令人兴奋的机会。这表明公司对于AI技术在内容创作中的潜力持积极态度。随着AI技术的发展，TikTok承诺他们的方法和策略也会相应地进行调整和改进。TikTok强调他们将继续评估AI生成内容的影响，并针对这些更新进行迭代，以确保安全和有效地应对AI内容的最新进展。

3. 阿里巴巴国际站数字人使用规则

鉴于阿里巴巴国际站上有较多数字人虚拟主播出现，为了平台直播内容健康地发展，阿里巴巴国际站公布针对数字人主播在平台开播的管理办法供商家直播参考。

（1）分类与定义

数字人虚拟主播：非真人，而仅以数字人主播形象出镜进行直播。数字人主播形象即拟真人形象。

（2）适用对象

该规则只适用于中国黄金供应商（Chinese Gold Supplier），全球黄金供应商（Global Gold Supplier）暂不允许数字人直播，且仅允许使用阿里巴巴外贸服务市场入驻的数字人虚拟直播服务商进行国际站数字人直播，非外贸市场入驻的数字人直播一经发现立刻关停且冻结直播权限7天。

（3）准予直播类型

对于商家自发从阿里巴巴外贸服务市场入驻的数字人虚拟直播服务商处所购买的数字人，必须进行报备准入才能使用；若未通过平台报备准入的数字人直播，平台一经发现，将警告并关停当场直播，并对相关账户进行7天的直播权限冻结。

数字人驱动：目前平台仅限由真人驱动的数字人主播，拟真人形象在国际站报备后可以在平台开播。

适用直播类型：工位接待/日常营销/活动直播。

数字人使用的时间段：周一到周五北京时间18：00～8：00，周六周日全天（其他法定假期也按照此规则执行）。

（4）准入流程及要求

① 直播间信息及审核要求

直播间应展示商家账号ID、昵称。

商家账号必须完成实名认证，包括企业名称、营业执照、统一社会信用代码。

② 数字人虚拟主播形象信息及审核要求

商家应提供数字人虚拟主播形象服务提供商公司信息，包括公司名称及公司注册号。

商家应上传数字人虚拟主播形象平面或三维图示及30秒视频样例，并符合开播画面质量要求。

数字人主播若与明星或名人形象相同或近似（禁止出现劣迹艺人），商家应提供该明星或名人形象的授权书。

（5）驱动真人信息及审核要求

商家应提供驱动真人身份证复印件，并由该驱动真人完成实名认证。

商家应提供其与驱动真人的关系证明。

商家应确保驱动真人须年满18岁，且该自然人已知晓并同意其个人信息被用于实名认证。

商家应确保驱动真人同意授权商家使用其数字人主播形象。

商家和驱动真人均应签署承诺书，且确保承诺书盖章，公司主体与商家账号实名公司主体须一致。

（6）开播要求及平台管控

数字人主播开播及数字人主播形象需按照上述流程及要求进行准入，审批通过后方可在国际站开播。

针对数字人主播直播报备，需要报备字段：直播间信息、数字人主播形象信息、驱动真人信息。

直播间标识：商家应当自行在直播间显著标识"Digital Human Live"（数字人直播）。

开播画面质量：直播间整体画面明亮清晰，无过暗或过度曝光，人物、背景清晰，人物与背景无明显的锯齿等；数字人主播造型唯美，令人感官舒适，无"邪典"、恐怖、夸张妆容等造型；人物形象合乎公序良俗，无纹身、吸烟、饮酒等内容；着装大方得体，无低俗、刻意扮丑等不良装扮；数字人主播整体动作流畅，无非自然动作，活动关节流畅，无缺口；口型与声音相对应，不出现较大偏差。

真人驱动要求：直播时，数字人主播须由真人驱动并可与真人进行实时互动；或由预先准备的文本或音频关键词驱动。不允许使用未经安全评估及备案的自动生成式人工智能功能。

数字人主播与真人主播适用统一的平台相关规则。

若其他商家发现不满足上述开播要求的数字人主播，可通过提交工单的形式进行举报；若用户发现不满足上述开播要求的数字人虚拟主播，可通过投诉入口进行举报。

若违反该管理办法，阿里巴巴国际站平台有权采取屏蔽、删除或下架相关直播内容，限制或取消相关账号的使用等措施。

4. 数字人直播合规操作及注意事项

在真人直播时有时会被提示"不允许录播"。以下为违规情况，请直播时注意规避。

（1）避免音画不同步

音画不同步指的是当真人主播或数字人主播出现的时候，声音一定要和画面是同步的，否则就是违规。

（2）避免循环播放时间过短

循环播放时间过短，指的是背景视频与话术的播放时长过短。不管是数字人直播还是录播，视频循环播放的时间越长越安全。尤其是当数字人直播使用音频的时候，如果是真人驱动则比较安全。如果使用一段10分钟的音频播放2小时，就会重复播放十几次，这样是违规的，平台不允许这样操作。如果换一段时长为2小时的音频，连着播半个月可能都不会违规，因为重复的频率没有那么高，这就是二者的差别，所以一定要避免循环播放的视频或音频时间过短。虽然数字人可以24小时直播，但一般不建议播那么长时间，因为长时间直播会增加循环播放的风险；另外，也不建议每天直播拉时长，除非是真人主播，否则最好错开场次。

（3）避免盗用素材

如果使用别人的一些素材，要注意以下方面：

首先，需要确认素材的版权。如果素材是别人创作的并且有版权保护，就需要获得作者的授权或者购买其版权，否则就会构成侵权。

其次，需要注意素材的使用范围。即使已被授权或者购买了版权，也需要确认素材的使用范围，以免侵犯作者的权益。

最后，需要对素材进行加工和改编。比如，有些素材只能用于非商业用途，不能用于商业用途；有些素材可以自由使用，但是不能进行改编和剪辑。因此，在使用素材之前，需要仔细阅读相关规定，以免侵犯作者的权益。

（4）可以借助内置音频

音频驱动数字人直播是一种结合了预先录制视频素材与实时语音交互的直播方式。这种方式允许主播在不需要完全出现在镜头前的情况下，仍然能够保持与观众的互动。但主播需要确保直播内容的真实性和互动性，避免使用录音等可能违规的方式。同时，通过使用声卡等音频处理工具，可以进一步提升直播的音质和观众的观看体验。

（5）避免无人回复

无人回复这种情况在真人直播的时候也会出现。建议在直播间安排一个小助理，同时负责几个直播间，实时回复公屏上的问题。

小助理可以帮助主播实时关注公屏的提问和留言，并根据问题的紧急程度、热度和类型进行分类、筛选和回复。例如，对于一些重要的用户反馈和问题，可以优先回复或私信单独处理；对于一些简单的问题留言，可以在公屏上及时回复，以保持直播间的互动性和关注度。

（6）中间穿插真人直播

建议可以用数字人直播与真人直播相结合的方式，在数字人直播一周后，穿插一场真人直播，尽量让真人主播高频次地出现在直播间，这样可以保证账号的安全性。

中间穿插真人直播可以为用户带来更多元化的内容和真实的互动感，以提高该账号的互动性和用户参与度，从而提高用户黏性和留存率，也可以避免被平台自动审核系统判定为画面重复或违规内容。

在实践中，大家可以采用真人驱动+音频驱动的方式，比如每隔一段时间播出一场真人直播，以保持账号的活跃度和品牌形象。在真人直播中，可以根据不同的场景和目的，设置不同的互动方式、主题或特别活动，如与用户互动、赠送一些小礼品等，激发用户的观看热情和互动欲望。

总之，为保障数字人主播账号的安全性，需要合理安排数字人和真人的直播频次，并根据用户的需求开展不同方式的互动，不断提升直播的质量和用户体验，增加用户黏性和留存率，实现数字人直播和真人直播的优势互补和完美融合。

（7）避免主播动作单一

数字人直播的时候如果动作太单一，也会导致违规。平台会检测一定时间段内画面的重复度，如果平台发现数字人直播时没有动作，也没有表情，那么这个账号就会被平台认为是画面重复，直接被判定违规，即使是真人驱动的也不行。要想规避这个问题，可以使用动作和表情丰富的数字人。

（8）要有互动性

由于数字人直播可能缺乏互动性和即时性，容易让用户感到乏味或缺乏参与感。因此，通常需要借助真人直播来提高用户与主播之间的互动性。

在流量大的时段用真人直播，互动性就会有保障。与数字人直播不同的是，真人直播可以实时回答用户的问题、与用户互动，还可以自由掌控直播的内容和节奏，更加灵活自由。同时，直播过程中最吸引人的环节也往往来自用户与真人主播的互动。

第 5 节　数字人经济的伦理和法律边界

随着科技的飞速发展，数字人技术日益普及，并在多个领域得到应用。但是，数字人技术在收集和处理个人数据（尤其是生物识别数据如面部信息、声音信息）时，会涉及一系列肖像权、名誉权、虚拟财产权等问题，其应用边界还需要被深入探讨。

要明确数字人不是自然人，在现行的法律框架内，数字人不具有法律人格（也称法律地位），也就无法享有法律规定自然人或公司等主体享有的姓名权、名称权、肖像权、声音权和名誉权等权利。

但是，数字人的仿真能力，已经达到以假乱真的程度，所以数字人可构成对自然人人格权的映射。以肖像权为例，在众多明星肖像权案件的审理中，法院均指出只要角色形象或数字人形象与明星本人肖像存在可识别关系，则该形象受该自然人肖像权统摄。根据《中华人民共和国民法典》（以下简称《民法典》）相关规定，声音享有与肖像同等的权利。所以，不管是真人驱动数字人还是声音驱动数字人，在项目的开发和运营过程中，要尽可能地提前处理好关于自然人形象、声音、姓名等人格元素的相关授权问题。在很多国家和地区的法律法规中，对公众人物肖像权的使用都有所限制，在大部分情况下，未经授权使用他人肖像可能会引起法律纠纷。例如欧洲，已经有严格的数据保护法规，如《通用数据保护条例》（GDPR）中要求在收集和处理个人数据时必须得到用户的明确同意，并对数据的使用、存储和分享进行明确规定。如果数字人技术在没有得到用户同意的情况下收集和使用这些数据，可能触犯相关法律。

那么对虚拟形象造成侵害，如侮辱或诽谤是否会被认定为损害相关自然人的名誉权呢？司法实践认为，指向游戏名称、网络名称、虚拟形象等的侮辱或诽谤行为，同样会使其代表的自然人名誉受损，从而构成对名誉权的侵犯。

这里需要注意的是，司法实践描述的场景与数字人实际运营中的场景有一定的差异，因为游戏名、网名、个人账号这些内容是与自然人有实际对应关系的，而对于数字人来说，行为人是否可以认为，其侮辱或诽谤的行为只针对数字人，并且数字人的名称也有一定的变动（如将张小明的数字人称呼为明仔，将张小花的数字人称呼为花宝），而不针对实际自然人呢？毕竟，数字人并无名誉权，从而不构成侵权。在"某迪姓明星与肖某网络侵权责任纠纷案 [（2019）京0491民初35949号]"中可以找到一些参考思路。对该案，法院认为：由于粉丝与明星有特殊的牵连关系，故在此情形下，被告对原告粉丝群体的恶意攻击同样是对该明星的侮辱，构成对该明星名誉权的侵犯。也就是说，数字人与自然人可能被认定存在关联关系，因此对数字人的侮辱或诽谤行为，可能会构成对相关自然人的名誉权侵犯。

换个角度，如果数字人的所有方主张把数字人视为可以带来使用价值和交换价值的商品，进而认为"对数字人的侮辱、诽谤视为构成对其商品名誉的侵犯"呢？

数据和网络虚拟财产是一类特殊财产：

一是在法律上具有可支配性和排他性。

二是数据和网络虚拟财产具有经济价值。

三是虽然数据和网络虚拟财产本身是无形的，但是它们在网络空间中也是一定的"有形"存在。

《中华人民共和国民法典》（以下简称《民法典》）第一百二十七条规定："法律对数据、网络虚拟财产的保护有规定的，依照其规定。"

数据财产权是指民事主体对其持有的数据进行利用（处理）、获取收益以及依法占有、处分的对世性财产权利，任何组织和个人负有不作为的义务，没有法定的权利不得限制、干预、侵害他人数据财产权。数据财产权是一种与物权、知识产权相并列的新型财产权利。

《民法典》对数据财产权保护的模式和具体规则等未作出具体规定，但是第一百二十七条设定了指引规定，为将来的数据财产权立法留下空间。即数字人虽不同于具有法律人格的自然人，但数字人应当被认为是网络虚拟财产。

数字人技术及应用作为新兴业态，目前的知识产权保护体系中还有一定的立法空间。2023年杭州互联网法院宣判的数字人侵权案是我国首例涉及"虚拟数字人"知识产权侵权纠纷的案件。该案件的判决引起了业界的极大关注，也为以后的此类纠纷确定了部分规则。该案件在一定程度上规范了行为人对数字人的合理使用范围，也保障了数字人开发者、运营者等的相关利益。

第 6 节　AI 数字人直播未来趋势分析

1. 多元化应用

AI数字人直播不仅可以在娱乐领域得到广泛应用，还可以拓展到教育、医疗、电商等领域，为人们提供更加便捷的服务。

教育领域：数字人作为一种创新的辅助教学工具，为学生提供了个性化的学习体验。通过数字人教师，学生可以根据自身的学习进度和兴趣制订学习计划，并获得高度互动的教学过程。此外，数字人还可以代替教师完成一些重复性的工作，减轻了教师的负担，提高了教学效率。

娱乐产业：数字人在娱乐产业中的应用已经取得了巨大的成功。虚拟偶像、虚拟歌手和虚拟角色等数字人形象成为粉丝们热爱的对象。数字人可以通过多种形式，如音乐演唱会、游戏角色等，与用户进行互动，创造出独特的娱乐体验。

医疗领域：医生通常看病比较繁忙，而医学知识的传播也需要占据大量时间。为了解决这个问题，医生可以打造一个自己的"专属分身"，代替自己出镜做知识科普、知识讲解等工作。

金融保险：数字人可以在银行大厅里担任接待员的角色，为客户提供指引和基本问答服务。通过数字人形象的呈现，客户可以得到更加直观、个性化的服务体验，同时减轻了银行员工的工作压力。在保险领域，数字人可以作为品牌形象大使或虚拟代言人，更好地传达保险商品的特点和优势，吸引目标客户的关注和信任。数字人技术的广泛应用不仅为金融保险行业带来了新的机遇，也为企业和品牌提供了全新的推广和营销方式。

此外，数字人技术的应用场景正在不断扩大，为各行各业带来了创新、个性化和高度互动的体验，赋能了未来的发展。

2. 智能化升级

随着人工智能技术的不断发展，AI数字人的智能化程度将不断提高，为用户带来更加丰富和真实的观看体验。

以教育领域为例：AI数字人的出现为企业教育培训创造了新的发展机遇和空间。AI数字人不仅可以为学员提供更加便捷、高效、差异化的服务，还可以为企业教育培训的个性化、可持续发展注入新动力。AI数字人引领教育行业智能化升级，主要通过智能化管理服务、高效营销招生和智能教学服务实现。

一是智能化管理服务。"真人+数字人"模式可以智能管理教学秩序，使教师同学更加专注于课堂；同时数字人教师可以设置AI智能识别、互动系统，及时准确回答学生问题，有效提高管理效率与教学质量。

二是高效营销招生。打造IP矩阵、数字人直播引流，重点解决招生难题；数字人进行直播，能够突破真人主播体能和精神状态上限，最大程度延长服务和销售时间以及增加传统直播无法触及的实时流量转化。

三是智能教学服务。传统的教学课堂视频，需要聘请不同专业的教师制作各学科的众多视频，经过前期课件制作、教师备课、现场协同拍摄、后期剪辑等复杂的流程，需投入较多的时间、人力、物力成本来制作，而数字人的应用能有效缩短教学视频的生成周期与成本。一站式虚拟活动空间创造和数字人应用，可以插入AR特效、虚拟物品等，便捷完成课程讲解、智能答疑、课堂互动等内容，极大降低了高校落地数字化课程的实践操作门槛和持续运营的时间人力成本。

针对教育领域，基于全身惯性动作捕捉设备和数字人技术，可以为学校打造定制化的数字人虚拟直播、虚拟数字人、学校吉祥物等，助力学校将虚拟数字人IP应用于制作校园文化宣传视频、融媒体短视频创作等用途，让学校与时俱进地打造元宇宙校园。此外，低门槛、高品质的"AI数字人系统"，可以让教师能够轻松创建出一个源于本人外貌、声音、表情、动作的高质量AI数字人分身代替自己出镜，跳过了真人出镜、拍摄、剪辑等繁杂的中间环节。使用AI数字教师后，原本需要一个团队协同逐个产出的教学视频内容，现在只需一位运营人员上传课件内容，在后台简单操作即可规模化生产内容，大幅提升了教学视频内容制作的效率，降低了教师人力成本，实现内容的快速稳定更新。

3. 国际化发展

随着全球化的加速推进，AI数字人直播有望在国际市场上取得更大的突破和发展。AI数字人直播在B2B电商场景中有着天然的优势。B2B的跨境企业采购不同于C端的娱乐个性化直播，这种外贸直播场景没有夸张的营销话术，而是强调对商品本身、对工厂的生产制造能力的介绍，更侧重关于公司实力、工厂生产能力、商品定制、运输费用等方面的回答和接待。

所谓AI数字人跨境直播，简言之，就是跨境商家无须真人出镜、无须布置直播间，随时随地即刻开播，让AI数字人作为主播出镜。数字人不仅可以自动介绍商品卖点，还能24小时不间断直播，业务员下班的深夜也能继续直播解答客户疑问，提升订单获取率，跨境卖家打开电脑就可以在全球跑客户。

目前市面上已有很多数字人直播工具，支持数字人直播、直播推流、实时互动、AI智能脚本、AI翻译等功能，对整个跨境直播的全流程进行了全方位重构。具体来看，针对跨境直播，数字人直播工具可以将各个关键环节进行AI改造，让跨境直播释放全新活力。包括为商家提供100余款超逼真、多国籍数字人形象，可以让商家在面向不同区域市场时都能找到适合的主播；为商家提供丰富的爆款直播模板，适配不同的场景和需求；支持AI智能生成多语言直播话术，商家可以通过实时和自动两种方式驱动数字人，进行回复用户问题、引导关注、发放优惠券、营造氛围等互动，将AI能力贯穿到数字人直播的全链路。

对数字人的技术水平、风险管理、版权获取提出了更高的要求，推动数字人行业进入"良币驱逐劣币"的周期。

4. 跨界合作

AI数字人可以与其他领域进行跨界合作，如与法律、金融、电商、旅游等领域结合，打造全新的商业模式。

数字人直播在法律咨询行业中的应用主要集中在两个方面：客户服务和法律教育。

（1）客户服务

数字人可以作为法律咨询机构的第一接触点，提供7×24小时的服务。它可以回答常见的法律问题，帮助用户理解基本的法律概念；甚至在某些情况下，它可以为用户推荐适合的法律服务或法律专业人士。这样可以极大地提高法律咨询服务的效率和可达性。

（2）法律教育

数字人可以在法律教育领域发挥作用，为公众、法学生或法律专业人士提供教育和培训资源。例如，数字人可以提供虚拟法庭经验，帮助法学生和初级律师进行模拟辩论和法庭陈述。

但需要注意的是，尽管数字人应用在法律咨询行业具有潜力，但由于法律问题的复杂性和敏感性，还需要专业的法律人员进行监督，以确保数字人提供的信息准确无误。此外，与用户进行敏感信息交互也需要注重数据和隐私的保护，遵守法规，以确保用户信息的安全。

数字人技术在金融保险行业中的应用正在崭露头角，并为这些行业带来了许多优势。首先，数字人在客户服务中扮演了关键角色。在银行和保险公司中，数字人可以作为7×24小时的在线客服，处理大量的基础工作，比如账户余额查询、交易查询、保险索赔流程等。与传统的客户服务相比，数字人不仅可以提供全天候的服务，还可以在繁忙时段处理大量的基础工作，大大提高了效率。

其次，数字人在客户教育和商品宣传中也发挥了重要作用。金融和保险商品常常含有复杂的条款和细则，而数字人可以通过易于理解的方式向客户解释这些内容。它可以通过可视化、模拟对话等方式，帮助客户理解商品特性，从而做出更好的决策。

最后，数字人在风险评估和欺诈检测中的应用也很有潜力。以保险行业为例，数字人可以通过学习大量的历史数据，预测某种情况下保险索赔的可能性，从而进行更准确的风险评估。同样，它也可以通过分析交易模式，检测到可能的欺诈行为，提高行业的安全性。

需要注意的是，在应用数字人技术时，必须确保符合相关法规，保护用户的隐私和数据安全。数字人技术在金融保险行业中的应用前景广阔。它不仅能提高服务效率，还能帮助消费者做出更好的决策。

数字人在医疗诊断方面有着广泛的应用。例如，它可以作为医生的辅助工具，通过分析医疗影像数据来协助医生诊断疾病，提高诊断的准确率和效率。而且，由于其7×24小时的在线服务，可以帮助医生减轻工作负担，降低医疗差错。

目前国内已经有多家AI科技类公司，在集中孵化数字人医生，在线解答一些用户常见的高频健康养生问题。大多数情况下并不需要真人医生介入，数字人可以处理80%以上的在线问诊信息。在个别大的综合性医院大厅，已经试点安装了若干台智能问诊大屏，里面内置了医疗型数字人，解决了一部分医疗资源紧张及患者排队的问题。数字人在指导患者自我管理中也扮演着重要角色。它可以提供个性化的健康信息，指导患者如何管理他们的疾病。例如，对于糖尿病患者，数字人可以提供有关饮食和运动的建议，以帮助他们控制血糖。这种互动式的教育方式，可以增强患者的自我管理能力，从而提升治疗效果。

数字人还可以提供护理陪伴、心理咨询等服务，有些人在寻求心理健康服务时可能会感到不适或羞愧，而数字人则可以为他们提供一个安全、无压力的环境。通过模拟人类的反应，数字人可以和用户进行深度交流，帮助他们纾解心理问题，这对于改善公众的心理健康有着巨大的价值。

【知识与技能训练】

一、单选题：

1. 以下哪个不是数字人应用技术？（　　）

　　A. 虚拟现实　　　　B. 增强现实　　　　C. 计算机图形学　　　　D. 生命科学

2. TikTok上传数字人商品需要打什么标识？（　　）

　　A. AI-generated　　B. AIGC　　　　C. 数字人　　　　D. AI数字人

二、多选题

1. AI数字人直播有哪些优势？（　　）

　　A. 降低成本　　　　　　　　　　B. 提升工作效率

　　C. 高度的定制化和可塑性　　　　D. 24小时全天候直播能力

　　E. 全球传播　　　　　　　　　　F. 创新能力强

2. 数字人直播和真人直播的区别？（　　）

　　A. 形象　　　　　　　　　　　　B. 可控性

　　C. 可塑性　　　　　　　　　　　D. 互动性

　　E. 稳定性

3. 数字人直播合规操作及注意事项有哪几项？（　　）

　　A. 避免音画不同步　　　　　　　B. 避免循环播放时间过短

　　C. 避免盗用素材　　　　　　　　D. 借助内置音频

【职业技能综合实训】

AI数字人直播的未来应用场景，完成实训方案1个。

【匠心钥匙】

"AI数字人超越真人"阿里国际站卖家借力万兴播爆直播带来3倍流量增长

数字人直播在跨境B2B电商领域大展拳脚，与当前国内跨境电商市场发展的重点有关。目前，B2B交易占据跨境电商行业主要份额。数据显示，2022年国内跨境电商市场规模15.7万亿元，其中跨境电商B2B交易占比达75.6%；此外，预计至2025年，全球将有近八成的B2B交易转向线上。

阿里巴巴旗下的阿里国际站是全球最大的跨境外贸B2B平台，早在2019年注册会员就超过15亿，海外活跃用户超过2600万，覆盖全球超过190个国家和地区。随着直播这一全新电商场景的兴起，阿里巴巴国际站也早已入局，仅今年5月份，阿里国际站每天的开播场次年同比增长66%，整体用户直播观看人数提升了186%。

随着跨境直播风口逐渐成型，如何轻松低成本开播，如何畅通地与全球客户交流，也成了许多商家需要快速学习的新知识。而AI数字人的出现，恰好为众多因直播犯难的商家提供了解决之道。

比如，为了解决商家和卖家之间沟通的语言问题，数字人服务商通过AI训练数字人的多语言能力，可以进行数十种语言的翻译，商家把中文的商品介绍或者直播脚本输入进去，就可以自动转换成英语、法语、德语等多种语言，甚至是冷门小语种也能自如转换，让语言关不再难过。

（来源：财报网 2023 年 11 月 24 日）

【思政启发】

AI数字人直播助力外贸企业翻越成本障碍，助力中国商品走向海外。

模块八　跨境品牌直播打造

【学习目标】

1. 了解如何打造品牌故事
2. 了解如何进行品牌直播间的设计和装修
3. 了解社交媒体推广和引流

【能力要求】

1. 能够策划品牌直播的主题活动
2. 能够掌握品牌直播前后的数据分析

【素养提升】

1. 具备品牌运营的思维
2. 具备直播间运营的系统化思维

【知识图谱】

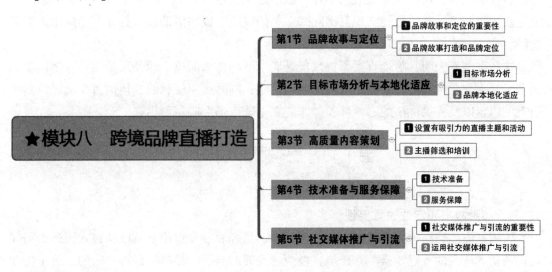

【新闻播报】

X腾科技在阿里跨境直播的成功案例：深圳的科技公司X腾科技（成立于2011年）利用阿里巴巴旗下的跨境电商平台进行直播，成功获得一笔数额巨大的海外订单，金额达1.8亿元人民币，客户既没有来过中国，双方也没见过面握过手，这在传统外贸时代是无法想象的。

记者在该公司看到，很多主播都用流利的英文进行直播，一起参与直播的还有直播机器人。深圳市X腾科技有限公司创始人罗畅说，企业目前一共有9位直播业务员，直播面向阿里巴巴国际站、Facebook、Instagram、YouTube等平台。

（来源：上游新闻 2023 年 7 月 7 日）

这一案例显示了即使是高科技商品也能通过直播带货的方式迅速打开海外市场，并且取得显著的销售成果。

【思考】

※ 品牌企业跨境直播与纯带货主播直播的差异体现在哪里？

※ 企业打造品牌直播时，对于主播的要求是什么？

※ 越来越多的企业通过直播推广商品，如何通过直播在众多企业中脱颖而出？

【启示】

TikTok作为全球流行的短视频平台，为跨境直播电商提供了绝佳的舞台。一些中国品牌通过TikTok的海外版进行直播销售，主播们采用多种语言与全球用户互动，推广并售卖各类商品，包括时尚商品、电子产品，甚至假发等特色商品。例如有报道称，某海外主播通过直播形式卖出数亿美元的假发。

部分国内商家尝试在东南亚电商平台Lazada上，通过直播方式打开海外市场。比如Tigernu品牌在早期尝试将国内天猫平台的直播模式复制到Lazada上，虽然初期因未能充分考虑目标市场和受众特征导致效果不佳，但通过调整策略，如改进场景选择、直播话术以及定制化福利等活动，最终实现月销8000多单的成绩，成功借助直播打开了品牌出海的新途径。

这些案例都表明，跨境直播不再仅仅是展示商品那么简单，而是需要结合目标市场的消费习惯、文化背景等因素制定有效的营销策略；同时运用流利的当地语言交流、策划吸引人的内容以及提供优质的购物体验，才能在全球市场上脱颖而出。

第 1 节　品牌故事与定位

1. 品牌故事和定位的重要性

跨境电商品牌在建立全球影响力的过程中，品牌故事和定位是其成功打入国际市场并获得消费者认同的关键要素。在跨境直播快速发展的当下，品牌可以将清晰的品牌定位和价值主张融入直播内容中，通过直播形式向全球消费者传达品牌的独特性与理念。

（1）品牌故事

好的品牌故事可以为企业带来多方面的益处。

① 建立情感联系

强有力的品牌故事能够生动地展现品牌的起源、价值观、使命以及品牌背后的人文关怀，从而与消费者建立情感上的联系，使品牌更具吸引力和记忆点。某知名企业通过塑造和传播引人入胜的品牌故事，成功地建立起与消费者之间的情感联系。比如可口可乐，它的故事始于1886年，药剂师约翰·彭伯顿在乔治亚州亚特兰大发明了独特的饮料配方。品牌故事强调了产品与欢乐、分享、团结及美国梦的关联，如"开启快乐"的广告宣传语就揭示了这种情感联系。历经一个多世纪的发展变迁，可口可乐仍致力于创造能触动人心的营销活动，使品牌形象深入人心。在中国市场上，可口可乐推出了一系列适应当地文化的商品，例如红色罐身的"可口可乐红""中国新年特别版"等，赢得了中国消费者的喜爱和认可。此外，可口可乐还积极参与中国的公益事业，如2008年北京奥运会的赞助和环保倡议等，进一步加强了可口可乐品牌与中国文化的联系。

② 区分竞品

通过讲述独特的故事，品牌可以展示自身的差异化优势，与其他竞争者区别开来，创造独特的品牌形象。比如星巴克，始于西雅图的一个小咖啡豆零售商，旨在将意大利咖啡文化引入美国。它不仅仅是一个售卖咖啡的地方，而是一种生活方式和体验的象征，强调的是社区感、个性化服务以及对优质咖啡的热情。星巴克鼓励顾客在其店内"第三空间"中享受休闲时光，这与其"激发并培育人文精神"的宗旨紧密相连。

③ 提升认同感

真实且富有感染力的品牌故事能够激发消费者的共鸣，提高他们对品牌的忠诚度和认同感。比如爱彼迎，它的故事始于2008年，当时一对夫妇决定将空置的房间租给其他人。他们意识到在传统的酒店住宿之外，有一个新的住宿方式正在出现，这种方式可以让人们可以更好地体验当地文化和风俗。爱彼迎的品牌故事充满了对探索和旅行的热情，这些价值观吸引了数以百万计的旅行者，并让他们认同并喜欢爱彼迎品牌。

④ 提升品牌文化和内涵

一个好的品牌故事往往蕴含丰富的文化意义和历史信息，展现企业的使命、愿景和坚持，为品牌赋予深层次的文化内涵，让消费者感受到购买和使用该品牌商品的附加价值。比如，茅台是中国著名的白酒品牌，它源于贵州茅台镇，有着400多年的历史。茅台镇位于中国贵州省的西北部，那里有着优美的自然风光和独特的地理环境。在茅台镇，酒农以当地特产的小麦、糯米、高粱等为原料，采用传统的酿酒工艺，制作出一种醇香浓郁的白酒。茅台酒是中国传统白酒中的佼佼者，它以"醇香浓郁、入口绵柔、回味悠长"而著名。茅台酒的品牌故事，展现了中国的酿酒文化和工艺传承，也反映了中国酒文化的博大精深。

⑤ 促进营销效果与销售转化

在内容营销和社交媒体传播盛行的时代，品牌故事作为一种强有力的营销工具，能有效吸引消费者的注意力，并激励他们在众多竞争品牌中选择并自己信任的品牌，进而转化为实际购买行为。比如一些欧洲的快时尚服装品牌，进入中国市场后，推出了适合亚洲人的款式和设计，并且通过社交媒体和电商平台等新媒体渠道，与中国消费者进行了广泛的互动和沟通，增强了品牌与消费者的情感认同。

⑥ 强化企业内部文化建设

品牌故事为企业内部员工提供了共享的价值观和精神寄托，有助于凝聚团队力量，推动员工更加积极地投入到实现公司目标的行动中去。比如华为，任正非以独特的企业家精神和艰苦奋斗的团队文化为核心，推动华为不断进行技术创新和突破。尤其是在20世纪90年代至21世纪初，华为克服重重困难，成功研发出一系列具有自主知识产权的电信设备，打破了国际巨头在该领域的长期垄断。在全球化战略中，华为不仅在国内市场取得显著成就，更是逐渐走向世界舞台，在多个国家和地区开展业务，最终成为5G、云计算、物联网等先进技术领域的行业领导者。华为的品牌故事里包含着不断追求创新、坚韧不拔的精神内涵，以及通过高质量的商品与服务为全球客户创造价值的承诺。这一过程中，华为也推动了中国科技行业的崛起和发展，成为"中国智造"走向世界的标志性企业之一。

（2）品牌定位

品牌定位是指企业在消费者心目中占据的独特位置，即将品牌形象与其他竞争对手的品牌区分开来。它不仅是企业在市场上获得竞争优势的关键因素，而且对企业长期发展至关重要。

① 明确目标市场

品牌定位是品牌为自身在目标消费者心中的预期位置所做的设计，它有助于企业明确服务部分群体，理解其需求，并据此开发和提供商品或服务。比如，阿里巴巴国际站旨在为国际用户和卖家提供一个全球化的在线交易平台，使他们可以方便地进行商品采购、销售和交流。阿里巴巴国际站覆盖了全球多个地区和行业，提供了广泛的商品种类和服务，包括但不限于电子产品、服装鞋帽、家居用品、化妆品、食品等，其目标市场主要是国际用户和卖家。其中，国际用户包括全球各地的个人消费者、中小企业、跨境电商企业等；国际卖家包括全球各地的生产厂家、批发商、零售商等。

② 制定策略方向

准确的品牌定位是制定市场营销、商品开发、价格设定、渠道选择等战略的基础，确保所有的市场行为均围绕同一核心价值进行。格力空调是中国的一家知名品牌，以高质量和卓越性能而闻名。格力自始至终秉持"好空调，格力造"的品牌理念，并通过这一深入人心的广告语，强有力地彰显了其对商品质量的要求与承诺。格力空调的使用寿命普遍超过行业平均水平，许多消费者家中的格力空调甚至使用了15年以上，这使格力在众多竞争品牌中脱颖而出，树立起了耐用、高品质的品牌形象。格力通过打造高品质、高科技和节能环保的"精品空调"来满足不同消费者群体需求，基于这一品牌定位，格力提供多种类型的家用及商用空调，如卧室空调、变频空调、节能空调、特种空调和中央空调等，以适应多样化的市场需求。格力采用多元化的销售渠道，包括服务商、直营商、分销商等模式，构建了广泛的销售网络，确保商品能够覆盖各级市场。响应国家节能环保政策，格力在商品开发上积极推进绿色低碳战略，推出一系列高能效比的环保型空调商品。随着物联网和智能家居的发展趋势，格力也加大了对智能空调的研发力度，实现空调与其他智能设备的互联互动。

③ 强化市场竞争力

精确定位可以帮助品牌聚焦资源，在某一细分领域建立专业形象和领导地位，增强品牌的竞争优势。还是以格力为例，格力电器注重技术研发和商品创新，在家用空调领域率先实现了多项技术突破，尤其是节能与环保技术。例如，格力开发出了具有自主知识产权的1赫兹变频技术，使空调在低频运行下更加稳定、省电，这一核心技术大幅提升了空调的能效比，并在中国乃至全球市场取得了领先地位；同时，格力还针对不同细分市场的需求推出了定制化商品。例如，在医疗健康空调领域，格力研发了"G-Air医用专业空调"，满足了医院手术室、ICU等对空气洁净度及温度湿度要求极高的环境需求；在极端气候适应性方面，格力推出耐严寒或酷暑这类特殊环境下的空调商品，适应从极寒地区到热带高温区域的各种使用场景；另外，在智能家居领域，格力也积极布局IoT（物联网）智能生态，通过物联网技术将空调与其他智能设备进行联动，提供智能化的生活解决方案，这也是格力品牌在细分市场领域积极探索并取得成效的重要体现。

无论是品牌故事还是品牌定位，都是企业构建和传播品牌价值的关键工具，二者共同作用，不仅能提升品牌知名度和影响力，还能有效引导消费者的选择偏好，促进企业的长远发展。

以Allbirds为例，这家美国鞋履品牌成功地打造了一个深入人心的品牌故事。Allbirds从创立之初就强调可持续性与环保理念，它的故事围绕着使用天然材料、制作舒适、简约设计的鞋类商品展开，这与其商品定位——提供环保且高品质的休闲鞋品相吻合，满足了国际市场上追求绿色消费和生活品质的消费者的期待。另一个案例是中国品牌Lilysilk，它通过轻奢丝绸制品的定位进入国际市场。Lilysilk的品牌故事聚焦于传承中国丝绸文化，并将其与现代时尚相结合，提供优质的丝织品给30～35岁为主的消费者。这一定位帮助品牌在竞争激烈的国际市场中找准差异化优势，从而实现全球化销售的成功。

这些成功的跨境电商品牌都深谙本土化营销的重要性。在讲述品牌故事的同时，精准定位目标市场和消费人群，凭借优质的商品、高效的物流体系以及本土化的服务，创造独特而持久的品牌价值。通过品牌故事传递的价值观和企业愿景，这些品牌在不同文化和商业环境中建立起自己的声誉和消费者对产品的忠诚度。

2. 品牌故事打造和品牌定位

确定品牌故事和定位是一个系统性的过程，它需要深入理解市场环境、消费者需求、企业文化与商品特性，并在此基础上构建一个具有感染力的故事以及明确的市场地位。以下是一些关键步骤：

（1）品牌自我认知

① 明确品牌的使命与愿景

分析企业的核心价值观、长期目标以及希望在消费者心中塑造的形象。比如沃尔玛的品牌使命聚焦于为顾客提供最大程度的经济实惠和优质服务，其使命表述为"帮顾客节省每一分钱"，这一宗旨体现了沃尔玛致力于通过高效的运营、强大的采购能力和大规模的分销网络，为消费者提供价格最低的商品和服务；同时，沃尔玛还强调提供超一流的服务体验，努力实现"一站式"购物的便利性，满足顾客在最短时间内购买各种商品的需求。中国远洋海运集团的愿景是承载经济全球化使命，致力于成为全球领先的综合性物流供应链服务提供商，具体表现为：整合全球优势资源，以航运、综合物流及相关金融服务为核心支柱产业，打造多产业集群，并在全球范围内优化资源配置，强化上下游产业协同合作，全力保障全球产业链和供应链的畅通。

② 了解品牌独特性

识别商品或服务的独特卖点（USP），如技术创新、材料使用、生产工艺或者对某一问题的独特解决方案。沃尔玛作为全球最大的零售商之一，核心商业策略是"天天低价"（Everyday Low Prices），它通过大规模采购、高效的供应链管理以及先进的信息技术应用来降低成本，从而为顾客提供具有竞争力的价格的商品。沃尔玛在全球拥有庞大的商场网络，分布于27个国家的10,000多家门店，使其能够实现显著的规模经济效应。这种广泛的地理覆盖使沃尔玛对市场有深入的理解和快速的响应能力。沃尔玛建立了世界一流的供应链管理系统，通过对库存、物流和采购活动的严格控制，有效降低了成本并确保了商品的高效流通，这些都是沃尔玛品牌的独特性。

（2）市场研究

① 目标消费者分析

通过调查和研究，了解目标受众的需求、偏好、行为习惯及价值观，从而找到能够触动消费者的痛点或兴奋点。以快时尚品牌Zara为例，其目标消费者主要聚焦于具备一定时尚敏感度、追求快时尚和潮流更新的年轻群体，特别集中在25～35岁的年龄层。这一消费群体更愿意为能够及时跟上国际时装趋势的商品支付合理的费用，并期待商品快速的更新速度。Zara通过一流的形象展示（店面设计与橱窗陈列）、二流的商品质量（虽然不是最高端，但保证时尚感与基本品质）以及三流的价格策略（相较于高端奢侈品牌，价格更为亲民），成功吸引了注重性价比和时尚度的消费者。

② 竞品分析

研究同类竞品的品牌故事和定位，找出市场的空白点或优势点，以便于差异化竞争。Zara作为全球知名的快时尚品牌，其主要的同行竞争对手为Mango。Mango与Zara一样具有欧洲时尚背景，它提供的商品倾向于更有设计感且价格相对适中，瞄准了追求个性化和都市感的消费群体。优衣库主打基本款和功能性服饰，尤其注重服装的质量、舒适度以及技术创新。虽然也属于快时尚品牌，但优衣库更强调商品的基础性和长期穿着价值，目标顾客群较为广泛，各个年龄层都有覆盖。这些品牌的竞争策略各有特色，Zara的优势在于高效的供应链管理和"零库存"模式，使其能将新品从设计到店面的时间压缩至几周内，实现对市场需求的快速响应。

（3）提炼品牌故事

提炼品牌故事是一项深入挖掘品牌内涵并将其转化为生动叙事的任务。

① 理解品牌核心

深入了解品牌的起源、发展历程、使命愿景以及独特价值主张，包括品牌的核心理念、商品或服务特点，以及在行业中的地位和差异化优势。

② 定位目标受众

确定目标消费者群体，了解他们的需求、痛点、期望及价值观，以便将品牌故事与受众的情感诉求有效对接。

③ 构建情感联系

品牌故事应具有感染力，能激发受众的情感共鸣。通过叙述创始人的心路历程、品牌如何解决市场问题，或是成功帮助用户实现愿望的故事元素，营造感人至深的故事情节。

④ 突出品牌特质

在故事中融入品牌的核心特质，比如创新性、可靠性、环保理念等，并用实际案例来佐证这些特质，让品牌故事更具说服力。

⑤ 简洁明了且具一致性

故事内容需简练精悍，易于传播和记忆；同时保持品牌信息的一致性，在不同的场景和媒介上讲述的故事主线应当一致，强化品牌形象。

⑥ 视觉呈现与创意表达

利用视觉和创意手段强化品牌故事的表现力，如设计独特的视觉标识、制作动人的视频短片，或者策划互动性强的社会化媒体活动，使品牌故事能够立体、生动地呈现给受众。

品牌故事需结合市场反馈和公司发展而不断更新迭代，以适应不断变化的市场需求并呈现品牌成长过程中的新亮点。如此，企业才能提炼出一个既能体现品牌精神内核又能触动人心的品牌故事。

（4）确立品牌定位

① 根据3C法（公司自身、客户或消费者、竞争对手）或SWOT分析（优势、劣势、机会、威胁），可以精准界定品牌在市场中的位置。

3C法（如图8-1）是战略管理中的一个经典分析框架，主要用于企业制定和评估战略时对环境因素的考虑。这里的"3C"通常代表Corporation、Costomer、Competition三个英文单词。

Corporation：公司。这是对组织内部条件的分析，包括公司的核心竞争力、资源、能力、文化、价值观以及战略目标等。

Customer：公司顾客。了解顾客的需求、消费习惯、购买决策过程、市场细分、消费者期望的变化趋势等，对于企业定位商品、服务和满足市场需求至关重要。

Competition：竞争对手。分析市场竞争格局，研究竞争对手的优势、劣势、战略定位、市场份额、商品与服务策略等，以帮助企业在竞争中找到差异化路径或者改进点。

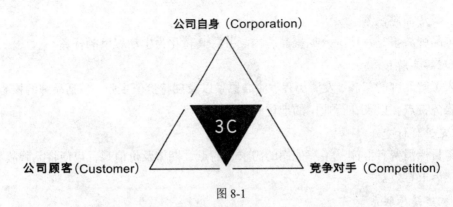

图 8-1

（来源：舞彩国际传媒《市场营销策划人员常用的 24 个营销模型[中篇]》）

通过综合运用3C分析法，企业能够更好地洞察市场环境，确定自身的战略定位和发展方向。

② 创造独特的定位声明：简洁明了地概括出品牌的差异化竞争优势。

例如："我们是提供最环保材料制成的舒适鞋履品牌"或"我们致力于传承中国丝绸文化，并以现代设计满足全球轻奢时尚消费需求"。

（5）整合传播与执行

① 品牌故事与定位融入所有营销传播活动

企业一旦明确品牌故事和定位，就要将其融入所有营销传播活动中，包括直播营销、广告营销、社交媒体、公关活动、商品包装等各个方面，确保一致性。

以直播营销为例，可以根据品牌的定位和目标受众特征制定直播主题，确保内容能够体现品牌的核心价值、文化理念以及商品优势。直播主题可以通过品牌故事、新品发布、经典回顾、幕后制作、商品体验分享等多元化形式展开；可以邀请品牌代言人、行业专家或具有影响力的KOL进行直播，直接关联到品牌形象并传递品牌信息。直播场地布置要体现品牌调性，确保整体视觉效果符合品牌形象。直播前预告和直播后回放都要充分利用各个传播渠道（如品牌官方网站、微信公众号、微博、短视频平台等）推广，扩大覆盖范围。

② 持续评估和优化

根据市场反馈和销售数据来调整和完善品牌故事与定位，使其始终保持与市场需求的一致性和有效性。在直播过程中，实时监控直播过程中的观看人数、互动数据、销售转化数据等，及时调整直播策略。结束后分析数据，总结经验教训，为下一次直播活动提供改进依据，持续优化品牌直播的营销效果。

综上所述，创建品牌故事和定位不仅要对品牌有深刻的理解，还需要具备敏锐的市场洞察力，以确保故事既真实反映品牌精髓，又能在目标市场中脱颖而出，有效吸引并留住消费者。

第 2 节　目标市场分析与本地化适应

1. 目标市场分析

品牌进行目标市场分析是制定有效营销策略和确保商业成功的重要步骤，以下是品牌在进行目标市场分析时可以遵循的一系列关键流程。

（1）市场细分：

① 确定潜在的细分变量

如消费者所在的地理区域、年龄、性别、收入水平、教育程度、职业、生活方式、消费习惯、购买动机等。

② 市场细分

根据以上这些变量对整个市场进行细分，找出具有相似需求或特征的消费者群体。

以 Zara 市场细分的分析为例

年龄层次：Zara的商品线覆盖了广泛的年龄段，包括儿童（3～15岁）、青少年（15～25岁）、中青年顾客（25～35岁），以及更成熟的消费者（35岁以上）。每个年龄段都有针对性的设计与款式，以迎合处于不同生命周期阶段的消费者对于服饰的不同要求。

性别：针对男性、女性以及儿童提供不同的商品系列，充分挖掘各性别人群的服装需求。

生活方式：根据现代人快节奏的生活和对时尚潮流的追求，Zara细分出注重品质、设计感和紧跟潮流的消费人群，这部分消费者期待能在短时间内获得最新款式的衣物。

收入水平：虽然Zara定位为高级时尚品牌，但通过高效供应链管理控制成本，实现了中高端质量商品的平价销售，因此能够吸引到既具有中高收入水平又追求性价比的消费者。

地理区域：Zara在全球多个国家和地区设有分店，针对不同地区的气候条件、文化背景和时尚趋势进行适应性的商品布局，实现地域化营销。

购物习惯：考虑到现代消费者越来越倾向于线上购物，Zara也开发了强大的电子商务平台，线上线下相结合，满足不同购物习惯消费者的需要。

（2）市场需求评估

① 市场调研

进行市场调研以了解各个细分市场的消费需求、消费行为、商品偏好及价格敏感度。

② 评估需求

分析消费者满意度、未被满足的需求以及潜在的新需求。

以 Zara 市场需求评估为例

- 消费者行为分析：通过收集和分析消费者的购买数据、线上浏览习惯、购物频率等信息，了解目标市场中消费者的时尚敏感度、消费频次、购买力及对款式、品质和价格的敏感程度。

- 流行趋势追踪：快速响应全球流行趋势是Zara的一大特色。品牌会密切关注国际时装周动态、社交媒体热议话题以及街头时尚风向标，以确保商品紧跟潮流，满足市场对于新颖设计的需求。

- 市场容量与潜力评估：当Zara进入新的地理区域时，会详细研究当地市场的服装零售业现状、消费者规模、消费习惯以及竞争对手的分布情况，以此判断新市场的容纳量和增长潜力。

- 销售数据分析：通过对历史销售数据进行深度挖掘，可以分析出哪些类别、款式或颜色的商品更受市场欢迎，从而指导未来的商品开发和库存管理策略。

（3）竞争环境分析

① 竞争对手特性研究

研究主要竞争对手的商品特点、定价策略、市场份额、品牌形象、市场推广活动等。

② 竞争对手优劣势分析

识别竞争对手的优势与劣势，并分析自身品牌在竞争格局中的相对地位。

竞争环境分析是企业战略规划中的一项重要活动，其目的是识别和评估影响企业业务的外部环境因素，以便更好地制定或调整战略决策。通过竞争环境分析，企业可以了解自己在市场中的相对位置，预见并应对可能的风险与机遇，从而增强竞争力和持续发展能力。在竞争环境分析中，经常会用到波特五力模型，如图8-2所示。

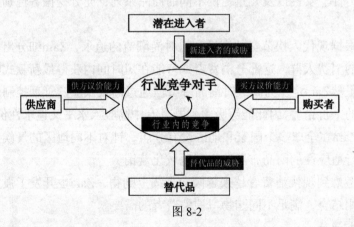

图 8-2

波特五力模型是企业战略管理和产业组织理论中的一个经典分析框架，用于分析企业在行业中可能面临的竞争环境及结构。该模型包含五个关键要素，这些要素共同决定了行业内的竞争强度和某家企业在其中可能获取的盈利潜力。

- 供方议价能力：供应商可以通过控制投入要素的质量、数量和价格来影响企业的成本结构和盈利能力。当供应商集中度高、商品差异化程度大、替代品少或者更换供应商的成本高昂时，供应商的讨价还价能力会增强。

- 买方议价能力：购买者即消费者或客户，他们可以通过压低价格、要求更好的质量和服务等方式影响企业的商品定价和利润空间。购买者的议价能力通常随着他们的集中度提高、采购量增大、转换成本降低以及对商品熟悉度的增加而增强。

- 新进入者的威胁：新的企业可能随时进入现有市场，从而加剧竞争。高进入壁垒（如资本需求、技术专利、规模经济、政策法规限制等）可以限制新进入者的威胁；反之，低壁垒则会导致竞争加剧，影响现有企业的市场份额和利润水平。
- 替代品的威胁：替代品是指来自不同行业但能满足相同需求的商品或服务，它们的存在意味着即使在本行业内不直接竞争，也可能分流消费者的需求，影响行业的整体需求状况和价格水平。
- 行业内的竞争：这涉及行业内企业之间的竞争激烈程度，包括价格战、广告战、新商品开发速度等。高竞争性可能会压缩所有参与者的利润空间，并促使企业寻求差异化策略或成本领先策略以获得竞争优势。

企业运用五力模型分析时，应识别并评估这些力量对企业战略选择的影响，以便制定出适应竞争环境的有效战略。

以迈克尔·波特的五力模型分析竞争环境——以Zara为例。

- 供方议价能力：Zara通过将设计、生产、分销等环节垂直整合，拥有相当强的供应链管理能力。大部分商品由内部或附近合作工厂完成，这使Zara对供应商具有较强的控制力，降低了供应商的议价能力。
- 买方议价能力：虽然消费者对价格敏感，但Zara主打"快时尚"策略，凭借频繁上新与时尚潮流快速结合的商品特性，以及相对适中的价格定位，削弱了买方直接对价格进行谈判的空间；同时，品牌忠诚度和购物体验（例如实体店布局与线上平台结合）也影响着消费者的购买决策，降低纯粹的价格驱动的议价行为。
- 新进入者的威胁：进入服装零售，尤其是快时尚行业的门槛相对较高，需要大规模生产、高效物流体系和快速反应的设计团队。Zara凭借其成熟的商业模式、全球化的分布网络和先进的信息系统，建立了较高的市场壁垒，从而抑制了潜在新进入者的影响。
- 替代品的威胁：快时尚领域内竞争对手提供的相似商品是一种替代品威胁，但Zara通过及时捕捉流行趋势并快速转化成新品上市的方式，维持竞争优势；另外，随着二手服装交易市场的增长和个人定制化服务的发展，这些非传统快时尚商品和服务也在一定程度上构成了替代品威胁，但鉴于Zara的客户群体特征和品牌形象，这一威胁在其目标市场中相对有限。
- 行业内的竞争：快时尚行业内竞争非常激烈，不仅包括Zara、优衣库这样的国际品牌，还有其他区域性的快时尚品牌以及不断涌现的新品牌。Zara通过强调"设计师+零售商"的独特模式、强大的供应链管理和高质量的商品更新速度，确保在行业中保持领先地位。

（4）SWOT分析

SWOT分析是一种战略规划工具，用于评估组织、项目或业务单位的内外部环境，以便识别其优势（Strengths）、劣势（Weaknesses）、机会（Opportunities）和威胁（Threats），如图8-3所示。通过SWOT分析，决策者可以更好地理解内部资源与能力的状况，以及外部市场和行业动态，并据此制订有效的战略行动计划。

图 8-3

① 优势（Strengths）

优势是指组织内部所具备的竞争优势，如独特的技术、强大的品牌影响力、高效的运营模式、高技能的人才队伍等。

② 劣势（Weaknesses）

劣势是指组织内部存在的限制或弱点，如过高的生产成本、市场份额较小、依赖单一商品线、管理结构不健全或者创新能力不足等。

③ 机会（Opportunities）

机会是指外部环境中有利于组织发展的条件，如新兴市场的开拓、消费者需求的变化、政策法规的利好调整、新技术的出现等。

④ 威胁（Threats）

威胁是指来自外部的挑战或不利因素，可能对组织构成压力或风险，如竞争对手的激烈竞争、市场需求下降、原材料价格上涨、政策环境收紧或技术快速迭代带来的淘汰压力等。

在进行SWOT分析时，通常会将这些元素放入一个矩阵中，并尝试寻找"SO"（利用优势抓住机会）、"WO"（克服劣势以把握机会）、"ST"（利用优势来减少威胁影响）和"WT"（减轻劣势并抵御威胁）的战略组合。这样的综合评价有助于组织制定出更为实际可行的发展策略和应对措施。

（5）PEST分析

PEST分析是一种战略规划工具，用于评估企业或组织所面临的外部宏观环境。它从四个方面对企业的经营环境进行全面考察，如图8-4所示。

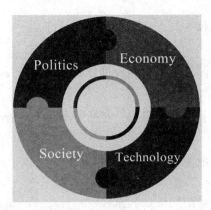

图 8-4

- 政治（Politics）：包括政治稳定性、政策法规的变化、税收政策、国际贸易条款、行业规范与标准、国内外政治关系等因素。
- 经济（Economy）：包括国家和地区的经济增长率，通货膨胀率、利率、汇率波动，市场规模，消费者购买力水平，贸易模式，市场周期以及总体经济状况等因素。
- 社会文化（Society）：包括人口统计特征（如年龄结构、教育水平）、社会价值观变化、消费者偏好、生活方式、健康意识、社区趋势、环境保护意识等因素。
- 技术（Technology）：包括科技进步的速度、创新成果的应用、研发能力的发展、技术替代性、信息技术进步、知识产权保护法等因素。

通过PEST分析，企业能够识别和理解外部环境对企业战略决策产生的潜在影响，从而更好地适应环境变化，制订有效的战略计划，规避风险并利用可能的机会。

（6）市场规模与增长潜力评估

计算并预测目标市场的实际规模和未来增长趋势，考虑总体市场规模、市场增长率以及预期的市场渗透率。在评估市场规模和增长潜力的时候，可以考虑以下几个方面。

- 收集并分析官方统计数据、行业报告、市场调研机构数据，了解当前海外市场整体规模，包括销售额、用户数量等具体指标。
- 分析目标国家或地区的经济发展水平、人口数量、消费者购买力等因素对市场规模的影响。
- 观察过去几年的增长情况，判断该市场的稳定性和成长性。
- 考虑宏观经济因素如GDP增长率、政策法规变化、行业发展趋势（比如技术进步、消费者偏好的变迁）等对市场增长的影响。
- 预测未来市场发展的驱动力，例如新兴技术应用的可能性、消费升级带来的新需求等。

可以选用前文中讲到的分析模型（比如3C法分析模型，SWOT分析模型，竞争环境分析模型）来辅助做市场规模和增长潜力的评估。

（7）目标市场选择与定位

① 选择目标市场

根据以上分析结果，选择最具价值和最符合品牌资源条件的目标市场。

② 明确品牌定位

明确品牌在该目标市场上的独特定位，包括但不限于品牌理念、商品特性、服务承诺和价值主张。

（8）可行性评估与资源配置

① 目标市场可行性分析

对选定的目标市场进行详细的可行性研究，包括预计的投资回报率、风险评估以及资源分配方案。

- 分析所需的市场营销预算，实施项目所需的人力、物力、财力等资源，并结合预期收入计算投资回报率（ROI）。
- 对技术研发、生产制造、供应链管理、销售团队建设等方面进行详细规划，预估各阶段所需投入的资源量。
- 利用盈亏平衡分析、敏感性分析等多种财务分析工具，评估不同资源配置方案下的盈利能力及风险水平。
- 分析市场风险、政策风险、技术风险、财务风险等各种潜在风险因素，并针对这些风险提出相应的应对策略和应急预案。
- 在全面了解项目周期内各类资源需求的基础上，制订出最优资源配置计划；同时需要对资源分配情况进行动态调整，以应对市场变化，确保项目的高效运作和顺利推进。

② 目标市场营销计划制订

制订针对目标市场的详细市场营销计划，包括商品开发、定价、渠道选择、促销策略等方面。

- 分析市场饱和度，找出市场缝隙或未被充分满足的需求。
- 研究现有竞争对手的商品或服务、市场份额、定价策略以及竞争优势与劣势。评估新项目在竞争环境中的相对位置和差异化策略。
- 根据市场定位确定商品的特性、功能和服务标准，并结合成本结构分析其可行性和盈利能力。
- 考虑分销渠道、推广策略和初期市场渗透的资源需求。

通过执行以上步骤，品牌能够对目标市场有更深入的理解，进而更准确地定义自己的目标消费者群体，设计出更具针对性的商品和服务，并构建出有效的市场营销策略。

2. 品牌本地化适应

品牌本地化适应在当今全球化市场中的重要性不言而喻，尤其对于想要打入海外市场的电商品牌来说至关重要。本土化能够使品牌更好地与目标国家或地区的消费者建立情感连接。通过使用当地语言、熟悉的文化元素和沟通风格，品牌更容易获得消费者的认同感和亲近感。当品牌展示出对本土市场细微差别的关注时，可以增加消费者对品牌的信赖度。不同的市场可能有特定的法律要求、商业惯例和社会规范。有效的本地化策略还可以帮助品牌避免文化冲突和法律风险，从而确保商品或服务在新市场的合法性和社会接受度。

然而，品牌进行本地化适应是一个系统过程，需要全方位地考虑商品、服务、营销和运营的各个环节，以下是一些关键步骤：

（1）市场研究与洞察

① 目标市场研究

对目标市场的文化背景、价值观、消费者行为习惯、消费趋势，以及法律法规进行深入了解。

② 竞品分析

了解当地市场现有竞争对手的商品特点、市场策略和服务模式。

以华为进入西班牙市场为例

- **市场竞争格局**：西班牙智能手机市场竞争激烈，主要品牌包括三星、苹果以及本地与国际其他知名品牌。三星是全球最大的智能手机制造商；苹果凭借其iPhone系列，在高端市场拥有稳定的消费者群体；欧洲本土品牌以及其他国际品牌，包括但不限于索尼、诺基亚等也在不同细分市场有自己的竞争力。

- **消费者行为**：西班牙消费者对新技术接纳程度较高，且注重品牌、质量、价格及创新能力等多方面因素。他们对于大屏幕、高分辨率、强大处理器、优质摄像头以及不断更新的操作系统版本有较高需求。

（2）商品/服务调整

① 改良商品/服务

根据目标市场的需求和偏好对商品进行定制或改良，包括但不限于功能、设计及包装上的改变。

② 确保商品的质量和性能符合当地标准和法规要求

以华为进入西班牙市场为例

- **商品适配与定制**：华为针对西班牙市场特点以及用户需求，推出符合当地消费者需求的商品。例如，提供支持西班牙语的操作系统界面，并且根据欧洲用户的使用习惯进行设计优化，提供双卡双待、多语言支持等功能。

- **5G网络建设与支持**：华为与西班牙电信运营商如沃达丰合作，提供了5G网络基础设施解决方案和技术支持，帮助西班牙迅速建立并扩展了5G商用网络服务，提升了通信效率和用户体验。

- **数字化转型合作**：华为积极参与西班牙的数字化转型进程，不仅通过智能手机等电子产品抢占市场份额，还涉足云计算、数据中心、智慧城市等领域，推动技术创新与应用。

（3）品牌名称与形象本土化

① 品牌记忆

考虑是否需要为品牌起一个易于被目标市场消费者接受和记忆的名字，如可口可乐进入中国市场时采用的中文名"可口可乐"。

② 品牌视觉识别

VI（品牌视觉识别系统）要反映出一定程度的本土特色，同时保持全球品牌的一致性。

③ 品牌形象

积极参与当地的社会责任项目，提升品牌形象。

以华为进入西班牙市场为例

华为注重在西班牙本土人才的培养，积极与西班牙的大学和商学院建立合作关系，促进本地青年就业技能提升，这有助于深化华为在西班牙的市场根基，强化品牌影响力。

（4）营销沟通与内容本土化

① 当地语言的宣传

用当地语言编写宣传材料和广告文案，并确保它们符合当地的表达习惯。

② 当地文化传播策略

制定符合当地文化的传播策略，选择恰当的代言人和合作伙伴，以及运用当地节日、习俗等元素开展市场营销活动。

以华为进入西班牙市场为例

华为利用体育赛事赞助、文化活动合作等方式进行品牌推广，提高华为在西班牙消费者心目中的知名度与好感度。

参与重大国际展会，如MWC（世界移动通信大会）并在会上发布新品，如荣耀Magic4系列在巴塞罗那的发布，利用这一全球舞台展示华为的品牌形象和技术实力。

（5）销售渠道和用户服务本土化

① 分销网络

开发适合当地市场的分销网络，与当地零售商、渠道商建立合作关系。

② 服务支持

提供符合当地消费者习惯的服务支持，包括售后服务、用户热线等，并确保其时间和方式的便利性。

以华为进入西班牙市场为例

与西班牙当地的合作伙伴（如Flexxible IT）展开深度合作，提供运行维护服务（如报道中提到的3.0版运行维护服务），确保7×24小时的不间断技术支持和服务响应。

与当地电信运营商和其他零售商建立紧密合作关系，共同推广华为设备和解决方案，如5G网络设备的合作部署以及智能手机的捆绑销售。

开通了面向西班牙市场的网上商城，通过线上平台直接向消费者销售商品，提高销售渠道覆盖面，并优化购物流程，提供便捷的服务。

（6）合规与法律适应

确保所有商品、服务和营销活动都遵守目标国家或地区的法律法规，包括但不限于商标注册、商品认证、版权法、数据保护与隐私法规等。

以华为进入西班牙市场为例

虽然面临国际形势变化，华为在西班牙仍致力于遵守当地法律法规，包括网络安全标准和认证要求，尽管曾因为地缘政治因素遭遇设备替换的压力，但这体现了华为对当地政策的适应和调整。

通过这些全面的本地化措施，品牌可以更有效地融入目标市场，赢得消费者的认同与忠诚度，从而实现在新市场的成功拓展。

第3节 高质量内容策划

1. 设置有吸引力的直播主题和活动

（1）品牌新品发布会

开展新品发布会是品牌推广和市场营销的重要环节，对于提升商品知名度、塑造品牌形象以及吸引潜在消费者至关重要。在策划品牌新品发布会时，要注意以下几个问题。

① 明确目标与定位

- 确定新品发布会的核心目的，如新品上市宣传、品牌形象升级、市场战略发布等。
- 明确新品的市场定位及目标受众。

② 活动策划与主题设定

- 根据新品特点、品牌调性和目标市场制定发布会主题，确保其既具有吸引力又符合品牌形象。
- 设计整个发布会的流程，包括开场、新品展示、嘉宾演讲、互动环节及结尾总结等。

③ 场地选择与布置

- 选择符合新品风格和品牌定位的发布会场地，可以是现代化的会议中心、时尚的艺术馆或是体现商品特色的特定环境。
- 场地布置应突出新品亮点及品牌元素，营造出与主题相符的氛围。

④ 邀请嘉宾与媒体

- 确定并邀请关键的嘉宾，包括行业专家、合作伙伴、潜在客户、KOL，以及重要媒体。
- 提前准备好邀请函，并确保所有受邀人员预先对新品有足够的了解。

⑤ 内容创作与制作

- 准备详细的发布会脚本，包含主持人串词、嘉宾演讲稿、商品演示文稿等内容。

- 制作高质量的商品宣传片、演示视频或PPT，以直观生动的方式展现新品特性及优势。

⑥ **公关与宣传**

- 在发布会前通过多种渠道进行预告宣传，包括社交媒体、官方网站、新闻发布、线上线下广告等。
- 对于媒体记者，提供新闻通稿、高分辨率图片及其他有助于报道的信息素材。

⑦ **现场执行与控制**

- 确保活动现场的音频、视频设备以及网络支持正常运作，做好应急预案以防突发状况。
- 安排专业团队负责签到接待、流程把控、技术指导等工作，保障发布会的顺畅进行。

⑧ **后期跟进与反馈收集**

- 发布会结束后，及时跟进媒体报道情况，分析舆论风向及市场反馈。
- 对参与发布会的嘉宾及媒体进行感谢，并整理发布数据报告，评估发布会效果，为今后的营销策略提供参考依据。

（2）品牌专题讲座

开展品牌专题讲座是为了深入传播品牌理念、分享专业知识、增强与目标受众的互动和联系。成功开展品牌专题讲座需要注意以下几个问题。

① **确定讲座主题**

- 根据品牌的核心价值、商品特色及市场定位，选择一个具有吸引力且能体现品牌内涵的主题。
- 确保主题能够提供有价值的见解或解决方案，以满足目标听众的实际需求。

② **策划讲座内容**

- 深入研究并准备讲座具体内容，包括但不限于行业分析、品牌历史、商品特点、成功案例、未来发展趋势等。
- 邀请业内专家、企业高管或相关领域的知名人士作为主讲嘉宾，确保内容的专业性和权威性。

③ **用户群体锁定与邀请**

- 明确目标受众，可能是潜在用户、合作伙伴、业界精英或是对品牌感兴趣的社会公众。
- 通过邮件、社交媒体、线上线下广告等多种渠道进行宣传推广，并定向发出邀请函。

④ **场地布置与技术支持**

- 选择一个符合品牌形象、舒适且设施齐全的场地，如公司会议室、酒店宴会厅或其他专业活动场所。
- 考虑到讲座形式可能涉及PPT演示、视频播放、现场问答等互动环节，确保现场音视频设备及网络支持良好。

⑤ **活动流程设计**

- 设计完整的讲座流程，包括开场致辞、主题演讲、互动讨论、问答环节、体验展示（如有实物商品）以及闭幕总结等。
- 可设置签到环节、茶歇交流时间以及礼品赠送等活动安排，增加参与者的活跃度和满意度。

⑥ **后期传播与反馈收集**

- 讲座结束后，整理录制的视频或音频材料，上传至官方网站、社交媒体平台等，扩大活动影响力。
- 收集参与者对讲座内容、形式及效果的反馈意见，为后续活动改进提供依据。

（3）品牌体验分享

开展品牌体验分享直播，旨在通过实时互动的方式增强消费者对品牌的认知与信任，同时推广商品和传播品牌故事。进行品牌体验分享直播主要有以下几个环节。

① **前期准备**

- 直播账号打造：依据品牌形象定位主播人设，确保主播形象、昵称、头像、简介等符合品牌调性。
- 直播间布置：设计并布置具有品牌特色的直播间背景，加入品牌元素如商标、主题色等，提升观众沉浸式体验感。
- 直播设备测试：确保视频、音频、网络信号稳定，画面质量清晰。

② **内容策划**

- 确定直播目标与核心信息：围绕商品体验、品牌故事、用户评价、使用教程等内容展开。
- 编写脚本：设计开场预热、商品亮点展示、嘉宾访谈（如有）、互动环节（问答、抽奖活动等）及结尾总结的整个流程。
- 预备素材：提前准备好商品实物、演示用具及相关视觉资料。

③ **推广宣传**

- 发布预告：在官方渠道和其他合作平台提前发布直播预告，告知时间、主题及参与福利等吸引用户。
- 社交媒体联动：利用微博、微信公众号、短视频平台等进行全方位推广，引导消费者关注并预约直播。

④ **直播执行**

- 按照策划脚本进行直播，注意把控节奏和营造气氛，适时穿插互动环节，保持用户活跃度。
- 主播要专业且富有感染力地介绍商品特点、使用体验，并解答用户问题，传递品牌价值。
- 实时监控直播效果，根据用户反馈调整直播内容和策略。

⑤ 后期跟进

- 对直播过程中的精彩片段进行剪辑，制作成短视频进行二次传播。
- 收集和分析直播数据，包括观看人数、点赞数、评论数、转发数，以及销售转化情况等，为后续优化直播策略提供参考。
- 关注消费者反馈，针对消费者提出的问题或建议及时回应，进一步加强与消费者的沟通和联系。

⑥ 增值服务

结合直播内容，推出限时折扣、优惠券、赠品等活动，激励用户在直播期间下单购买，增加即时销量。

（4）品牌会员特惠日

开展跨境直播品牌会员特惠日活动可以有效激活老客户，建议采用以下步骤和策略。

① 提前规划与预热

- 制订活动计划：提前设定好活动日期，并规划出针对跨境用户的优惠方案，如国际运费减免、特定国家/地区专享折扣等。
- 预告宣传：在多个社交媒体平台以及跨境电商店铺中提早发布直播预告，告知全球用户特惠日的具体时间、主题、亮点以及优惠内容。
- 预热活动：通过邮件营销、站内推送、关联商品推荐等方式提前增加直播间热度，吸引潜在会员关注。

② 直播策划

- 选择平台：使用专业的跨境直播平台，如阿里巴巴国际站、Shopee Live等功能，确保视频质量、流畅度及跨地域的稳定访问。
- 主播配置：根据目标市场语言文化特点挑选或培训主播，保证能够有效与海外消费者沟通。
- 互动设计：结合平台功能设计丰富的直播互动环节，例如限时抢购、弹幕抽奖、红包雨等，提高用户参与度和购买转化率。

③ 优惠策略

- 会员专属特权：设置会员等级，等级越高享受的优惠力度越大，比如高端会员享受额外折扣或优先购买权。
- 直播专享优惠券：发放仅限直播时段使用的优惠券，促使用户在观看直播时下单购买。
- 秒杀与限购：推出限定数量或时间段内的超值秒杀商品，制造稀缺感，促使用户快速决策。

④ 后续跟进

- 售后服务保障：强调品牌的物流配送、售后支持等服务优势，消除跨境购物中的疑虑。

- 数据分析与复盘：活动后对直播效果进行数据统计与分析，了解用户反馈，优化后续的直播策略。

⑤ 合作资源利用

- 平台合作推广：充分利用跨境电商平台给予的流量扶持政策，报名参加官方组织的相关活动以获取更多的曝光机会。
- KOL合作：与目标市场的合作，通过他们引导粉丝关注直播活动，扩大品牌影响力。

总之，成功的跨境直播品牌特惠日离不开精心策划、精准推广、高效互动和优质服务，只有全方位把握各个环节，才能将直播效益最大化。

2. 主播筛选和培训

（1）品牌主播筛选

品牌主播是品牌与消费者之间互动的重要桥梁，他们的言行举止直接影响到品牌的形象传达。通过精心筛选符合品牌定位、价值观及风格的主播，能够确保主播的个人特质与品牌形象高度融合，形成一致的品牌输出。在进行主播筛选时，应注意以下几个方面。

- 形象与品牌契合度：主播的个人形象、气质以及言谈举止应与品牌形象相符。例如，如果是高端奢侈品品牌，则可能需要一位更具成熟魅力或国际化的主播；对于年轻潮流品牌，可能更倾向于选择活泼开朗、紧跟时尚的年轻主播。
- 专业能力与知识储备：主播不仅要善于表达，还应对所推广的商品有深入的理解，包括商品的特点、使用方法、售后服务等，并能通过话语打动用户购买。
- 粉丝基础与影响力：拥有一定粉丝基数及影响力的网红主播可以迅速扩大品牌的曝光度，尤其对于有一定知名度的品牌而言是很好的合作对象。

（2）品牌主播培训

相比于合作外部知名主播，培养自有主播的成本更为可控，并且可减少因合作主播可能存在的各种不确定性（如价格波动、档期冲突等）带来的商业风险。而且对自有主播进行定期培训，可确保其技能与市场趋势同步更新，不断适应消费者需求变化，使品牌直播营销策略始终保持活力和竞争力。通过系统性的培训，能够帮助自有主播更好地理解品牌理念、商品知识和服务规范，从而在直播过程中准确传达品牌形象，打造专业、可信的主播形象。培训还可以帮助主播掌握有效的沟通和销售技巧，包括如何吸引用户注意力、激发购买兴趣、处理消费者疑虑与投诉等，这些都能够显著提高直播间内用户转化为实际购买者的比例。另外，优秀的主播不仅仅是销售人员，他们还承担着建立和维护与粉丝关系的任务。通过提供富有价值的内容、个性化互动以及专业的售后服务，品牌自有主播可以培养出一批忠实粉丝，为品牌的长期发展奠定基础。但培养品牌自有主播是一个系统工程，要培养出优秀的品牌主播应注意以下几个方面。

① 角色定位与选拔

- 明确主播的角色定位，根据品牌形象、目标市场及商品特点选择主播人选，优先考虑具有相关行业经验或专业知识背景的人才。

- 主播应具备良好的沟通能力、亲和力以及一定程度的个人魅力，能够吸引并留住用户。

② **专业培训**

- 商品知识培训：通过培训教授主播关于商品的详细信息，包括功能、使用方法、优势等，并通过实际操作演示来提升主播对商品的熟悉度和信任感。
- 销售技巧培训：培训主播进行有效的商品推介，比如利用故事营销、痛点挖掘来刺激用户的购买欲望，以及掌握销售话术和说服技巧。
- 直播技能培训：培训主播关于讲解直播流程、互动技巧，如何适应镜头，把控直播节奏，处理突发情况等实操性内容。

③ **内容策划与创作**

- 团队应提供全面的内容规划支持，包括主题策划、剧本撰写、视觉设计等，确保主播能够输出高质量的与品牌相关内容。
- 结合品牌活动、热点事件及时调整直播内容，保持直播间的新鲜度和吸引力。

④ **数据分析与反馈**

- 利用后台数据追踪和分析主播表现，包括观看人数、点赞数、评论量、转化率等核心指标，为后续优化提供依据。
- 定期对主播进行业务评估与指导反馈，针对薄弱环节进行针对性训练和改进。

⑤ **持续迭代与创新**

- 鼓励主播不断学习新知识、新技术，紧跟市场潮流和消费者喜好变化，适时更新直播形式和内容风格。
- 建立激励机制，对表现优秀的主播给予奖励，同时设立成长路径，助力主播长期发展，形成稳定的粉丝群体和品牌忠诚度。

综上所述，企业需要从选拔适合的人选开始，到提供综合性的培训体系，再到精细化的内容运营和效果监测，才能成功培养出符合品牌需求且具有竞争力的自有主播团队。

第4节　技术准备与服务保障

1. 技术准备

高质量的技术保障代表了品牌的精细化运营和专业态度，一场不断出现技术问题的直播可能会损害品牌形象，而技术稳定的直播则能展现品牌实力和对细节的关注。直播前对硬件设备的准备和测试，以及直播时的技术保障，能够确保直播的高清画质和清晰音质，避免因网络波动、设备故障等问题导致画面卡顿、声音断续，从而影响用户观看体验，保持用户的参与度和关注度。直播间内的弹幕评论、点赞、购物链接等互动功能是增强用户黏性和促成销售转化的关键。稳定的技术支持可以保证这些功能正常运作，促进主播与用户之间的实时交流，提高购买转化率。在直播间，应做到以下几个技术保障。

（1）视频质量稳定性

在直播间中，视频质量的稳定性非常重要，特别是对于跨境品牌，稳定的视频质量能够增强用户的信任感，并且更容易获得用户的喜爱。为此，可以通过优化视频采集设备、传输网络和存储设备等手段，保证直播画面的清晰度和流畅度。要保障直播中视频质量的稳定性，需要从以下几个方面入手。

① 硬件设备

选择高品质的摄像设备和网络摄像头，确保摄像设备能够稳定地拍摄视频，并且具有足够的像素和清晰度。

② 网络带宽

直播需要消耗大量的带宽，因此需要保证网络带宽充足，尤其是在高峰期，可以采用带宽扩容、缓存技术等手段来提高网络带宽。

③ 直播软件

选择稳定性高、功能完善的直播软件，可以考虑使用主流媒体直播平台，如阿里巴巴国际站平台直播等，这些平台拥有成熟的技术支持和稳定的服务。

④ 硬件环境

直播室需要保持稳定的温度、湿度和光线环境，同时要保证摄像设备的稳定性和清晰度，以确保视频质量的稳定。

⑤ 视频压缩

在直播中，视频质量稳定性与视频压缩技术有关，可以采用H.265等高效压缩技术来降低视频的文件大小，提高视频的传输效率和播放质量。

（2）网络延迟优化

在跨境直播中，网络延迟可能成为直播体验的瓶颈。为了解决这个问题，可以通过以下几个方法来解决。

① 采用CDN（内容分发网络）技术

将直播流分发到全球各地的服务器上，缩短直播视频传输的时间，以降低网络延迟，提高直播体验。

② 选择低延迟的直播平台

选择一个具有低延迟的直播平台可以降低延迟，比如像Twitch这样的平台。

③ 选择稳定的网络服务商

选择稳定的网络服务商可以保证网络传输的稳定性，从而降低延迟。

④ 使用专业的直播工具

使用专业的直播工具可以提高直播质量，减少延迟。

⑤ 压缩视频和音频

通过压缩视频和音频文件大小，可以减少传输时间和延迟。

⑥ 减少直播流量

减少直播流量可以降低网络延迟，可以通过控制直播视频的分辨率、码率等参数来实现。

（3）支持多种语言

为了满足跨境用户的需求，直播间应该支持多种语言，例如英语、法语、西班牙语等，以便用户更容易理解直播内容。在跨境直播中，解决多语言问题可以采取以下措施。

① 雇用翻译人员

可以聘请翻译人员，在直播过程中进行翻译，以确保用户能够理解直播内容。

② 提供多语言字幕

可以在直播中添加多语言字幕，让用户能够看到字幕并理解直播内容。

③ 利用语音识别技术

可以使用语音识别技术将直播内容转换为多种语言，以便不同语言的用户都能够理解。

④ 使用多语言主持人

可以雇用多语言主持人进行直播，让他们负责翻译和解释直播内容。

⑤ 提供多语言界面

可以为用户提供多语言界面，让他们能够根据自己的语言选择界面显示语言。

（4）安全保障

跨境品牌直播间应该采用安全的技术保障措施，例如SSL证书、加密通信等，以保护用户的个人信息和交易数据安全，可以采取以下措施。

① 使用安全可靠的直播平台

选择已经有较好口碑和良好安全保障机制的直播平台，如Zoom、Teams等，并注意查看平台的安全保障措施。

② 加强网络安全防护

对直播所在的网络进行加固，如安装防火墙、更新安全补丁、加强访问控制等。

③ 实时监控直播内容

通过人工审核、技术手段等方式，对直播内容进行实时监控和管理，防止不良信息的传播。

④ 加强用户身份验证

通过身份验证等手段，防止不良用户或黑客的入侵和攻击。

⑤ 加强用户教育

加强用户安全意识教育，让用户了解网络安全知识和注意事项，提高其自我保护能力。

2. 服务保障

跨境直播保障包含：支付保障、物流保障、售后保障和合规性保障。

（1）支付保障

① 信任机制

平台需要建立起可信的支付机制，包括第三方支付平台、信用评级体系等，保证消费者的支付安全。

② 风险控制

平台需要采取有效的风险控制措施，包括支付审核、交易监控、反欺诈等，确保交易过程中的风险可控。

③ 费用透明

平台需要明确收费标准，避免因为支付环节的不透明导致消费者对平台的不信任。

④ 合规监管

平台需要遵守相关的支付法规，包括跨境支付、数据保护等，确保支付行为合法合规。

（2）物流保障

① 物流公司选择

选择有经验、信誉好的物流公司，以确保货物能够准时送达。

② 包装要求

对于贵重、易碎或易污染的商品，需要特别注意包装，以保证货物的完整性和安全性。

③ 保险选择

可以选择购买物流保险，以防止货物在运输过程中发生意外损失。

④ 清关服务

需要选择可靠的清关服务，以确保货物能够顺利通过海关。

⑤ 运输路线选择

选择适合货物的运输路线，以确保货物能够按时到达目的地。

⑥ 监控跟踪

选择提供物流监控和跟踪服务的公司，以便随时掌握货物的运输情况。

（3）售后保障

① 提供多种语言客服

为了更好地服务全球客户，跨境直播应该提供多种语言客服，以便客户能够方便地获取帮助和支持。

② 保证售后服务时间

跨境直播应该保证在客户需要售后服务的时间内，提供及时的服务。在跨境电商中，售后服务时间通常比较重要，因为客户可能需要快速解决问题。

③ 提供多种售后服务方式

跨境直播应该提供多种售后服务方式，包括在线聊天、电话、邮件等方式，以便客户可以选择最适合自己的方式获取售后服务。

④ 保证售后服务质量

跨境直播应该保证售后服务质量，确保客户能够得到及时、准确、专业的服务。

⑤ 建立售后服务体系

跨境直播应该建立完善的售后服务体系，包括售后服务流程、服务标准、服务规范等，以确保售后服务的稳定和可靠。

（4）合规性保障

跨境直播平台需要遵守相关法律法规，确保直播服务的合规性。总之，跨境直播平台需要提供全方位的保障，以满足用户的需求，保证跨境直播服务的质量和安全性。确保跨境直播合规需要以下几个步骤。

① 了解相关法规和规定

不同国家和地区的法规和规定可能存在差异，需要了解当地的相关法规和规定，包括电视广播法、网络安全法等。

② 制定合规策略

根据相关法规和规定，制定合规策略，明确直播平台应该如何管理和监督直播内容，如何保障用户权益和隐私安全等。

③ 建立内部管理机制

建立内部管理机制，包括内部审查制度、风险评估制度、投诉处理机制等，确保直播平台能够及时发现和处理违规行为。

④ 培训员工

对直播平台员工进行培训，使其了解相关法规和规定，掌握直播平台的合规策略和管理机制，确保员工能够遵守相关法规和规定。

⑤ 与合规机构合作

与当地的合规机构合作，包括律师事务所、独立第三方审核机构等，获取专业的合规建议和支持，确保直播平台的合规性。

⑥ 持续监督和改进

持续监督直播平台的运营情况，及时发现和处理违规行为，并对合规策略和管理机制进行改进和完善。

第5节 社交媒体推广与引流

1. 社交媒体推广与引流的重要性

多渠道品牌营销是现代企业在全球市场尤其是跨境电商领域中建立品牌形象、增加商品曝光度和提高销售业绩的策略性手段。具体到跨境品牌直播，多渠道推广引流可以有效整合各种社交媒体平台及其他在线渠道的优势，其重要性体现在：

（1）扩大覆盖范围

社交媒体平台拥有庞大的全球用户群体，在这些平台上宣传和预告直播活动，能够迅速触达潜在消费者，提高品牌国际知名度和影响力。

不同社交媒体平台有不同的用户群体和使用习惯，通过多渠道布局，能够确保品牌信息覆盖各类潜在消费者，提高接触点的数量。

（2）互补效应

各个渠道在功能和效果上具有互补性，例如Instagram、Pinterest可能更适合图片和短视频传播，而Facebook和LinkedIn更适合深度内容发布与互动讨论；Twitter可用来实时更新消息，TikTok则适合高效的传播机制。

（3）精准定位目标受众

社交媒体具有强大的用户画像功能，可以精准定向地推送广告或内容给符合品牌定位的目标人群，确保直播流量的高效转化。

（4）互动与参与度提升

直播前通过社交平台开展互动话题讨论、问答预热活动等，增强用户黏性与参与感，引导他们关注直播并参与购买。

（5）数据驱动优化

在直播过程中，用户可在社交媒体上直接留言、点赞、分享，提供即时反馈。多渠道运营使得企业可以从多个维度收集用户行为数据，通过分析这些数据来调整和优化品牌营销策略，包括直播内容策划、活动时间安排以及KOL的选择等。对于跨境直播来说，结合社交媒体的多渠道营销还包括与海外KOL、网红合作，在各个平台发起联动宣传攻势，利用直播间的互动特性进行购物引导，并通过优惠券发放、限时折扣等活动形式刺激购买意愿，形成从社交网络预热、用户引流、直播间转化及售后维护的一整套闭环营销流程。

（6）建立社群与口碑传播

利用社交媒体建立粉丝社群，在直播前后通过社群进行互动交流，培养忠实粉丝，形成良好的口碑效应，促进品牌忠诚度和口碑传播。

（7）降低获客成本

与传统广告投放相比，通过社交媒体推广直播活动，能以相对较低的成本获取高质量流量，提高投资回报率（ROI）。

（8）风险分散

避免过度依赖单一渠道的风险，当某个平台政策或算法变化时，其他渠道仍能保证品牌流量来源的稳定性。

（9）立体化品牌建设：

在不同平台上制定针对性的品牌故事和内容策略，有助于塑造全面且立体的品牌形象，加深消费者对品牌的认知和信任。

综上所述，跨境品牌直播与社交媒体的有效结合，不仅有助于品牌拓展海外市场，还可以在短时间内聚集大量精准流量，并借助直播这一生动直观的形式实现销售增长与品牌形象塑造。

2. 运用社交媒体进行推广与引流

品牌跨境直播利用社交媒体进行推广与引流，可以通过以下步骤来提升品牌曝光度、吸引目标受众并引导他们参与到直播活动中。

（1）预热宣传

在直播前通过社交媒体发布预告内容。

在各个社交媒体平台（如Facebook、Instagram、Twitter、TikTok、YouTube等）提前发布直播的具体日期和时间段，让用户能够提前标记日程。创作具有视觉吸引力的直播封面预告图或者短视频预告，简洁明了地展示直播的主要卖点。若该平台支持，可以设置直播预约按钮，一旦用户预约，直播开启时会收到通知。

使用相关的标签（Hashtags）和话题，关联到品牌或商品，有助于让更多潜在用户发现直播活动。

（2）多平台同步联动

同时在多个主流社交媒体平台上进行推广，如Facebook、Instagram、Twitter、TikTok、YouTube等，确保不同社交圈层用户都能收到信息。

制作具有吸引力的短视频片段或者图文内容，并嵌入直播链接，直接引导用户点击预约观看直播。

（3）KOL/网红合作营销

在新媒体时代，与KOL进行社交媒体合作营销，品牌能够通过KOL的影响力有效推广商品或服务。与海外知名影响者或KOL合作，邀请他们在自己的社交媒体账号上分享直播信息，借助他们的粉丝基础为品牌直播引流。与KOL合作需要注意以下几个方面。

① 选择适合的 KOL

- 根据商品属性、品牌形象以及目标受众的兴趣偏好，挑选具有真实且活跃粉丝群的KOL。
- 评估KOL的影响力，包括其社交平台上的粉丝数量、互动率、内容质量和话题相关性等。

② 建立合作关系

- 与选定的KOL联系沟通，阐述合作意向、提出合作方案，并讨论可能的合作形式（如发布帖子、故事、直播、视频制作等）。
- 明确合作的具体细节，如内容要求、发布时间、使用标签、是否包含购买链接或优惠码等。

③ 策划内容策略

- 与KOL共同构思定制化的内容策略，确保内容既符合品牌的调性又能引起粉丝共鸣。

- 可能包括举办挑战赛、互动问答、开箱评测、教程分享等形式多样的活动内容。

④ 执行与监控

- 合作过程中保持紧密沟通，确保内容按时按质发布。
- 实时监测内容效果，包括观看量、点赞数、评论数、转发量以及由此带来的流量、转化率等关键指标。

⑤ 优化与评估

- 根据数据反馈调整策略，持续优化合作内容以提高合作效果。
- 在项目结束后对合作效果进行全面评估，总结经验教训，为后续的KOL合作提供参考。

⑥ 合法合规

- 在整个合作过程中遵守各社交媒体平台的广告规则，确保所有商业合作内容都进行了相应的标注或者声明。

（4）互动激励机制

设置社交媒体互动激励机制是为了激发用户参与度、增加用户黏性并推动社群活跃度。关于互动激励机制如何制定，可以参考以下方案：

① 明确目标

明确希望通过激励机制达成的目标，例如提升用户在社交媒体上的发言频率、分享内容的数量、点赞和评论的积极性或邀请新用户的数量等。

② 设计奖励体系

- 依据平台特点和用户需求，设计多种类型的奖励：可以是虚拟货币（如积分、金币）、优惠券、实物奖品、荣誉标签、专属权限（特殊表情包、VIP会员服务等）等。
- 设计不同层级的奖励结构，以适应不同贡献度的用户，确保公平性和吸引力。

③ 设定互动规则

- 制定详细且易于理解的互动行为标准，让用户清楚什么样的行为会被视为有效互动，并获得相应奖励。
- 规则应包括但不限于：对优质内容的认可标准、每日/每周互动次数上限、连续活跃周期奖励等。

④ 实施动态调整机制

根据用户反馈和实际运营数据，定期评估激励机制的有效性，适时进行优化和调整，保持其新鲜感和有效性。

⑤ 透明公开

建立一个公开透明的排行榜或进度显示系统，让所有用户都能看到自己的排名，增强竞争与合作的氛围。

⑥ 活动配合

结合特定的主题活动或挑战赛，推出限定时间内的特别奖励计划，引发用户关注和参与热潮。

⑦ 用户引导教育

对于新的激励措施上线，要做好充分的用户教育工作，让用户明白如何参与并从中受益。

（5）精准定位广告投放

利用社交媒体广告系统进行精准定向推广，根据目标市场的用户特征、兴趣爱好以及购物行为等数据进行广告优化，将直播信息展示给潜在购买人群。具体如何投放可以参考以下步骤。

① 目标受众分析

深入理解目标客户是谁，包括他们的年龄、性别、地理位置、兴趣爱好、消费习惯、职业、教育背景等信息。利用社交媒体平台提供的用户画像工具和数据分析功能，可以细化并锁定潜在的目标受众。

② 选择适合的社媒平台

根据商品或服务特性及目标受众的活跃平台来确定投放渠道。例如，年轻人群可能在Instagram或TikTok上更活跃，而职场人士可能更多使用LinkedIn。

③ 创建个性化广告内容

基于受众特点制定吸引人的广告创意，确保内容与目标受众的兴趣紧密相关，并能够引起他们的情感共鸣或行动意愿。视频、图文、直播等多种形式可结合使用，以提高广告效果。

④ 运用定位技术

充分利用各社交媒体平台的广告管理系统进行精准定向设置，包括但不限于地域定位、兴趣定位、行为定位、相似受众定位（Lookalike Audience）等。

⑤ 跟踪与优化

通过安装像素、设置转化事件等方式追踪广告投放效果，收集数据并不断调整广告策略。关注广告点击率（CTR）、转化率（CVR）、每次点击成本（CPC）、千次展示费用（CPM）等核心指标，持续对广告进行优化。

⑥ 测试与迭代

针对不同的受众群体、广告素材和投放策略进行A/B测试，找出最优方案，并持续迭代和改进。

⑦ 合规性审查

确保所有广告内容都符合社交媒体平台及当地法规政策的要求，尊重用户隐私，不侵犯用户权益。

（6）社群运营

在自有品牌的社交媒体社群内提前传播直播消息，鼓励社群成员扩散至其个人社交网络，形成口碑传播效应。社群运营有以下几个核心策略。

① 明确社群定位与目标

首先，要确定社群的主旨和目标，例如品牌宣传、商品推广、客户服务或是专业知识分享等，这将指导后续所有运营活动的方向。

② 建立社群文化

确立并传播社群的核心价值观和行为规范，鼓励用户积极参与，并创建一个友好、互助、有价值的内容生态环境。

③ 高质量内容输出

定期发布与社群定位相关的高质量内容，包括文章、图片、视频、直播等各种形式，确保内容能够引发用户的兴趣和讨论。

④ 互动与参与

主动与社群成员互动，回应评论、问题，举办各类线上活动如问答、投票、挑战赛等，提高社群活跃度与黏性。

⑤ 挖掘 KOL

识别并培养社群内的活跃分子或行业专家成为影响者，他们的推荐和发言能大幅提升社群影响力。

⑥ 数据分析与反馈调整

利用社交媒体平台提供的数据工具跟踪分析社群运营效果，如会员增长、内容传播量、互动频率等指标，根据数据反馈不断优化运营策略。

⑦ 持续关怀和服务

对社群成员提供个性化服务，关注他们的需求与建议，通过满意度调查等方式不断提升社群服务质量。

通过以上策略，可以构建起一个充满活力、具有强大凝聚力的社交媒体社群，为品牌建设与用户关系管理带来积极影响。

（7）跟踪与分析

直播前后都要对社交媒体推广的效果进行跟踪分析，了解哪些渠道、哪种类型的内容更受用户欢迎，以便不断优化后续的直播及社交媒体引流策略。对社交媒体推广效果的跟踪分析，通常需要关注以下指标。

① 设定明确的目标与 KPI

在推广活动开始前，要清晰定义目标，比如提高品牌知名度、增加粉丝数量、促进用户转化（如购买、注册或下载）、提升用户黏性等，并确定对应的KPI（关键绩效指标），如关注量、互动率、点击率、转化率等。

② 使用平台内置工具

利用社交媒体平台自带的数据分析工具，如Facebook Insights、Twitter Analytics、Instagram Insights、LinkedIn Page Analytics等来获取基础数据，包括但不限于关注/粉丝增长、帖子的曝光量、点击量、点赞数、分享数、评论数等。

③ 追踪 UTM 参数

对于链接推广，通过设置UTM参数进行流量来源追踪，以明确哪部分流量来自特定的社交媒体渠道和活动。

④ 转化路径分析

如果涉及网站跳转或其他转化目标，可以运用Google Analytics等第三方工具监测用户的完整转化路径，包括着陆页访问量、跳出率以及最终完成的行动次数。

⑤ 内容效果评估

根据不同类型的帖子内容分析其成效，了解哪些话题、类型或时间段的内容更能引发用户互动和转化。

⑥ 参与度计算与情感分析

除了量化数据，还需评估社群内的用户参与质量，对用户评论的情感倾向进行分析，了解用户口碑和满意度。

⑦ 竞品对比与行业基准

将自身表现与竞争对手及行业平均水平进行比较，以此调整策略并寻求优化空间。

⑧ 持续优化与测试

根据数据分析结果，不断优化推广策略和内容创作，开展A/B测试以找出最优方案。

总之，打造成功的跨境品牌直播，需要综合运用品牌策略、营销策划、技术手段和本地化运营等要素，结合本节中讲到的内容，可以归纳为以下四大核心要素。

● **品牌故事与定位**

a. 确定清晰的品牌定位和价值主张，并将其融入直播内容中。

b. 创作具有吸引力的品牌故事，通过直播形式向全球用户传达品牌的独特性与理念。

c. 深入研究目标市场的消费者行为、文化和语言习惯，确保直播内容、商品展示方式和互动环节符合当地用户的喜好。

d. 提供多语种支持，考虑邀请当地知名主播或KOL参与直播，以增强本土化的亲和力。

● **高质量内容策划**

a. 根据品牌调性和目标受众，设计有吸引力的直播主题和活动，如新品发布会、专题讲座、体验分享等。

b. 优化直播间布置和视觉效果，彰显品牌形象；同时确保商品的细节展示清晰且引人注目。

c. 筛选和培养适合品牌调性的主播，提升粉丝对品牌的识别度和忠诚度。

● 技术准备与服务保障

a. 选用专业的直播设备及软件，确保高清稳定的画面传输质量。

b. 建立快速响应机制，提供及时有效的用户服务和技术支持，尤其是在支付、物流、售后等方面。

● 社交媒体推广与引流

a. 在各大社交媒体平台提前预热直播，发布预告海报、短视频等形式的内容吸引潜在用户关注并预约观看。

b. 利用KOL合作、广告投放等方式增加曝光度，引导更多流量进入直播间。

通过以上这些环节的精细操作和持续迭代优化，可以逐步建立起具有国际影响力的跨境品牌直播阵地。

【知识与技能训练】

一、单选题

1. 下面哪个不属于波特五力模型的要素？（　）

　　A. 供应商　　　　B. 潜在进入者　　　　C. 购买者　　　　　　D. 公司自身

2. 以下哪个不是品牌定位可以为企业带来的价值？（　）

　　A. 明确目标市场　　　　　　　　B. 强化市场竞争力

　　C. 制定策略方向　　　　　　　　D. 公关与危机应对

3. 在进行SWOT分析时，通常会将这些元素放入一个矩阵中，SO组合代表什么？（　）

　　A. 利用优势抓住机会　　　　　　B. 克服劣势以把握机会

　　C. 利用优势来减少威胁影响　　　D. 减轻劣势并抵御威胁

4. 进行SWOT分析时，WO组合代表什么？（　）

　　A. 利用优势抓住机会　　　　　　B. 克服劣势以把握机会

　　C. 利用优势来减少威胁影响　　　D. 减轻劣势并抵御威胁

5. SWOT分析模型中，ST组合代表什么？（　）

　　A. 利用优势抓住机会　　　　　　B. 克服劣势以把握机会

　　C. 利用优势来减少威胁影响　　　D. 减轻劣势并抵御威胁

6. 在SWOT分析时，WT代表什么？（　）

　　A. 利用优势抓住机会　　　　　　B. 克服劣势以把握机会

　　C. 利用优势来减少威胁影响　　　D. 减轻劣势并抵御威胁

二、多选题

1. 以下哪几个是品牌故事可以为企业带来的价值？（　）

　　A. 建立情感连接　　　　　　　　B. 提升认同感

　　C. 明确目标市场　　　　　　　　D. 提升品牌文化和内涵

2. 以下哪几个是品牌定位可以为企业带来的价值？（　　）

　　A. 明确目标市场　　　　　　　　　B. 强化市场竞争力

　　C. 制定策略方向　　　　　　　　　D. 公关与危机应对

3. 以下哪几个是品牌故事打造和品牌定位的关键步骤？（　　）

　　A. 品牌自我认知　　　　　　　　　B. 市场研究

　　C. 提炼品牌故事　　　　　　　　　D. 确立品牌定位

4. 3C法分析模型是指哪3C？（　　）

　　A. Corporation　　　B. Customer　　　C. Competition　　　D. Collaborates

5. 3C法分析模型中分析Competition需要考虑哪几个因素？（　　）

　　A. 战略定位　　　　　　　　　　　B. 市场份额

　　C. 商品与服务策略　　　　　　　　D. 消费习惯

6. 3C法分析模型中，在进行Customer分析时，需要考虑什么？（　　）

　　A. 消费习惯　　　B. 购买决策　　　C. 期望变化趋势　　　D. 核心竞争力

7. PEST分析模型中经济（Economy）会包含哪些内容？（　　）

　　A. 通货膨胀率　　　　　　　　　　B. 消费者购买力水平

　　C. 贸易模式　　　　　　　　　　　D. 知识产权保护法律

8. 以下哪些是品牌本地化适应中的关键步骤？（　　）

　　A. 商品/服务调整　　　　　　　　　B. 品牌名称与形象本土化

　　C. 营销沟通与内容本土化　　　　　D. 销售渠道和客户服务本地化

9. 以下哪些属于品牌直播主题和活动？（　　）

　　A. 品牌新品发布会　　　　　　　　B. 专题讲座

　　C. 体验分享　　　　　　　　　　　D. 会员特惠日

10. 品牌直播间装修包含哪几个区块？（　　）

　　A. 主播区　　　　　　　　　　　　B. 商品展示区

　　C. 背景墙　　　　　　　　　　　　D. 灯光音效控制区

11. 在进行品牌主播筛选时需要考虑？（　　）

　　A. 形象与品牌契合度　　　　　　　B. 专业能力与知识储备

　　C. 粉丝基础与影响力　　　　　　　D. 销售能力

三、判断题

1. 五力模型是企业战略管理和产业组织理论的经典分析框架，用于分析企业在行业中可能面临的竞争环境及结构。（　　）

　　A. 正确　　　　　B. 错误

2. 替代品是指来自不同行业但能满足相同需求的商品或服务，替代品的存在意味着即使在本行业内不直接竞争，也可能分流消费者的需求，影响行业的整体需求状况和价格水平。（　　）

　　A．正确　　　　　B．错误

　　3．SWOT分析是指对企业内部进行优势、劣势分析，对企业外部进行机会、威胁分析。（　　）

　　　　A．正确　　　　　B．错误

　　4．SWOT分析是一种战略规划工具，用于评估组织、项目或业务单位的外部环境。（　　）

　　　　A．正确　　　　　B．错误

　　5．PEST分析模型主要是分析政治、经济、社会文化、技术四大宏观环境因素对目标市场的影响。（　　）

　　　　A．正确　　　　　B．错误

　　6．品牌本地化过程中的合规与法律适应是指保证商品、服务和营销活动遵守对应国家或地区的法律法规，包括但不限于商标注册、商品认证、版权法、数据保护与隐私法规等。（　　）

　　　　A．正确　　　　　B．错误

　　7．品牌直播间装修时，需要充分考虑品牌的形象、商品展示的效果和用户体验三个方面。（　　）

　　　　A．正确　　　　　B．错误

【职业技能综合实训】

　　品牌直播整体解决方案，完成实训方案1个。

【匠心钥匙】

李宁们搞定外国网红，第一批中国品牌玩起了跨境直播

　　第一批中国出海品牌已经开始通过速卖通，做起了跨境电商直播。对李宁们来说，直播是他们在海外开疆拓土，打造品牌国际影响力的一种新手段。

　　2018年2月的纽约时装周上，李宁的一场时尚大秀在刷爆朋友圈的同时，也让国内的年轻人发出了这样的惊呼——许多国际品牌拿捏不好的"中国风"，李宁这个运动品牌老大哥却运用得恰到好处，如图8-5所示。

　　不过，当年轻人为国货崛起而欢呼时，他们或许并不知道，在海外，也有一大批同龄人通过跨境电商直播，被李宁的这场大秀圈成了粉丝。

　　2017年3月，阿里巴巴旗下跨境出口B2C平台速卖通上线直播功能，推出了包括英语、俄语、西班牙语、葡萄牙语、法语、意大利语、波兰语在内的七大直播频道。而李宁便是第一批被选中，登上速卖通跨境直播的秀场中国品牌之一。

　　"我们的做法，是把速卖通直播嵌入集团大型的品牌活动中。"李宁国际市场跨境电商主管孙微洁表示，从2017年3月加入速卖通直播开始，李宁已经做了包括"3.28"大促、NBA球星韦德中国行、双11、纽约时装周在内的五场大型直播。"这样一来，每场直播既有吸引人的内容和主题，也能向海外消费者传达李宁的品牌形象。"

图 8-5

在孙微洁看来，如果品牌在海外认知度不高，就算提高了转化率，也只是短期的收益。对于李宁来说，每场跨境直播的出发点，都围绕着同一个目标——强化李宁的海外影响力。

2017年7月，NBA著名球星韦德受李宁邀请到访中国，其中有一站便是西安。得到消息后，孙微洁立马着手准备了起来。在她的原计划中，通过直播，大洋彼岸的球迷们可以跟着他们喜爱的球员，一起看看中国八大奇迹之一的兵马俑。这样的内容不仅有趣，还能展现中国悠久的历史文化。

图 8-6

行程全部敲定，但在最后几小时出了变故，原定的兵马俑之行取消了。为了不开天窗，孙微洁急忙找到一位外国记者临时坐镇。好在这位记者口才不错，能把西安的历史轶事和李宁的品牌故事娓娓道来。看到临时救场的直播效果不差，孙微洁才终于松了口气。

2018年2月，孙微洁的团队又把李宁的纽约时装周大秀搬上了速卖通，如图8-7所示。和国内爆炸式的反响一样，速卖通上的海外消费者也被李宁的"中国风"秀款惊艳了一把，纷纷在李宁速卖通官方店铺下单秀场同款。

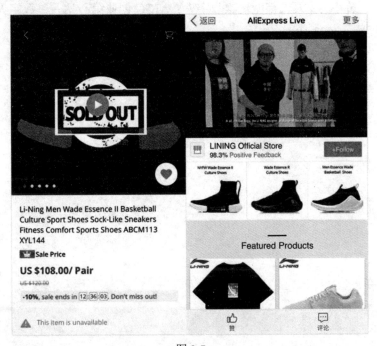

图 8-7

李宁纽约时装周直播后，秀场同款很快售罄。

"直播是一种新手段，只要能扩大李宁的海外影响力，我们都愿意第一个去尝试。"孙微洁说道。

跨境直播作为一种新兴的数字化营销手段，能够跨越国界，直接触达全球消费者。李宁通过跨境直播，在短时间内吸引大量海外用户的关注，极大地拓宽了品牌传播的范围，尤其有助于在那些对李宁品牌认知度较低的市场提升知名度。同时，李宁作为"国潮"代表品牌，通过跨境直播向全球展示其融合中国元素与现代设计理念的商品，有助于提升"中国制造"在全球消费者心目中的形象，推动中国时尚文化在海外的影响力。

（来源：中国网）

参考文献

1. 跨境直播：千军易得，一将难求[J].环球杂志，2023.23.
2. 丰年，七七，黄小刀. 人人都能玩赚数字人：AIGC 创业第一站——数字人直播[M]. 电子工业出版社，2023.10.